Johann Scheer
Kapellenstr. 20-1
73479 Ellwangen

365 EXPERIMENTE

FÜR

JEDEN

TAG

moses.

Die Experimente in diesem Buch sind von der Redakteurin und vom Verlag sorgfältig erwogen und geprüft worden. Dennoch kann eine Garantie nicht übernommen werden. Eine Haftung des Verlages für Personen-, Sach- und Vermögensschäden ist ausgeschlossen.

© 2002 moses. Verlag GmbH
7. Auflage 2006

moses. Verlag GmbH
Arnoldstraße 13d
47906 Kempen
Fon 0 21 52 - 20 98 50
Fax 0 21 52 - 20 98 60
Mail info@moses-verlag.de
www.moses-verlag.de

ISBN 10: 3-89777-113-6
ISBN 13: 978-3-89777-113-0

Alle Rechte vorbehalten. Die Reproduktion, Speicherung und Verbreitung dieses Buches mit Hilfe elektronischer oder mechanischer Mittel ist nur mit Genehmigung des Verlages möglich. Auch eine auszugsweise Veröffentlichung außerhalb der Grenzen des Urheberrechts bedarf der schriftlichen Zustimmung des Verlages.

Redaktion: Anita van Saan
Illustration: Dorothea Tust
Lektorat: Daniela Schönkes, Ann-Katrin Heger, Susanne Rupp
Einbandgestaltung: Anja Bauer
Layout, Typographie & Satz: Anja Bauer, Claus Stephan, Michaela Trabi
Druck und buchbinderische Verarbeitung:
Westermann Druck Zwickau GmbH

Printed in Germany

Frühling, Sommer, Herbst und Winter

365 Experimente für jeden Tag im Jahr

Die Natur verändert sich im Laufe des Jahres. Im Frühjahr sprießen die Knospen, Bäume blühen, Samen keimen aus. Der Sommer bringt grüne Wiesen, Hitze und Wärmegewitter. Im Herbst reifen die Früchte und die Blätter der Laubbäume fallen ab. Morgens hängen dicke Nebelschwaden über Wald und Feld. Im Winter tanzen Schneeflocken durch die Luft. Die Seen sind zugefroren, die Bäume kahl. Die Natur ruht unter einer dicken weißen Decke, bis die Sonne den Schnee zum Schmelzen bringt und der Kreislauf von vorne beginnt.

Mit 365 spannenden Experimenten, eines für jeden Tag im Jahr, kommst du diesen Naturgesetzen auf die Spur. Bald kannst du erklären, wie Pflanzen wachsen, Wind, Hagel, Blitz und Donner entstehen, wie man mit Zitronensaft eine Glühbirne zum Leuchten bringen und in Trockengebieten Trinkwasser gewinnen kann. Falls du außerdem noch lernen willst, wie ein Meisterdetektiv Fingerabdrücke nimmt, wie man Geheimtinte, Karamellbonbons, Kandiszucker und Eis ohne Gefriertruhe herstellt, musst du dieses Buch lesen!

Das Material zur Durchführung der Experimente ist meistens in jedem Haushalt vorhanden. Manche Versuche kannst du ganz allein, bei einigen brauchst du die Hilfe eines Erwachsenen. Einige erfordern etwas Übung und Geduld und müssen vielleicht mehrfach wiederholt werden, bis sie klappen. Doch viele sind echt easy, sodass sie sogar schon deinen Geschwistern im Kindergarten gelingen könnten! Viele Experimente kannst du in deinem Zimmer, manche solltest du lieber im Freien versuchen. Denke immer daran, dass du auf dich und deine Umgebung aufpasst, bei einigen Experimenten ist sogar ganz besondere Vorsicht geboten.

Obwohl die 365 Experimente nach Jahreszeiten geordnet sind, lassen sich die meisten von ihnen unabhängig von der Jahreszeit durchführen. Wenn du also Lust hast, lieber im Sommer als im Winter mit Kerzen zu experimentieren, ist das kein Problem. Da die Experimente inhaltlich aufeinander aufbauen, wirst du jedoch mehr lernen, wenn du die im Buch vorgegebene Reihenfolge beibehältst. Am besten beginnst du mit einem Thema, das dich besonders interessiert, probierst das erste Experiment, dann das zweite usw. Falls du an ein Experiment kommst, das dich überhaupt nicht begeistert, das dir vielleicht zu einfach oder aber zu zeitintensiv erscheint, dann lässt du es einfach weg. Beim Experimentieren lernst du außerdem viele neue Begriffe aus Chemie, Biologie, Physik und Geologie kennen. Damit du sie dir leichter merken kannst, werden sie im Anschluss an die Versuchsbeschreibung noch einmal erklärt.

So, Herr Doktor und Frau Professor, nun kann's losgehen! Viel Spaß und Erfolg beim Experimentieren!

Inhalt

Frühling

Was Wasser alles kann ... Seite 10

1 Die bewegte Tinte · **2** Fest, flüssig, gasförmig · **3** Wasser verschwindet · **4** Wäschetrockner · **5** Alles Wasser? · **6** Das große Durcheinander · **7** Warme Strömung · **8** Die Blitz-Verdunstung · **9** Dichte-Rätsel · **10** Wasserklebstoff · **11** Schwimmendes Eis · **12** Wasserberg · **13** Trockenes Wasser · **14** Unsichtbare Haut · **15** Steigendes Wasser · **16** Zuckertanz · **17** Im Wasser verschwunden · **18** Voll satt · **19** Hitzige Trennung · **20** Nicht zu lösen · **21** Gemische und Lösungen trennen · **22** Weiße Mischung

Jahreszeiten, Licht und Dunkel Seite 23

23 Sonnenwärme · **24** Sonnenenergie · **25** Gewelltes Wasser · **26** Berg- und Talbahn · **27** Licht und Schatten · **28** Eierröntgenapparat · **29** Farbige Haut · **30** Zurückgeschicktes Licht · **31** Gefangene Sonnenenergie · **32** Lichtflecken · **33** Schräg wärmt schlechter · **34** Weißt du, wie viel Sternlein stehen ... · **35** Sonnenuhr · **36** Planet Erde, Fixstern Sonne · **37** Orange „Vier Jahreszeiten" · **38** Treibhaustemperaturen · **39** Schneeschmelze · **40** Gesunde Atmosphäre · **41** Das versetzte Pendel

Farben, Bilder, Regenbogen Seite 34

42 Hell und Dunkel sehen · **43** Augen im Dunkeln · **44** Ins Licht geschaut · **45** Die Farben des Lichts · **46** Regenbogen · **47** Himmelblau · **48** Farbkreisel · **49** Das „Rotlichtmilieu" · **50** Der zerlegte Filzstift · **51** Farbe bekennen! · **52** Spiegel im Dunkeln · **53** Das verschwundene Spiegelbild · **54** Brennglas · **55** Der reflektierende Koch · **56** Lupenreines Wasser · **57** Super-Wasserlupe · **58** Mondsüchtig · **59** Verkehrte Welt · **60** Löffelbild · **61** Der sehende Becher · **62** Glasauge

Keimen, wachsen, blühen Seite 47

63 Es grünt so grün ... · **64** Tulpenpracht · **65** Narzissenblüte · **66** Gepflückte Kätzchen · **67** Die durstige Rosine · **68** Bienen bei der Arbeit · **69** Erbsenhüpfen · **70** Explosiv! · **71** Der versteckte Keimling · **72** Eins, zwei – oder drei? · **73** Das Wettrennen der Keimlinge · **74** Die Riesenkeime · **75** Essigwickel · **76** Der Keimstopp · **77** Das verwurzelte Ei · **78** Gut orientiert · **79** Nachtschicht · **80** Die Sauerstofffabrik · **81** Gestreifte Blätter · **82** Der Sauerstoffbeweis · **83** Farbloses Gras · **84** Grün, grüner, am grünsten · **85** Der Wasser- und Salztransport · **86** Eingeölt · **87** Die Zwiebelzelle – zum Weinen schön! · **88** Schwitzende Blätter? · **89** Blättersauna · **90** Salzkartoffeln · **91** Schlappmacher

Sommer

Trägheit, Ruhe und Bewegung Seite 66

92 Ausbalanciert! · **93** Auto mit Münzantrieb · **94** Stabile Brücke · **95** Zauberschachtel · **96** Die stärksten Eierschalen der Welt! · **97** Faule Münze · **98** Münzberg · **99** Eiertanz · **100** Rollfeld · **101** Total verzahnt · **102** Das Buch auf dem Rollfeld · **103** Schief gewickelt · **104** Im freien Fall · **105** Rollduell · **106** Hüpfball · **107** Sandball · **108** Der Dosenöffner · **109** Münzbillard · **110** Hochgehebelt! · **111** Rollensystem · **112** Du bist am Zug! · **113** Murmelachterbahn · **114** Eimerkarussell · **115** Das Teetassenspiel

Wärme, Hitze, Abkühlung Seite 80

116 Der schwergewichtige Luftballon · **117** Tanzende Tropfen · **118** Mit Luft gefüllte Flasche · **119** Kiloweise Luft · **120** Wo drückt der Schuh? · **121** Achtung. Fertig. Lospusten! · **122** Der Ballongeist in der Flasche · **123** Luftleer? · **124** Gequetschte Luft · **125** Starke Luft · **126** Das nervige Marmeladenglas · **127** Riesendurst und Flaschenfrust · **128** Saugen oder drücken · **129** Der Rasensprenger in der Flasche · **130** Das schwebende Ei · **131** Zauberpapier · **132** Durch Flaschen blasen? · **133** Flaschenbarometer · **134** Der flitzende Luftballon · **135** Luftballonrakete · **136** Die Handheizung · **137** Wärme von Hand gemacht! · **138** Eierkochwettbewerb · **139** Wärme fühlen · **140** Schnell erhitzt · **141** Zauberballon · **142** Unterwasservulkan · **143** Der Geist in der Flasche · **144** Dein eigenes Thermometer · **145** Bananentrick · **146** Das elastische Ei · **147** Die tanzende Kobra · **148** Winter im Sommer? · **149** Schnell gekühlt

Wind und Wetter, Blitz und Donner Seite 100

150 Wärmespeicherwettbewerb · **151** Zum Abflug bereit · **152** Luftfronten · **153** Wer ist schneller „erkältet"? · **154** Trübe Tasse · **155** Vom Winde verweht · **156** Astreiner Windmesser · **157** Regenmesser · **158** Wärmemessung · **159** Der schwebende Tischtennisball · **160** Potzblitz! · **161** Es blitzt · **162** Ein ganz „durchschnittliches" Hagelkorn · **163** Donnerkrachen · **164** Minitornado · **165** Noch ein Tornado · **166** Im Strudel · **167** Steinschleuder · **168** Rauchfang · **169** El Niño · **170** Ein Kiefernzapfen als Wetterfrosch

Krabbel-, Kriech- und Flattertierchen Seite 117

171 Früchtefalle · **172** Bodenfallen · **173** Der Retter der Fliegen · **174** Faltervergleich · **175** Verlockend! · **176** Eine Wohnung für Hummeln · **177** Ameisenstraße · **178** Raupenheim · **179** Die Mückenplage · **180** Steinbewohner · **181** Wer tummelt sich wo? · **182** Wer krabbelt denn da? · **183** Fruchtfliegenfalle

Herbst

Blätter, Früchte, Kräuterdüfte Seite 130

184 „Fliegende-Blätter"-Sammlung · **185** Früchterätsel · **186** Zapfenkönig · **187** Gemeines Juckpulver **188** Lecker! · **189** Wurzelbärte · **190** Grüne Triebe · **191** Kartoffellabyrinth · **192** Karottenschaukel · **193** Zitronenschimmel · **194** Schnell vermehrt! · **195** „Flauschiger" Apfel · **196** Das Reifezeugnis · **197** Kräuterparfüm · **198** Ein bewegender Duft · **199** Nase zu!

Kleine Küchenchemie Seite 140

200 Karamellbonbons · **201** „Einen Toast auf den Toaster!" · **202** Selbst gemachter Kandiszucker · **203** Brennender Zucker · **204** Das süße Brot · **205** Blaues Mehl · **206** Hefeteig und Luftballon · **207** Geheimschrift aus Mehl · **208** Geistertinte · **209** Welcher Ballon fliegt? · **210** Rostfrei! · **211** Deine eigene Salzproduktion · **212** Ölwasser · **213** Geschmacksache · **214** Wo ist das Salz? · **215** Vornehme Blässe · **216** Verkohlt! · **217** Grüne Milch? · **218** Indisch gewürzt · **219** Wasserspiele · **220** Geisterballon · **221** Super-Limo · **222** „In den sauren Apfel beißen" · **223** Geldputzer · **224** Nagellack · **225** Durchsichtiges Gummi-Ei · **226** Batik-Ei · **227** Quark im Nu · **228** So ein Quark! · **229** Härtetest · **230** Schiffbruch durch Seife · **231** Der verhexte Bindfaden · **232** Fix gereinigt · **233** Super-Seifenblasenlauge

Erde, Matsch und Wasserspielchen Seite 162

234 Erdmantel · **235** Erdbeben · **236** Selbst gemachte Erde · **237** Vulkanausbruch · **238** Steinsammler · **239** Projekt Erde · **240** Ganz schön schlammig! · **241** Verwittert · **242** Luft im Boden · **243** Gründlich nass · **244** Sprudelsteine · **245** Wasserbremse · **246** Wasser in der Wüste? · **247** Wasserfall · **248** Superspringbrunnen · **249** Aluboote · **250** Rettungsinsel · **251** Öl „on ice" · **252** Sinkende Kugeln · **253** Überladenes Boot · **254** Doppeldecker · **255** Magisches Ei

Elektrizität und Magnetismus Seite 177

256 Der hüpfende Puffreis · **257** Magischer Kamm · **258** Echt anziehend · **259** Salz und Pfeffer trennen · **260** Abgelenkt! · **261** Nadelsammler · **262** Unterwassermagnet · **263** Versteckte Kräfte · **264** Schwerelos! · **265** Die magnetische Nadel · **266** Halbierte Magnetkraft · **267** Entmagnetisiert · **268** Kettenreaktion · **269** Elektrisch und magnetisch · **270** Stromkreis · **271** Lichtschalter · **272** Zitronenbatterie · **273** Kartoffelpower · **274** Essigbatterie · **275** Warmer Strom · **276** Glühdraht · **277** Paralleles Leuchten · **278** Geteilte Leuchtkraft · **279** Leiter oder Nichtleiter? · **280** Stromsalzwasser · **281** Versichert!

Winter

Kältezauber, Eis und Schnee Seite 194

282 Warm oder kalt? · **283** Warm verpackt · **284** Thermosflasche · **285** Kältelähmung · **286** Taupunkt · **287** Verhüllter Spiegel · **288** Wolkenbildung · **289** Schneegestöber · **290** Eisball · **291** Mini-Iglu · **292** Deformation durch Eis · **293** Ausdehnung · **294** Sprengkraft · **295** Eisberg · **296** Eiswürfeltrick · **297** Salzeis · **298** Salzsole · **299** Eis ohne Kühlschrank · **300** Streusalz gegen Glatteis · **301** Schneezement · **302** Gletscher · **303** Eisgeschenk · **304** Schlittschuhspuren ·

Geräusche, Lärm, Musik und Töne Seite 208

305 Pendeluhr · **306** Sichtbare Schallwellen · **307** Schwingende Feder · **308** Das springende Salzkorn **309** Gespensterschrei · **310** Wassermusik · **311** Hohe und tiefe Töne · **312** Schlüsselmusik · **313** Ballonverstärker · **314** Lauter Wecker · **315** Gummigitarre · **316** Der klingende Tisch · **317** Hörgerät · **318** Banjo · **319** Lieblings-CD · **320** Dosentelefon · **321** Minigitarre ·

Feuer, Wärme, Kerzenschein Seite 220

322 Wärme aus dem Nichts · **323** Holzkohle · **324** Brennendes Streichholz · **325** Fingerabdrücke · **326** Kerzentrick · **327** Meisterdetektiv · **328** Kerzenruß · **329** Wachsspuren · **330** Schwimmkerze · **331** Kerzenhitze · **332** Zusammenhalt · **333** Feuerlöscher · **334** Trichter und Kerze · **335** Kerzenrauch

Trick oder Mathematik? Seite 229

336 Magisches Quadrat · **337** Zahlenvorhersage · **338** Geburtstag erraten · **339** Schnellrechnen · **340** Zahlenspiel · **341** Zahlenraten · **342** 100 gewinnt · **343** Lieblingszahl · **344** Würfelraten · **345** Kettenbruch · **346** Welche Hand? · **347** Bitte mit Gefühl! · **348** Kraftprobe · **349** Tropfentrick · **350** Ballonstechen

Experimente und Geschenke Seite 237

351 Mamorpapier · **352** Altpapier · **353** Super Seismograf · **354** Elektroskop · **355** Kaleidoskop · **356** Gummiwaage · **357** Magischer Leuchtstrahl · **358** Diaprojektor · **359** Lochkamera · **360** Periskop · **361** Selbst gebaute Taschenlampe · **362** Elektroratespiel · **363** Angelspiel · **364** Diaschau ohne Fotos · **365** Alugeräusch

Was ist ein Experiment?

Das Wort „Experiment" stammt vom Lateinischen „experimentum" ab, das sich mit „Versuch, Probe, Beweis" übersetzen lässt.

Experimente sind die Grundlage der modernen Naturwissenschaften. Es handelt sich dabei um exakt beschriebene Versuchsanordnungen, mit deren Hilfe eine Hypothese (Behauptung) bestätigt oder widerlegt werden kann. Jedes wissenschaftliche Experiment muss immer von einer anderen Person, die sich genau an die beschriebene Versuchsanleitung hält, mit demselben Ergebnis wiederholt (reproduziert) werden können und zahlenmäßig erfassbar (quantifizierbar) sein.

Durch Messungen und Quantifizierungen kann man unter anderem nachweisen, dass bestimmte Vorgänge einer Gesetzmäßigkeit unterliegen. Eine Körpertemperatur zwischen 37-37,5° C gilt für Menschen als normal, seitdem man durch Messungen festgestellt hat, dass die Körpertemperatur jedes gesunden Menschen in diesem Bereich liegt. Eine Abweichung von diesen Normalwerten deutet darauf hin, dass im Körper irgendetwas nicht stimmt, dass eine Störung vorliegt. Wenn du z. B. bei dir eine Körpertemperatur von 38,6° C misst, dann hast du Fieber und es geht dir nicht besonders gut.

Ursachen von Störungen werden in der Wissenschaft und Forschung durch weitere Experimente solange untersucht, bis man die aufgetretenen Störungen wieder beheben kann. Ein Arzt weiß z. B. wie er dein Fieber senken kann, damit du dich wieder gesund fühlst.

Die 365 Experimente in diesem Buch werden dir einige überraschende Einsichten in die uns umgebende Natur vermitteln und dich zum Nachdenken und Staunen bringen. Die Versuchsanordnungen sollen deine Forscherlust wecken und dich dazu anregen, die Geheimnisse der Natur experimentell zu entschlüsseln. Auch wenn du nicht alle Experimente ausprobierst oder wenn nicht alle gelingen, nach der Lektüre dieses Buches wirst du deine Umgebung mit anderen Augen wahrnehmen!

FRÜHLING

Was Wasser alles kann ...

1. Die bewegte Tinte

Hier brauchst du die Hilfe eines Erwachsenen!

Du brauchst:
- 2 Gläser
- heißes Wasser
- kaltes Wasser
- Tinte

Und so wird's gemacht:
1. Fülle ein Glas mit heißem, das andere mit kaltem Wasser. In beiden Gläsern sollte sich die gleiche Menge Wasser befinden.
2. Lasse in jedes Glas einen Tropfen Tinte fallen.

Was wird geschehen?
Tinte und Wasser vermischen sich in beiden Gläsern und nehmen schließlich eine gleichmäßige Färbung an. Im heißen Wasser vermischt sich die Tinte jedoch erheblich schneller als im kalten.

Warum denn das?
Im kalten Wasser bewegen sich die Moleküle langsam, im heißen Wasser schnell. Deshalb breitet sich auch die Tinte im heißen Wasser schneller aus.

2. Fest, flüssig, gasförmig

Du brauchst:
- 3 Partybecher aus Pappe oder Plastik
- Wasser
- Kies

Und so wird's gemacht:
1. Fülle einen Becher mit Wasser, stopfe den zweiten so dicht wie möglich mit Kies aus, der dritte Becher bleibt leer.
2. Versuche jeden der drei Becher zusammenzudrücken.

Was wird geschehen?
Der leere Becher und der mit Wasser gefüllte lassen sich zusammendrücken; indem du sie quetschst, verändern sie ihre Form. Der mit Kies gefüllte Becher bleibt starr, er lässt sich nicht oder kaum zusammendrücken.

Warum denn das?
Im leeren Becher befindet sich Luft (d. h. ein Gasgemisch), in dem mit Wasser gefüllten Becher eine Flüssigkeit. Im dritten Becher befinden sich Steine, also feste Gegenstände. Flüssigkeiten und Gase haben im Unterschied zu Festkörpern keine feste Form und lassen sich deshalb durch Druck in ihrer Form verändern.

Wenn du mehr wissen willst:
Luft, Wasser, Steine, aber auch Tiere, Pflanzen, Häuser, Straßen, kurzum alles, was uns umgibt, ist Materie. Sogar wir Menschen sind eine Form der Materie. Materie kann fest, flüssig oder gasförmig sein. Jeder Festkörper (z. B. ein Stein) hat ein Volumen und eine feste Form. Die Teilchen, aus denen ein fester Körper besteht, sind eng gepackt. Starke Kräfte wirken zwischen ihnen und halten sie in einer starren Form.

Flüssigkeiten (z. B. Milch) haben keine feste Form. Die Teilchen einer Flüssigkeit sind weiter voneinander entfernt als die eines Festkörpers. Die Kräfte zwischen ihnen sind schwächer.

Gase (z. B. Luft) haben weder eine festgelegte Form, noch ein festgelegtes Volumen. Die Gasteilchen befinden sich weit voneinander entfernt und bewegen sich frei in alle Richtungen. Die Kräfte zwischen ihnen reichen nicht aus, sie an einem Ort zu halten.

Wasser ist eine Verbindung der Elemente Wasserstoff und Sauerstoff. Ein Element ist Materie, die man mit chemischen Methoden nicht weiter in andere Bestandteile zerlegen kann. Wasserstoff und Sauerstoff sind gasförmige Elemente. Gehen die beiden Gase eine Verbindung ein, entsteht ein Stoff mit anderen Eigenschaften, das flüssige Wasser. Die kleinste Einheit, in der eine Verbindung auftreten kann, ist ein Molekül. Für das Wasserstoffatom steht die Abkürzung „H", für Sauerstoff „O". Zu Wasser kann man auch H_2O sagen. Ein Wassermolekül besteht also aus zwei Wasserstoffatomen und einem Sauerstoffatom.

3. Wasser verschwindet

Du brauchst:
- 2 gleich große Marmeladengläser
- 1 Deckel
- Wasser

Und so wird's gemacht:
1. Fülle in beide Gefäße gleich viel Wasser.
2. Verschließe eines der beiden Gläser mit dem Deckel.
3. Stelle beide Gefäße an eine sonnige Fensterbank und lasse sie dort einen Tag und eine Nacht lang stehen.

Was wird geschehen?
Im verschlossenen Gefäß befindet sich mehr Wasser als im offenen.

Warum denn das?
Die Wassermoleküle wurden durch Erwärmung in Bewegung versetzt. Im offenen Gefäß hat sich ein Teil der Wassermoleküle als Wasserdampf (Dunst) in die Luft verflüchtigt. Diesen Vorgang nennt man Verdunstung. Gäbe es keine Verdunstung, so würden die Pfützen nach einem Regen nicht verschwinden und du müsstest das ganze Jahr Gummistiefel tragen, um keine nassen Füße zu bekommen.

4. Wäschetrockner

Du brauchst:
- 1 Wäscheleine
- 2 nasse Waschlappen
- 1 Plastikeimer
- windiges Wetter

Und so wird's gemacht:
1. Hänge einen der beiden nassen Waschlappen an die Wäscheleine und lasse den Wind darauf blasen.
2. Den anderen Waschlappen steckst du in einen Plastikeimer und stellst ihn in eine windgeschützte Ecke.

Was wird geschehen?
Der Waschlappen an der Wäscheleine, der ständig vom Wind angeblasen wird, ist sehr viel schneller trocken als der im Plastikeimer.

Warum denn das?
Wind beschleunigt die Verdunstung, weil die feuchte Luft weggeblasen und danach sofort durch trockene ersetzt wird. Du kennst das sicher! Wenn du dir die Haare fönst, sind sie viel schneller trocken als an der Luft. Der Fön macht also „künstlichen Wind", um deine Haare trocken zu pusten.

5. Alles Wasser?

Hier brauchst du die Hilfe eines Erwachsenen!

Du brauchst:
- mehrere Eiswürfel aus dem Gefrierfach
- 1 Topf mit Deckel
- 1 Herd

Und so wird's gemacht:
1. Schütte die Eiswürfel in einen Topf und stelle ihn auf eine heiße Kochplatte.
2. Lege den Deckel auf den Topf, sobald das Eis geschmolzen ist und das Wasser zu kochen beginnt.
3. Nimm dann den Deckel kurz ab und schau dir genau an, was aus dem kochenden Wasser nach oben steigt. Lege anschließend den Deckel wieder auf den Topf.
4. Schalte die Herdplatte aus, nimm den Topf von der heißen Platte und lasse ihn abkühlen.
5. Nimm den Topfdeckel ab und betrachte ihn.

Was wird geschehen?
Aus dem Topf steigt heißer Wasserdampf und auf der Unterseite des Topfdeckels befinden sich viele Wassertröpfchen.

Warum denn das?
Das feste Eis schmilzt durch Erhitzen und wird zu flüssigem Wasser. Beim Kochen von Wasser bildet sich Wasserdampf. Wenn der Wasserdampf abkühlt, wird er wieder zu Wasser.

Wenn du mehr wissen willst:
Eis ist ein Festkörper. Seine Moleküle bewegen sich nur sehr langsam. Erwärmt man Eis, werden die Moleküle in Bewegung versetzt, die Bindungen zwischen ihnen werden lockerer, das Eis schmilzt. Erhitzt man das Wasser weiter, bewegen sich die Moleküle noch schneller, stoßen zusammen und steigen schließlich als Wasserdampf in die Luft. Wenn der Topf abkühlt, verflüssigt sich der Wasserdampf, er kondensiert, d. h. die Wassermoleküle verdichten sich wieder. Die Erscheinungsform eines Stoffes (gasförmig, flüssig, fest), nennt man Aggregatzustand. Wasser kommt in der Natur in drei Aggregatzuständen vor. Fest als Eis, flüssig als Wasser und gasförmig als Wasserdampf.

6. Das große Durcheinander

Du brauchst:
- 2 gleich große Flaschen
- Lebensmittelfarbe oder Tinte
- Wasser
- 1 Pappstreifen
- Salz
- 2 lange dünne Holzstäbe (z. B. Schaschlikspieße)

Und so wird's gemacht:
1. Gehe ans Spülbecken und fülle beide Flaschen randvoll mit Wasser.
2. Löse in einer der Flaschen Salz auf, in die andere schüttest du Lebensmittelfarbe oder Tinte.
3. Rühre das Wasser in beiden Flaschen mit jeweils einem dünnen Holzstab um.
4. Lege auf die Flasche mit dem Salzwasser das Stück Pappe.
5. Drücke die Pappe fest an die Flaschenmündung, kippe die Flasche vorsichtig um und stelle sie mitsamt der Pappe kopfüber auf die andere Flasche.
6. Ziehe den Pappstreifen vorsichtig heraus, ohne dass sich die aufeinander stehenden Flaschen verschieben. Vorsicht Flecken!

Was wird geschehen?
Die beiden Lösungen vermischen sich, bis beide Flaschen dieselbe Farbe angenommen haben.

Warum denn das?
Die Farbmoleküle lösen sich auf und diffundieren im Wasser, d. h. sie vermischen sich allmählich mit dem Lösungsmittel Wasser und dann mit dem Salzwasser. Es entsteht eine Lösung mit gleichmäßiger Konzentration.

7. Warme Strömung

Du brauchst:
- 2 Gläser
- 1 Tintenpatrone
- Knetmasse
- 1 Nadel
- 1 Eiswürfel
- heißes und kaltes Wasser
- 1 Pinzette

Und so wird's gemacht:
1. Fülle ein Glas mit kaltem Wasser und lasse den Eiswürfel hineinfallen, damit das Wasser lange kalt bleibt.
2. Beschwere eine Tintenpatrone mit Knetmasse.
3. Gieße in das andere Glas heißes Wasser, lass darin die mit Knetmasse beschwerte Tintenpatrone eintauchen.
4. Nimm die Patrone nach fünf Minuten mit der Pinzette wieder heraus, piekse sie mit einer Nadel an und setze sie in das mit kaltem Wasser gefüllte Glas.

Was wird geschehen?
Die warme blaue Tinte läuft aus und steigt an die Oberfläche des kalten Wassers.

Warum denn das?
Wenn Flüssigkeiten erwärmt werden, dehnen sie sich aus, d. h. ihre Dichte nimmt ab. Die warmen Tintenmoleküle steigen beim Ausdehnen auf und schwimmen zunächst auf dem kalten Wasser. Die Tinte sinkt erst, wenn sie sich abgekühlt hat, und vermischt sich dann mit dem Wasser.

> **Wenn du mehr wissen willst:**
> Den Wärmefluss durch eine Flüssigkeit oder ein Gas nennt man Konvektion. Die heißen Teilchen dehnen sich aus, steigen auf und vermischen sich allmählich mit den kälteren.

8. Die Blitz-Verdunstung

Du brauchst:
- 1 Messbecher
- 1 Suppenteller
- 1 Flasche
- Wasser

Und so wird's gemacht:
1. Fülle mit dem Messbecher eine bestimmte Menge Wasser ab und gieße es in die Flasche.
2. Miss noch einmal dieselbe Menge ab und gieße sie in den Suppenteller.
3. Stelle Teller und Flasche auf eine sonnige Fensterbank.
4. Am nächsten Tag misst du mit dem Messbecher die in Flasche und Teller übrig gebliebene Menge Wasser ab.

Was wird geschehen?
Im Suppenteller befindet sich weniger Wasser als in der Flasche.

Warum denn das?
Die durch Wärmezufuhr in Bewegung versetzten Wassermoleküle können auf einer größeren Oberfläche schneller in die Luft steigen und verdunsten als in einer hohen Flasche mit schmaler Öffnung. Das heißt z. B., dass kleine, tiefe Pfützen in deinem Garten langsamer trocknen als flache, große.

Wenn du mehr wissen willst:
Das Wasser auf der Erde befindet sich in einem ständigen Kreislauf. Durch Verdunstung gelangt Wasser als unsichtbarer Wasserdampf in die Luft. Der Wasserdampf bildet durch Kondensation Dunst, Nebel oder Wolken. Werden die Wolken zu schwer, kann das Wasser als Regen, Hagel oder Schnee wieder auf die Erdoberfläche fallen. Der Niederschlag versickert in der Erdoberfläche und sammelt sich im Grundwasser. In Quellen kann das Grundwasser wieder an die Oberfläche treten. Die Quelle verbreitert sich durch Zuflüsse zum Bach, zum Fluss und zum Strom, der in Seen oder in Meere mündet. Das Wasser im Meer oder See wird von der Sonne erwärmt, steigt nach oben in die Luft ... und der Kreislauf beginnt von vorn.

9. Dichte-Rätsel

Du brauchst:
- 1 Eimer Sand

Und so wird's gemacht:
1. Fülle den Eimer randvoll mit Sand.
2. Rüttle den Eimer und klopfe mehrmals kräftig an seine Außenwand.

Was wird geschehen?
Der Eimer ist nach dem Rütteln nicht mehr ganz voll.

Warum denn das?
Die gleiche Menge Sand, die bei lockerer Schüttung den Eimer gefüllt hat, nimmt nach dem Rütteln einen kleineren Raum ein, ein kleineres Volumen. Der Sand liegt jetzt dichter.

Wenn du mehr wissen willst:
Die Masse eines Gegenstands ist von der Anzahl der in ihm enthaltenen Atome bzw. Moleküle abhängig. Mit einer Waage lässt sich die Masse bestimmen. Stoffe mit hoher Dichte nehmen weniger Raum (Volumen) ein als Stoffe mit geringer Dichte. Eine Kugel aus Eisen ist z. B. schwerer als eine gleich große Kugel aus Holz, weil die Atome des Metalls eine größere Masse haben. Die Metallkugel enthält – eng zusammengepackt – mehr Atome als die Holzkugel.

Die meisten Stoffe dehnen sich durch Erwärmen aus, d. h. ihr Volumen nimmt bei Wärmezufuhr zu, ihre Dichte jedoch ab.

10. Wasserklebstoff

Du brauchst:
- 2 kleine Glasplatten (z. B. Objektträger)
- Wasser

Und so wird's gemacht:
1. Tropfe etwas Wasser auf eine Glasplatte und lege die zweite darauf. (Das Wasser wird sich als dünne Schicht dazwischen verteilen.)
2. Versuche nun die beiden Glasplatten auseinander zu ziehen.

Was wird geschehen?
Die Glasplatten lassen sich nur mit viel Mühe auseinander ziehen.

Warum denn das?
Zwischen Molekülen verschiedener Stoffe, wie in deinem Experiment mit Glas und Wasser, wirken starke Anziehungskräfte (Adhäsionskräfte).

Wenn du mehr wissen willst:
Die Adhäsion ist nicht bei allen Körpern und Materialien gleich groß. Wasser hat das Bestreben, an anderen Gegenständen hängen zu bleiben. Regentropfen wandern deshalb nur langsam an der Fensterscheibe herunter. Sand dagegen haftet gar nicht an einer Scheibe.

11. Schwimmendes Eis

Du brauchst:
- 1 Glas, mit Wasser gefüllt
- Eiswürfel

Und so wird's gemacht:
Lass in das voll gefüllte Wasserglas mehrere Eiswürfel fallen.

Was wird geschehen?
Die Eiswürfel schwimmen an der Oberfläche. Wenn das Eis geschmolzen ist, schwappt das Wasser nicht über.

Warum denn das?
Eis hat eine geringere Dichte als Wasser und kann daher nicht sinken. Da sein Volumen im Eiszustand größer als im flüssigen Zustand ist, bleibt der Wasserstand nach dem Schmelzen fast gleich.

Wenn du mehr wissen willst:
Die Dichte von Wasser wird größer, wenn man es abkühlt. Das ist eigentlich nichts besonderes, denn alle Stoffe ziehen sich beim Abkühlen zusammen. Kühlt man aber Wasser mit einer Temperatur von +4°C noch weiter ab, dehnt es sich wieder aus, d.h. seine Dichte wird geringer, sein Volumen größer.

Bei 0°C gefriert Wasser zu Eis. Dabei dehnt es sich noch weiter aus. Eis hat also eine kleinere Dichte und ein größeres Volumen als Wasser. Vielleicht ist es dir sogar schon einmal passiert, dass du eine volle Wasserflasche im Winter im Auto gelassen hast. Kannst du dich erinnern, was passiert ist? Das gefrorene Wasser nahm mehr Raum ein und ließ die Flasche regelrecht explodieren.

12. Wasserberg

Du brauchst:
- 1 Glas, mit Leitungswasser gefüllt
- viele Münzen

Und so wird's gemacht:
1. Fülle das Glas randvoll mit Wasser.
2. Lasse die Münzen vorsichtig nacheinander in das Wasser fallen.

Was wird geschehen?
Es passen mehr Geldstücke ins Glas, als man erwartet. Das Wasser wölbt sich nämlich wie ein Berg über dem Glas.

Warum denn das?
Flüssigkeiten fließen, ihre Teilchen bewegen sich unabhängig voneinander. Sie bewegen sich aber nicht so frei wie in Gasen, sondern werden untereinander zusammengehalten. Diesen Zusammenhalt der Wassermoleküle nennt man Kohäsion.

Wenn du mehr wissen willst:
Kohäsion ist die Anziehungskraft zwischen Molekülen desselben Stoffs (z. B. der Wassermoleküle untereinander). Die Kohäsion wirkt in alle Richtungen und verursacht die Oberflächenspannung.

13. Trockenes Wasser

Du brauchst:
- 1 Glas, mit Wasser gefüllt
- gemahlenen Pfeffer

Und so wird's gemacht:
1. Streue vorsichtig gemahlenen Pfeffer auf die ruhige Wasseroberfläche des Glases, bis sie vollständig bedeckt ist. Das Glas solltest du nun nicht mehr bewegen.
2. Tauche den Finger langsam ein kleines Stück ins Wasser und ziehe ihn sofort wieder heraus.

Was wird geschehen?
Dein Finger bleibt trocken.

Warum denn das?
Der Pfeffer verstärkt die Oberflächenspannung des Wassers, die Wassermoleküle halten fest zusammen. Nur bei sehr starkem Druck bricht die „Wasserhaut" und der Finger wird nass.

14. Unsichtbare Haut

Du brauchst:
- 1 Glas, mit Leitungswasser gefüllt
- 1 Nadel
- 1 Pinzette

Und so wird's gemacht:
1. Warte bis die Wasseroberfläche ganz ruhig ist.
2. Nimm die Pinzette in die Hand und klemme mit ihr die Nadel horizontal fest.
3. Setze die Nadel langsam und äußerst vorsichtig auf der Wasseroberfläche ab. (Es ist wichtig, die Nadel ganz waagerecht aufzusetzen. Wenn die Nadelspitze ins Wasser taucht, klappt der Versuch leider nicht!)

Was wird geschehen?
Die Nadel geht nicht unter, sie schwimmt.

Warum denn das?
Da die Anziehungskraft zwischen den Wassermolekülen groß ist, werden sie an der Wasseroberfläche nach innen gezogen. Sie bilden hier eine Art dünne, unsichtbare Haut, eine elastische Membran, die leichte Gegenstände tragen kann. Die Kraft, die diese Moleküle zusammenhält, nennt man Oberflächenspannung.

> **Wenn du mehr wissen willst:**
> Die Oberflächenspannung ist die Kraft, die in einer Flüssigkeitsoberfläche wirkt. Durch Kohäsion werden die Flüssigkeitsmoleküle so stark zusammengehalten, dass entlang der Oberfläche eine Art gespannte, elastische Haut entsteht. Auf dieser „Wasserhaut" können Wasserinsekten (wie z. B. der Teichläufer) über das Gewässer krabbeln, ohne zu sinken. Die Oberflächenspannung macht auch einen Wassertropfen in der Luft kugelförmig. Auf einer Ebene sind die Wassertropfen unten platt gedrückt, oben haben sie eine gekrümmte Oberfläche.

15. Steigendes Wasser

Du brauchst:
- 1 dünnen Strohhalm (durchsichtig)
- 1 dicken Strohhalm (durchsichtig)
- 1 flache Glasschale, mit Wasser gefüllt

Und so wird's gemacht:
1. Stelle den dicken und den dünnen Strohhalm senkrecht nebeneinander ins Wasser.
2. Beobachte, wie hoch das Wasser in den Strohhalmen ansteigt.

Was wird geschehen?
Im engen Strohhalm steigt das Wasser höher als im dicken Strohhalm.

Warum denn das?
Wenn ein enges offenes Rohr ins Wasser taucht, steigt das Wasser aufgrund der Adhäsion zwischen Glas und Wasser auf. Durch Kohäsion zwischen den Wassermolekülen werden auch die von der Glaswand weiter entfernten Moleküle mitgezogen. In einer engeren Röhre kann das Wasser höher als in einer weiteren steigen, weil das Gewicht der Wassersäule in einer engen Röhre geringer ist.

16. Zuckertanz

Du brauchst:
- 1 flache Schale, mit Wasser gefüllt
- 6 Zahnstocher
- 1 Stück Würfelzucker

Und so wird's gemacht:
Lege den Würfelzucker vorsichtig auf die Wasseroberfläche und ordne die Zahnstocher kreisförmig um ihn herum an.

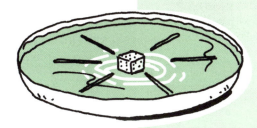

Was wird geschehen?
Die Zahnstocher werden vom Zucker angezogen und scheinen sich auf ihn zuzubewegen.

Warum denn das?
Wenn sich der Zucker allmählich im Wasser auflöst, sinkt die Zuckerlösung nach unten, weil sie schwerer ist als Wasser. Dadurch entsteht eine Strömung. Sie trägt die Zahnstocher in die Mitte.

17. Im Wasser verschwunden

Du brauchst:
- 3 Gläser, mit Wasser gefüllt
- 1 Löffel
- Salz, Zucker, Honig

Und so wird's gemacht:
1. Fülle in das erste Glas einen Löffel Salz, in das zweite Zucker, in das dritte Honig und rühre alle drei Flüssigkeiten gut um.
2. Trinke von jeder Flüssigkeit einen winzigen Schluck.

Was wird geschehen?
Salz, Zucker und Honig lösen sich in Wasser auf, sie verschwinden scheinbar. Das Wasser, in das du Salz geschüttet hast, schmeckt salzig, die beiden anderen süß.

Warum denn das?
Die Wassermoleküle dringen zwischen die Moleküle von Salz, Zucker, Honig. Man erhält eine Salz-, Zucker- bzw. Honiglösung, die salzig bzw. süß schmeckt.

18. Voll satt

Du brauchst:
- 2 Gläser
- 1 Löffel
- Zucker
- warmes Wasser
- kaltes Wasser

Und so wird's gemacht:
1. Fülle das erste Glas zur Hälfte mit kaltem Wasser.
2. Schütte nacheinander löffelweise Zucker in das Glas und rühre um. Zähle dabei, wie viele Löffel sich im Wasser auflösen. Sobald der Zucker sich nicht mehr weiter auflöst, sondern auf den Boden sinkt, musst du aufhören.
3. Fülle das zweite Glas zur Hälfte mit warmem Wasser.
4. Schütte wieder löffelweise Zucker in das warme Wasser und merke dir, wie viele Löffel sich diesmal auflösen.

Was wird geschehen?
Im kalten Wasser löst sich weniger Zucker auf als im warmen Wasser.

Warum denn das?
Die Wassermoleküle im warmen Wasser können eine größere Anzahl von Zuckermolekülen binden. Die kalte Zuckerlösung ist gesättigt, wenn sich der Zucker im Lösungsmittel Wasser nicht mehr weiter auflöst. Die warme Zuckerlösung ist übersättigt. Wenn die Lösung abkühlt, setzt sich der überschüssige Zucker am Boden ab.

19. Hitzige Trennung

Hier brauchst du die Hilfe eines Erwachsenen!

VORSICHT!

Du brauchst:
- Zucker
- 1 Topf
- 1 Esslöffel
- Wasser

Und so wird's gemacht:
1. Stelle im Topf eine Zuckerlösung her und erhitze sie am Herd.
2. Halte den Esslöffel in den Dampf der kochenden Flüssigkeit.
3. Lasse den Löffel kurz abkühlen und schlecke daran.

Was wird geschehen?
Der Löffel schmeckt nicht süß. Am Löffel hat sich reines Wasser abgesetzt.

Warum denn das?
Durch Erhitzen verdunstet das Wasser. Der Wasserdampf kondensiert zu reinem Wasser, wenn er mit dem kalten Löffel in Kontakt kommt. Beim Abkühlen von Wasserdampf bewegen sich die Teilchen langsamer, die Kräfte zwischen ihnen nehmen zu, sie verdichten sich und am Löffel bildet sich wieder eine Flüssigkeit, das Wasser. Die Zuckermoleküle bleiben in der Restflüssigkeit zurück.

20. Nicht zu lösen

Du brauchst:
- 4 Gläser, mit Wasser gefüllt
- 1 Löffel
- Kaffee, Tee, Kakao, Reis

Und so wird's gemacht:
1. Fülle in das erste Glas einen Löffel Kaffee, in das zweite Tee, in das dritte Kakao, in das vierte Reis.

2. Rühre alle Gläser vorsichtig um.

Was wird geschehen?
Kaffee, Tee, Kakao und Reis bleiben sichtbar. Nach einiger Zeit setzen sie sich am Boden des Gefäßes ab oder schwimmen beim Umrühren herum.

Warum denn das?
Die Moleküle von Kaffee, Tee, Kakao und Reis können nicht zwischen die Wassermoleküle eindringen, sie lösen sich in kaltem Wasser nicht auf, sondern verteilen sich fein darin, sie suspendieren.

Wenn du mehr wissen willst:
Eine Suspension ist eine Flüssigkeit, die feste, größere Teilchen enthält, die sich abtrennen lassen und die sich (aufgrund der Erdanziehung, vgl. S. 67/Exp. 93) am Boden absetzen.

21. Gemische und Lösungen trennen

Du brauchst:
- 2 Esslöffel Salz
- 2 Esslöffel weißes Mehl
- Wasser
- 1 Kaffeefilter aus Papier
- 1 Trichter oder Plastikkaffeefilter
- 1 Glasschüssel
- 1 Glaskrug oder Messbecher

Und so wird's gemacht:
1. Mische im Glaskrug Salz und Mehl, gieße Wasser dazu und warte. (Das Mehl wird sich am Boden absetzen.)
2. Lege den Kaffeefilter in einen Trichter oder Plastikkaffeefilter und stelle ihn auf die Schüssel.
3. Rühre den Inhalt des Kruges wieder um und gieße ihn durch den Filter in die Schüssel.

Was wird geschehen?
Das Mehl sammelt sich im Filter, das Salzwasser sammelt sich in der Schüssel. Lässt man das Wasser in der Schüssel ganz verdunsten, bleiben Salzkristalle zurück.

Warum denn das?
Mehl löst sich in Wasser nicht, es trennt sich und setzt sich am Boden ab. Man nennt diesen Vorgang Dekantierung. Die Mehlmoleküle sind groß und bleiben deshalb am Filterpapier hängen (Filtration). Das Salz hat sich im Wasser gelöst und gelangt mit ihm durch den Filter in die Schüssel. Erst wenn das Wasser in der Salzlösung durch Wärmeeinwirkung verdampft, geht das Salz in Form von Kristallen wieder in den festen Zustand über. Dieses Trennungsverfahren nennt man Kristallisation.

22. Weiße Mischung

Du brauchst:
- 1 große Tasse
- 2 Esslöffel Mehl
- 2 Esslöffel Salz
- heißes Wasser
- 1 Löffel

Und so wird's gemacht:
1. Fülle Mehl und Salz in die Tasse und vermische beides.
2. Schütte heißes Wasser dazu und rühre mit einem Löffel um.

Was wird geschehen?
Das Salz hat sich im Wasser aufgelöst, es schmeckt salzig. Der Tassenboden ist von Mehl bedeckt.

Warum denn das?
Salz und Mehl gehen keine chemische Verbindung miteinander ein und reagieren auch ganz unterschiedlich im Wasser. Das Mehl sinkt auf den Boden, das Salz löst sich auf. Mehl besteht aus Stärke bzw. Polysacchariden (Vielfachzuckern), d. h. großen Molekülen, die in Wasser nicht löslich sind. Viele einfache Zucker (z. B. Milchzucker = Lactose) sind jedoch wasserlöslich.

Jahres-zeiten, Licht und Dunkel

23. Sonnenwärme

Du brauchst:
- Sonnenschein
- kaltes Leitungswasser oder Schnee

Und so wird's gemacht:
1. Lasse kaltes Leitungswasser einige Minuten lang über deine Hände laufen oder reibe sie mit Schnee ein, bis sie abgekühlt sind.
2. Halte deine Hände eine Zeit lang in die Sonne.

Was wird geschehen?
Deine Hände werden sehr schnell wieder warm.

Warum denn das?
Die Lichtstrahlen der Sonne treffen auf deiner Haut auf und werden größtenteils in Wärme umgesetzt.

Wenn du mehr wissen willst:
Jeder Gegenstand besitzt Wärmeenergie. Kalte Dinge haben eine geringe, heiße eine hohe Wärmeenergie. Wärme kann durch Wärmestrahlung von einem Objekt auf ein anderes übergehen (vgl. S. 92/Exp. 136).

24. Sonnenenergie

Du brauchst:
- Schnee oder Eis aus der Gefriertruhe
- Sand
- Sonnenschein
- 2 Untersetzer

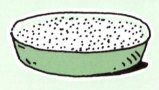

Und so wird's gemacht:
1. Schütte in einen Untersetzer Sand, in den anderen Schnee oder Eis aus der Gefriertruhe.
2. Stelle beide Untersetzer in die Sonne.

Was wird geschehen?
Schnee und Eis werden schmelzen und sich in flüssiges Wasser verwandeln, Sand und Erde werden sich (leicht) erwärmen.

Warum denn das?
Die Strahlungsenergie der Sonne erreicht die Erde. Sie erzeugt Wärme, bringt Schnee und Eis zum Schmelzen und wärmt den Sand auf.

Wenn du mehr wissen willst:
Zu fast allen Vorgängen im Universum (z.B. Bewegung, Wachstum, Entwicklung) ist Energie erforderlich. Es gibt sehr unterschiedliche Formen von Energie, z. B. Bewegungsenergie, Sonnenenergie, Wärmeenergie, Lichtenergie, chemische Energie, Strahlungsenergie. Die Energie kann ihre Form wechseln, sie verschwindet aber nie. Beim Verbrennen von Holz wird z. B. chemische Energie als Wärmeenergie frei. Ein Ball erhält durch deinen Krafteinsatz beim Werfen kinetische Energie (Bewegungsenergie). Knipst du eine Lampe an, wird elektrische Energie in Licht umgewandelt.

25. Gewelltes Wasser

Du brauchst:
- 1 flache Schüssel
- Wasser
- 1 Bleistift

Und so wird's gemacht:
1. Fülle Wasser in die Schüssel und warte, bis die Wasseroberfläche vollkommen ruhig ist.
2. Tippe mit dem Bleistift mehrmals senkrecht in die Mitte der Schüssel auf die Wasseroberfläche.

Was wird geschehen?
Von der Stelle, die du mit dem Bleistift angetippt hast, breiten sich kreisförmig größer werdende Wellen aus, wie in der Abbildung gezeigt. Die Wellen werden umso niedriger, je weiter sie vom Kreismittelpunkt entfernt sind.

Warum denn das?
Wellen transportieren Energie von einem Ort zum anderen. Meereswellen bewegen sich entlang der Meeresoberfläche und heben Schiffe oder andere schwimmende Objekte an. Wellen übertragen Energie, bewegen Materie auf und ab oder hin und her.

Wenn du mehr wissen willst:
Die Sonne ist die wichtigste Energiequelle der Erde. Sie ist ein unvorstellbar heiß glühender Gasball, der an der Oberfläche eine Temperatur von 14 Mio.° C hat (vgl. S. 97/Exp. 144). Im Kern der Sonne werden Wasserstoffatome in Helium (vgl. S. 147/Exp. 209) umgewandelt. Dabei wird Energie in Form von elektromagnetischer Strahlung frei ins All hinausgeschickt. Sichtbares Sonnenlicht ist elektromagnetische Strahlung, die sich in Form von Energiewellen durch Raum und Materie bewegt, so ähnlich wie sich Wasserwellen auf der Wasseroberfläche ausbreiten.

26. Berg- und Talbahn

Du brauchst:
- 1 langes Seil oder 1 Gartenschlauch

Und so wird's gemacht:
Drehe das Handgelenk schnell und bewege so das Seil bzw. den Gartenschlauch auf und ab.

Was wird geschehen?
Das Seil fängt an zu schwingen, es bewegt sich wellenförmig. Die Welle hat Berge und Täler, die in regelmäßigen Abständen aufeinander folgen.

Warum denn das?
Eine Wellenbewegung überträgt Energie in regelmäßigen Schwingungen. An den Punkten der stärksten Auslenkung bilden sich Berge und Täler. Je stärker deine Bewegung ist, desto größer ist die so genannte Amplitude (d.h. die Schwingungsweite) der Welle.

Wenn du mehr wissen willst:
Den Abstand zwischen zwei Wellentälern nennt man Wellenlänge. Als Frequenz bezeichnet man die Anzahl vollständiger Schwingungsumläufe einer Welle in einer Sekunde. Die Amplitude einer Wasserwelle ist die Höhe ihrer Berge oder die Tiefe ihrer Täler über oder unter dem normalen Wasserstand.

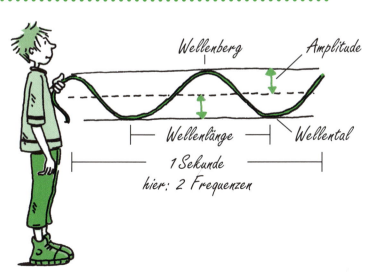

27. Licht und Schatten

Du brauchst:
- 1 Glas, mit Wasser gefüllt
- 1 Glasplatte
- 1 Bogen Transparentpapier
- 1 Tasse
- 1 Taschenlampe

Und so wird's gemacht:
1. Stelle die Gegenstände vor eine weiße Wand.
2. Verdunkle das Zimmer, knipse die Taschenlampe an und richte ihren Strahl auf die Gegenstände.

Was wird geschehen?
Die Tasse bildet einen Schatten an der Wand, hinter dem Glas, der Glasplatte und dem Transparentpapier erhellt sich die Wand.

Warum denn das?
Licht kann bestimmte Materialien wie Glas und Transparentpapier durchdringen. Beim Durchgang durch den transparenten Stoff verliert es einen Teil seiner Bewegungsenergie, es wird langsamer und damit dunkler. In Wasser hat es 3/4 seiner normalen Geschwindigkeit, in Glas 2/3. Andere Materialien (z. B. eine Tasse aus Porzellan) sind für Licht undurchdringbar. Gegenstände aus diesen Materialien sind Hindernisse für die Ausbreitung des Lichts, es prallt an ihnen ab. Ist das Hindernis groß, entsteht hinter ihm ein Schattenraum, d.h. das Hindernis wirft einen Schatten.

28. Eierröntgenapparat

Du brauchst:
- 1 kleine Taschenlampe
- 1 Schuhkarton mit Deckel
- 1 rohes Hühnerei

Und so wird's gemacht:
1. Schneide in den Deckel des Kartons ein eiförmiges Loch, in der Größe eines kleinen Hühnereis. (Die Öffnung sollte etwas kleiner als das Ei sein.)
2. Lege bzw. stelle die Taschenlampe so in den Karton, dass ihr Lichtstrahl auf das Loch im Deckel fällt. Knipse die Taschenlampe an.
3. Lege in einem abgedunkelten Raum das Ei über das Loch im Deckel, sodass es von unten angestrahlt wird.

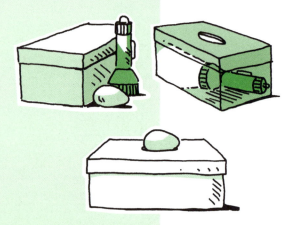

Was wird geschehen?
Man erkennt den Eidotter. Bei manchen Eiern sieht man außerdem einen dunklen Fleck, der bei anderen Eiern fehlt.

Warum denn das?
Die Lichtstrahlen der Taschenlampe sind natürlich keine Röntgenstrahlen. Aber auch sichtbares Licht kann teilweise durch die Eischale dringen und so das Innere des Eis verschwommen sichtbar machen. Wird ein befruchtetes Ei von unten bestrahlt, erkennt man einen dunklen Fleck. Bei unbefruchteten Eiern fehlt er.

29. Farbige Haut

Du brauchst:
- mehrere Pflaster
- schönes Wetter

Und so wird's gemacht:
1. Klebe das Pflaster an der Hand (z.B. an einem Finger) fest.
2. Erneuere es, wenn es schmutzig ist.
3. Setze deine Hand mehrere Tage ungeschützt dem Sonnenlicht aus. Wenn die Sonne schon sehr stark ist, musst du dich allerdings mit Sonnencreme eincremen, um einen Sonnenbrand zu vermeiden.
4. Nimm dann dein Pflaster ab!

Was wird geschehen?
Die Haut ist an der Stelle, an der das Pflaster klebte, ganz weiß, die übrige Haut leicht gebräunt. Die Haut unter dem Pflaster wird ganz runzelig.

Warum denn das?
Die Sonnenstrahlen haben deine Haut erreicht und an den ungeschützten Stellen die Pigmentbildung angeregt, die Haut nimmt eine bräunliche Färbung an. Weil der Schweiß, den die Haut bei Überhitzung abgibt, wegen des Pflasters nicht verdunsten kann, wird die Haut feucht und runzelig.

30. Zurückgeschicktes Licht

Du brauchst:
- 1 Taschenlampe
- 1 weißes Blatt Papier
- 1 schwarzes Blatt Papier
- 1 Wandspiegel

Und so wird's gemacht:
1. Knipse die Taschenlampe in einem verdunkelten Zimmer an und stelle dich vor den Spiegel.
2. Halte die Lampe von der Seite so an dein Gesicht, sodass deine Nase angestrahlt wird.
3. Halte auf der anderen Seite erst das schwarze und dann das weiße Papier in den Schein der Taschenlampe.
4. Schau dabei in den Spiegel.

Was wird geschehen?
Die Taschenlampe beleuchtet deine Nase. Hältst du das weiße Papier vor den Lichtstrahl, wird das Gesicht angestrahlt, es erhellt sich. Hältst du das schwarze Papier vor den Lichtstrahl der Taschenlampe, bleibt das Gesicht fast ganz dunkel.

Warum denn das?
Die Lichtstrahlen der Taschenlampe fallen zuerst auf deine Nase und prallen dann von ihr ab. Das weiße Papier reflektiert das Licht, d.h. es „wirft" die Strahlen zurück auf dein Gesicht und erhellt es. Das schwarze Papier dagegen reflektiert das Licht fast gar nicht, es absorbiert („schluckt") einen Großteil der Lichtstrahlen. Dein Gesicht bleibt deshalb, mit Ausnahme der Nase, dunkel.

31. Gefangene Sonnenenergie

Du brauchst:
- 1 Stück durchsichtigen, elastischen Schlauch (Zoohandlung), länger als 2 m
- 1 Gummiring
- 1 Einmachglas
- Alufolie
- 1 Flasche
- Wasser

Und so wird's gemacht:
1. Wickle das Schlauchstück in der Mitte wie eine Ziehharmonika zusammen, sodass an beiden Enden nur ein ca. 60 cm langes Stück frei bleibt. Fixiere den zusammengerollten Schlauch mit einem Gummiband und stecke ihn in das Einmachglas.
2. Bedecke das Glas mit Alufolie und drücke sie am Schlauch fest.
3. Stelle das Einmachglas draußen auf einen Tisch und lasse es dort eine Zeit lang in der Sonne stehen.
4. Fülle die Flasche mit Leitungswasser und stelle sie neben das Einmachglas. Stecke ein Schlauchende in die Wasserflasche und lasse das andere frei am Tisch herunterhängen.
5. Sauge am freien Ende des Schlauches, sodass es in den aufgewickelten Schlauchteil und von dort in das freie Ende fließt.
6. Vergleiche die Temperatur des aus dem Schlauch fließenden Wassers mit dem des Leitungswassers.

Was wird geschehen?
Das aus dem Schlauch fließende Wasser ist erheblich wärmer als das Leitungswasser in der Flasche.

Warum denn das?
Die um den Schlauch gewickelte Alufolie fängt die Sonnenenergie ein und erwärmt das durch den Schlauch fließende Wasser.

32. Lichtflecken

Du brauchst:
- 1 Taschenlampe
- Papier

Und so wird's gemacht:
1. Leuchte mit der Taschenlampe in senkrechtem Winkel auf das Papier.
2. Drehe die Taschenlampe so, dass das Licht schräg auf das Papier fällt.

Was wird geschehen?
Fällt das Licht senkrecht auf das Papier, entsteht ein heller, runder Lichtkreis. Fallen die Lichtstrahlen schräg darauf, entsteht ein großer, ovaler, nicht ganz so heller Lichtfleck.

Warum denn das?
Das Licht des hellen runden und das des großen ovalen, nicht ganz so hellen Lichtkreises stammen von ein und derselben Lichtquelle, der Taschenlampe. Sie strahlt, wenn wir sie anknipsen, konstant dieselbe Lichtmenge ab. Da sich, wie wir gesehen haben, ein schräg auffallender Lichtstrahl verbreitert und in unserem Fall eine größere Fläche bildet, muss hier dieselbe Lichtmenge dünner verteilt sein. Wenn der Strahl senkrecht auftrifft, bildet sich ein kleiner, runder, heller Fleck, d. h. dieselbe Lichtmenge konzentriert sich auf eine kleinere, aber dafür intensiver bestrahlte Fläche.

33. Schräg wärmt schlechter

Du brauchst:
- 2 Dosendeckel
- schwarzes Papier
- Klebstoff
- 1 Schere
- 1 Bücherstapel

Und so wird's gemacht:
1. Klebe das schwarze Papier auf jeden Dosendeckel und schneide überstehendes Papier ab.
2. Lege einen Deckel mit der schwarzen Seite nach oben flach in die pralle Sonne, den anderen lehnst du an den Bücherstapel, sodass die Sonnenstrahlen schräg auf die schwarze Seite auftreffen.

Was wird geschehen?
Beide Deckel erwärmen sich. Der Deckel, auf den die Sonnenstrahlen senkrecht auftreffen, fühlt sich jedoch deutlich wärmer an, als der Deckel, auf den sie schräg auftreffen.

Warum denn das?
Lichquelle ist die Sonne. Sonnenlicht, das senkrecht auftrifft, konzentriert sich jedoch auf einen kleinen Fleck, während sich bei einem schräg auftreffenden Strahl die Lichtmenge weiter verteilt und damit flächenbezogen weniger Hitze erzeugt.

34. Weißt du, wie viel Sternlein stehen ...

Du brauchst:
- 1 wolkenlose Nacht

Und so wird's gemacht:
Schaue in einer wolkenlosen Nacht aus dem Fenster und betrachte den Himmel.

Was wird geschehen?
Du siehst den Mond, die Sterne und in besonders klaren Nächten ein unregelmäßiges, helles Band, das sich quer über den Himmel zieht.

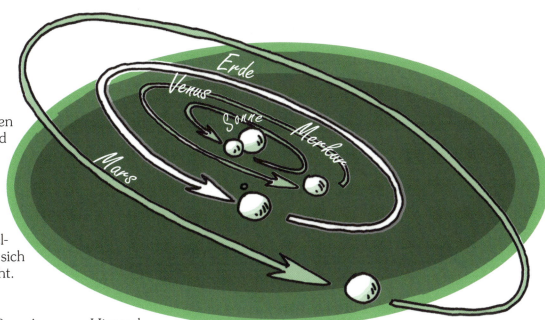

Warum denn das?
Nachts lassen sich mit bloßem Auge am Himmel ungefähr 5.000 Einzelsterne zählen, mit dem Teleskop kann man bis zu 100 Milliarden Sterne erkennen. Tagsüber stehen die Sterne an derselben Stelle am Himmel. Weil sie von der Sonne überstrahlt werden, kannst du sie dann aber nicht wahrnehmen. Das helle Band am Himmel ist unsere Milchstraße (griechisch: Galaxis), eine Anhäufung von vielen, besonders weit entfernt liegenden Sternen.

Die Erde dreht sich auf ihrer Umlaufbahn um die Sonne in 24 Stunden einmal um ihre eigene Achse, während der Mond sich einmal im Monat um seine eigene Achse dreht. Sonne, Planeten und ihre Monde bilden zusammen mit den Kometen (Schweif- oder Irrsternen) ein Sonnensystem.

Wenn du mehr wissen willst:
Einige Sterne bleiben Jahr für Jahr an derselben Stelle. Man nennt sie deshalb auch Fixsterne. Fixsterne sind Sonnen, d.h. riesige Gaskugeln, die aus sich selbst heraus leuchten. Die Lichtpunkte am Himmel, die nicht aus sich selbst heraus leuchten, sondern nur das Licht einer Sonne reflektieren, nennt man Planeten oder Wandelsterne. Da sie die Sonne umkreisen, verändern sie ihre Lage am Himmel ständig. Auch unsere Erde ist ein Planet, der die Sonne in einer elliptischen Bahn umkreist. Die Erde selbst wird umkreist von einem natürlichen Satelliten (Lat. satelles = Begleiter), dem Mond.

35. Sonnenuhr

Du brauchst:
- Pappe
- Schere
- 1 Zirkel
- 1 Nagel
- 1 Bleistift
- 1 ca. 25 cm langes Stöckchen
- 1 Uhr

Und so wird's gemacht:
1. Schneide einen mit dem Zirkel gezeichneten Kreis (Durchmesser 20 cm) aus. Piekse in die Mitte ein Loch.
2. Stecke das Stöckchen durch das Loch und gehe in den Garten.
3. Stecke das Stöckchen an einer sonnigen Stelle in den Boden, sodass die Pappscheibe flach aufliegt.
4. Markiere den Schatten des Stocks immer dann, wenn die Uhr eine volle Stunde zeigt. Schreibe die Uhrzeit (z. B. 12 Uhr) immer dazu.

Was wird geschehen?
Der Schatten wandert im Lauf der Zeit. Zu jeder Stunde ist er an einer anderen Stelle. Die Schatten, die du mit dem Bleistift nachzeichnest, sind strahlenförmig um das Stöckchen angeordnet.

Warum denn das?
Die Erde dreht sich mit konstanter Geschwindigkeit um die Sonne. Dadurch scheint sich die Sonne zu bewegen und ihren Stand zu verändern. Mittags steht sie hoch am Himmel, abends und morgens tief. Mit dem Stand der Sonne verändert sich die Position des Schattens. Am Morgen zeigt der Schatten nach Westen, er ist lang und schmal. Mittags ist er kurz, auf der Nordhalbkugel zeigt er nach Norden, auf der Südhalbkugel nach Süden. Am Nachmittag neigt sich der Schatten nach Osten.

36. Planet Erde, Fixstern Sonne

Du brauchst:
- 1 Orange (als unsere Erdkugel)
- 1 Schaschlikspieß
- 1 helle Taschenlampe oder 1 Diaprojektor (als Sonne)
- 1 verdunkelten Raum

Und so wird's gemacht:
1. Stecke den Schaschlikspieß durch die Orange. Er soll die Erdachse der Erdkugel anzeigen.
2. Knipse die Lampe bzw. den Diaprojektor in einem verdunkelten Raum an und richte den Lichtstrahl auf die Orange.
3. Beobachte, wo das Licht auftrifft, wenn du die Orange einmal langsam um ihre eigene Achse drehst.

Was wird geschehen?
Das Licht fällt immer nur auf eine Seite der Orange (Erdkugel), die von der Lampe (Sonne) beschienen wird. Auf der gegenüberliegenden Seite fallen keine Lichtstrahlen auf. Sie bleibt dunkel.

Warum denn das?
Licht breitet sich immer geradlinig aus. Es kann nicht um einen Gegenstand herumfließen (wie z. B. Luft oder Wasser) und ihn dann von hinten bestrahlen. Wenn sich die Erde einmal in 24 Stunden um ihre eigene Achse dreht, beleuchtet die Sonne immer nur die Hälfte der Erde, die ihren Strahlen zugewandt ist. Auf der anderen Seite der Erdkugel ist es dann Nacht. Wenn bei uns in Mitteleuropa um 12 Uhr die Sonne strahlt, ist es in San Francisco (USA) erst fünf Uhr früh und noch dunkel, in Taiwan (Asien) dagegen schon 19 Uhr abends. Tag und Nacht entstehen also durch die Drehung der Erde um ihre eigene Achse.

37. Orange „Vier Jahreszeiten"

Du brauchst:
- 1 Orange (als unsere Erdkugel)
- 1 Schaschlikspieß
- 1 Lampe ohne Schirm (als Sonne)
- 1 Stück Papier oder Pappe
- 1 Filzstift

Und so wird's gemacht:
1. Stecke den Schaschlikspieß durch die Orange. Er soll die Erdachse der Erdkugel anzeigen. Male mit dem Filzstift die Äquatoriallinie auf die Orange, die die Trennlinie zwischen Nord- und Südhalbkugel markiert.
2. Zeichne auf ein Stück Papier oder Pappe eine Ellipse. Sie soll die Umlaufbahn der Erde um die Sonne darstellen. Markiere auf der Ellipse die vier Himmelsrichtungen, wie in der Abbildung gezeigt.
3. Stelle die Lampe in die Mitte deiner gezeichneten Ellipse.
4. Halte die Orange mit dem Schaschlikspieß senkrecht und bewege sie zu den vier Himmelsrichtungen. Achte darauf, wann das Licht auf die Orange fällt.
5. Neige nun den Schaschlikspieß (Erdachse). Drehe die Orange in die vier Himmelsrichtungen, ohne den Neigungswinkel der Achse zu verändern.

Was wird geschehen?
Wenn du den Spieß (Erdachse) senkrecht hältst, trifft das Licht immer an derselben Stelle auf. Ist der Spieß geneigt, treffen die Lichtstrahlen an verschiedenen Stellen auf. Auf manche Bereiche fallen sie senkrecht, auf andere schräg ein.

Warum denn das?
Die Erde kreist während eines Jahres einmal um die Sonne und alle 24 Stunden einmal um sich selbst. Am Äquator, der Linie, die die Nord- von der Südhalbkugel trennt, gibt es keine Jahreszeiten. Hier ist es immer heiß, denn die Lichtstrahlen treffen das ganze Jahr über senkrecht auf. In den mittleren Breiten der Nordhalbkugel, in der wir leben, ist es im Lauf des Jahres nicht immer gleich warm. Es gibt Jahreszeiten. Im Sommer ist es heiß, im Winter kalt.

Wenn du mehr wissen willst:
Die Umlaufbahn der Erde hat die Form einer Ellipse. Auf ihrer elliptischen Bahn kreist die Erde während eines Jahres um die Sonne. Die Erdachse der Erdkugel ist dabei in einem Winkel von 23,5° geneigt. Die Lichtstrahlen der Sonne treffen auf die ihr zugewandten Gebiete senkrecht auf und erwärmen sie stark, auf die ihr abgewandten Gebiete treffen sie nur noch schräg, d. h. abgeschwächt auf. Der Abstand zwischen Sonne und Erde spielt bei der Entstehung von Jahreszeiten keine Rolle nur die Neigung von 23,5°. Auf der Nordhalbkugel ist der Abstand von der Sonne im Januar sogar geringer als im Sommer. Wenn es also auf der Nordhalbkugel Winter ist, ist es auf der Südhalbkugel Sommer und umgekehrt. Am Nord- und Südpol fallen die Lichtstrahlen immer schräg ein. Hier gibt es deshalb nie heiße Temperaturen und damit auch keinen Sommer.

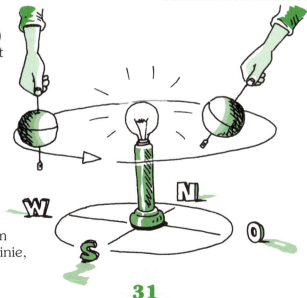

38. Treibhaustemperaturen

Du brauchst:
- 1 Plastiktüte
- 2 Zimmerthermometer

Und so wird's gemacht:
1. Lege ein Thermometer in die Plastiktüte.
2. Lege die Plastiktüte auf ein sonniges Fensterbrett und das zweite Thermometer daneben.
3. Lies nach ca. 10 Minuten die Temperatur an beiden Thermometern ab.

Was wird geschehen?
In der Plastiktüte ist es offensichtlich wärmer als außerhalb, denn das Thermometer zeigt hier eine höhere Temperatur an.

Warum denn das?
Die Sonnenstrahlen dringen durch die Plastiktüte und verwandeln sich dort in Wärme. Weil die Wärme nur teilweise wieder entweichen kann, steigt die Temperatur in der Tüte wie in einem Treibhaus an.

Wenn du mehr wissen willst:
Ein Treibhaus für Gärtner besteht in der Regel aus Glas. Die Sonnenstrahlen dringen durch das Glas, heizen es auf und halten die Wärme innen fest. Glas ist nämlich für sichtbares Licht durchdringbar, absorbiert („schluckt") es und reflektiert infrarotes Licht („schickt es zurück").

Um die Erde herum befinden sich natürlich keine Glasschichten. Bestimmte Gase der Erdatmosphäre absorbieren jedoch ganz ähnlich wie Glas die langwellige Wärmestrahlung, sodass die Wärme nicht ins Weltall entweichen kann.

Auto- und Industrieabgase (z. B. Kohlendioxid) verstärken den natürlichen Treibhauseffekt und tragen damit zur zunehmenden Klimaerwärmung der Erde bei.

39. Schneeschmelze

Du brauchst:
- Sonnenschein
- Schnee
- 2 Stück Pappe, gleich groß
- schwarzes Papier
- Alufolie
- Klebstoff

Und so wird's gemacht:
1. Beklebe das eine Stück Pappe mit Alufolie, das andere mit schwarzem Papier.
2. Lege bei Sonnenschein beide Pappstücke nebeneinander auf den Schnee.

Was wird geschehen?
Der schwarze Pappdeckel sinkt tiefer in den Schnee ein als der mit Alufolie beklebte.

Warum denn das?
Die dunkle Pappe hat das Licht absorbiert (d.h. aufgefangen, „geschluckt") und in Wärme umgewandelt, sodass der Schnee darunter geschmolzen ist. Die Alufolie auf dem anderen Pappdeckel hat das Licht reflektiert (d.h. abprallen lassen, „zurückgeschickt"), bevor es sich in Wärme umwandeln konnte.

Frischer Schnee kann das Sonnenlicht zu 80 % reflektieren, Sand- und Grünflächen zu 20 %. Wasser hat dagegen mit 10 % ein sehr geringes Reflexionsvermögen.

40. Gesunde Atmosphäre

Du brauchst:
- 1 Apfel (als unsere Erdkugel)
- 1 Messer

Und so wird's gemacht:
Schneide den Apfel auf und betrachte ihn.

Was wird geschehen?
Du erkennst, dass der Apfel aus einem Samengehäuse, dem Fruchtfleisch und einer das Fruchtfleisch umhüllenden Schale besteht. So dünn wie die Schale eines Apfels im Verhältnis zum Fruchtfleisch ist, kann man sich die Gashülle vorstellen, die die Erde umgibt. Doch ohne diese dünne Gashülle wäre ein Leben auf diesem Planeten nicht möglich.

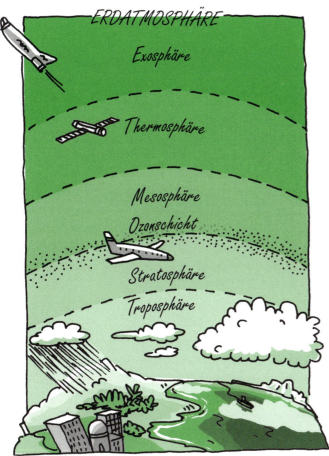

Wenn du mehr wissen willst:
Atmosphäre nennt man die die Erdkugel umgebende Lufthülle. Sie besteht aus einem Gemisch verschiedener Gase, vor allem aus Stickstoff und Sauerstoff. Man unterteilt die Atmosphäre in mehrere Zonen:

Troposphäre: Die Zone, die bis 10 km über den Meeresspiegel reicht, in der das Wetter entsteht, in der sich fast der gesamte Wasserdampf konzentriert und in der wir atmen.

Stratosphäre: Die trockene und wolkenlose Zone, in der die natürliche Ozonschicht liegt und die von 10 bis 50 km über dem Meeresspiegel reicht. Im unteren Bereich der Stratosphäre können Flugzeuge fliegen.

Mesosphäre: Die bis zu -80° C kalte Zone in Höhen von 50-80 km.

Thermosphäre: Die heiße Zone in Höhen zwischen 80-500 km.

In der so genannten Exosphäre (700-1.000 km oberhalb des Meersspiegels) findet der Stoffaustausch der Atmosphäre mit dem umgebenden Weltraum statt. Schnelle, ungeladene Atome können in diesem Bereich aus dem Schwerefeld der Erde heraustreten.

Mit ungefähr 1.000 km Dicke ist die Erdatmosphäre sehr dünn. 90 % der atmosphärischen Luft sind in den untersten 16 km, 99 % in den untersten 30 km enthalten. Wenn du mal Bergwandern gewesen bist, weißt du sicher, dass einem nicht nur von getaner „Bersteigeranstrengung" die Puste ausgehen kann. Die Luft wird einfach „dünner". Denn schon in Höhe unserer höchsten Gebirge (ca. 10 km oberhalb des Meeresspiegels) kann der Mensch praktisch kaum mehr atmen!

41. Das versetzte Pendel

Du brauchst:
- 1 Stricknadel
- 1 weichen Ball
- 3 m Blumendraht
- Klebeband
- 1 Stück Karton
- 1 Bleistift

Und so wird's gemacht:
1. Stoße die Stricknadel durch den Ball, wie in der Abbildung gezeigt.
2. Befestige an der Nadel einen dünnen Draht (evt. mit Hilfe von Klebeband).
3. Forme aus dem freien Drahtende eine Schlaufe, befestige das „Pendel" an einem Haken an der Zimmerdecke und lasse es über einem Tisch baumeln.
4. Ziehe eine gerade Linie auf dem Karton und klebe ihn so auf dem Tisch fest, dass die aus dem Ball herausragende Nadelspitze direkt auf die Linie zeigt.
5. Versetze das Pendel in Bewegung, sodass es entlang der Bleistiftlinie schwingt. Beobachte es eine Zeit lang.

Was wird geschehen?
Das Pendel schwingt irgendwann (nach mehr als zwei Stunden) nicht mehr über der Bleistiftlinie.

Warum denn das?
Das Pendel schwingt aufgrund seiner Trägheit (vgl. S. 70/Exp. 98) innerhalb derselben Ebene. Da sich jedoch das Zimmer aufgrund der Erdrotation bewegt hat, schwingt es nicht mehr über der Bleistiftlinie. Dieser klassische Versuch des französischen Physikers Jean Foucault (1819-1868) ist ein Beweis, dass sich die Erde dreht.

Farben, Bilder, Regenbogen

42. Hell und Dunkel sehen

Du brauchst:
- 1 abgedunkeltes Zimmer

Und so wird's gemacht:
1. Geh in das dunkle Zimmer und sieh dich um. (Du wirst fast nichts erkennen.)
2. Mach die Zimmertür auf, sodass von draußen ein Lichtstrahl ins Zimmer fällt.

Was wird geschehen?
Du kannst die im Zimmer befindlichen Gegenstände plötzlich sehen.

Warum denn das?
Wir sehen Gegenstände nur dann, wenn das Licht, das auf sie trifft und von ihnen abprallt, unsere Augen erreicht. Für uns sind also nur die Gegenstände sichtbar, die die Lichtstrahlen reflektieren. Helle Objekte reflektieren immer mehr Licht als dunkle.

43. Augen im Dunkeln

Du brauchst:
- farbige Gegenstände (Kleidung, Stifte, Becher etc.)

Und so wird's gemacht:
1. Bring die Gegenstände in ein Zimmer. Knipse das Licht aus und betrachte ihre Farben im Dunkeln.
2. Knipse das Licht wieder an und betrachte die Gegenstände bei Licht.

Was wird geschehen?
In fast vollständiger Dunkelheit kannst du vielleicht die Formen der Gegenstände erkennen, ihre Farben sieht man nur bei Licht.

Warum denn das?
Unsere Augen sehen Farben von Gegenständen nur ab einer gewissen Lichtintensität. Formen können jedoch schon bei sehr geringem Lichteinfall wahrgenommen werden.

44. Ins Licht geschaut

Du brauchst:
- 1 Spiegel
- 1 Taschenlampe
- 1 abgedunkeltes Zimmer

Und so wird's gemacht:
1. Verdunkle das Zimmer und stelle dich vor einen Spiegel.
2. Knipse die Taschenlampe an und halte sie neben den Kopf, sodass das Licht nicht direkt in deine Augen fällt. Achte im Spiegel auf die Größe deiner Pupillen.
3. Richte das Licht der Taschenlampe auf deine Augen.

Was wird geschehen?
Wenn das Licht schwach ist, sind deine Pupillen ganz groß. Wenn du das Licht direkt auf dein Gesicht richtest, ziehen sich die Pupillen ganz klein zusammen.

Warum denn das?
Wenn nur wenig Licht da ist, weiten sich die Pupillen, damit so viel Licht wie möglich ins Auge eindringen kann. Bei zu viel Licht, das dem Auge schaden kann, ziehen sich die Pupillen zusammen.

45. Die Farben des Lichts

Du brauchst:
- 1 Blatt Papier
- 1 Trinkglas, mit Wasser halb gefüllt
- sonniges Wetter

Und so wird's gemacht:
1. Lege das Papier auf den von der Sonne beschienenen Fußboden.
2. Nimm das Glas Wasser und halte es direkt ins Sonnenlicht in einem Abstand von 7-10 cm über das Papier.

Was wird geschehen?
Auf dem Papier erscheinen die Farben des Regenbogens.

Warum denn das?
Das eigentlich durchsichtige Licht sieht manchmal weißlich aus, besteht aber aus unterschiedlicher Wellenlänge und damit unterschiedlicher Farbe. Das Glas Wasser kann Licht umlenken (brechen) und das in ihm enthaltene Farbspektrum sichtbar machen. So entsteht ein siebenfarbiger Regenbogen.

Wenn du mehr wissen willst:
Die für uns sichtbare Sonnenstrahlung setzt sich zusammen aus Licht unterschiedlicher Wellenlängen und Farben. Die Farbanteile des Lichts werden am deutlichsten sichtbar, wenn es durch einen durchsichtigen, dreieckigen Block aus geschliffenem Glas (Prisma) geleitet wird. Dieses Prisma spaltet das Licht auf und trennt die unterschiedlichen Wellenlängen voneinander.

46. Regenbogen

Du brauchst:
- 1 Taschenlampe
- 1 flache, rechteckige Schale, mit Wasser gefüllt
- 1 Spiegel
- weißes Papier
- Wasser

Und so wird's gemacht:
1. Lehne den Spiegel schräg an die Schmalseite der mit Wasser gefüllten Schale.
2. Leuchte mit der Taschenlampe so auf das Wasser, dass der Lichtstrahl den Teil des Spiegels trifft, der unter Wasser ist.
3. Halte ein Blatt weißes Papier vor den Spiegel, um das vom Spiegel reflektierte Licht einzufangen.

Was wird geschehen?
Auf dem Papier erscheinen die Farben des Regenbogens.

Warum denn das?
Wassertropfen brechen das Licht der Sonne und zersetzen es in die sieben Farben des Spektrums. Das vom Spiegel reflektierte weiße Licht wird beim Austritt aus dem Wasser gebrochen. Da die Farben, aus denen sich weißes Licht zusammensetzt, nicht im gleichen Winkel gebrochen werden, treten sie an verschiedenen Stellen aus und werden sichtbar. Es erscheint ein Regenbogen.

Wenn du mehr wissen willst:
Regenbogen sind optische Erscheinungen am Himmel. Sie zeigen einen in den Spektralfarben des Lichts leuchtenden Kreisbogen auf den der Sonne gegenüberliegenden Regenwolken. Regenbogen entstehen, wenn Sonnenlicht an der Grenzschicht zwischen Luft- und Wassertropfen gebrochen wird und an der Innenseite der Tropfen ein- oder zweimal reflektiert wird.

47. Himmelblau

Du brauchst:
- 1 Trinkglas, mit Wasser gefüllt
- 1 Taschenlampe
- Milch

Und so wird's gemacht:
1. Schütte einige Tropfen Milch in das Glas, um das Wasser zu trüben.
2. Knipse die Taschenlampe an und richte sie senkrecht auf die Glasöffnung und die Wasseroberfläche.
3. Achte auf die Färbung des Wassers.
4. Dann richte den Lichtstrahl seitlich von außen auf die Glaswand und achte wieder auf die Farbe des Wassers.

Was wird geschehen?
Wenn der Lichtstrahl senkrecht auf die Wasseroberfläche fällt, sieht das Wasser bläulich aus. Leuchtet die Taschenlampe von außen durch die Glaswand ins Wasser, scheint sich das Wasser rosa zu verfärben, der Lichtstrahl selbst sieht im Wasser gelb-orange aus.

Warum denn das?
Das durch die Milch getrübte Wasser bricht die Farben des Lichts unterschiedlich. Das blaue kurzwellige Licht wird dabei viel stärker gestreut als das rote langwellige.

Wenn du mehr wissen willst:
Der Physiker John Tyndall (1820-1893) machte diese Beobachtung schon vor über 100 Jahren. Auch der Himmel ändert seine Farbe, weil die Atmosphäre das Licht je nach Stand der Sonne unterschiedlich streut. Außerhalb der Erdatmosphäre gibt es keinen blauen Himmel. Das Sonnenlicht wird an den Luftmolekülen gestreut, ebenso wie das Taschenlampenlicht an den Fetttröpfchen der Milch im Glas.

48. Farbkreisel

Du brauchst:
- 1 Stück weißen Karton
- 1 Zirkel
- 1 kurzen, gut gespitzten Bleistift
- 1 Schere
- 1 Nagel
- 1 Lineal oder Geodreieck mit Winkelmesser
- Filzstifte in verschiedenen Farben

Und so wird's gemacht:
1. Zeichne mit dem Zirkel einen Kreis mit einem Durchmesser von ca. 10 cm auf den weißen Karton und schneide ihn mit der Schere aus.
2. Unterteile den Kreis mit Hilfe des Winkelmessers wie in der Abbildung in sieben gleich große Segmente. Der Winkel jedes Segments muss ungefähr 51° groß sein.
3. Male jedes Segment mit den Filzstiften in einer anderen Farbe an.
4. Bohre mit dem Nagel oder der Scherenspitze ein Loch in den Mittelpunkt des Farbkreises und stecke den Bleistift mit der Spitze nach unten durch.
5. Drehe den Farbkreis wie einen Kreisel.

Was wird geschehen?
Dein Farbkreisel sieht bei einer schnellen Drehung weiß aus, die einzelnen Farben lassen sich nicht mehr unterscheiden.

Warum denn das?
Unser Auge kann verschiedene Farben wahrnehmen. Die Sinneszellen für das Farbensehen (Zapfen) in unserer Netzhaut unterscheiden jedoch im Prinzip nur die so genannten Primärfarben Rot, Grün und Blau. Blaues Licht stimuliert dabei die Blau-Zapfen, Grünes die Grün-Zapfen, rotes die Rot-Zapfen. Eine aus je zwei Primärfarben zusammengesetzte Farbe nennt man Sekundärfarbe. Gelb ist eine Sekundärfarbe, die sich aus rotem und grünem Licht mischt. Cyanblau mischt sich aus Grün und Blau, Magenta aus Rot und Blau. Mischt man blaue, rote und grüne Lichtstrahlen, entsteht weißes Licht, d. h. alle drei Zapfentypen werden gleichzeitig erregt. Die Mischung der drei Primärfarben nennt man additive Farbmischung.

49. Das „Rotlichtmilieu"

Du brauchst:
- 1 Taschenlampe
- grüne und rote Transparentfolie
- 1 Zimmerpflanze
- 1 Orange
- 1 abgedunkeltes Zimmer

Und so wird's gemacht:
1. Halte die rote Folie vor die angeknipste Taschenlampe und richte den Lichtstrahl auf die grünen Blätter der Zimmerpflanze.
2. Halte die grüne Folie vor die Taschenlampe und beleuchte zuerst die Pflanze und dann die Orange mit dem grünen Strahl.

Was wird geschehen?
Wird die Pflanze mit rotem Licht angestrahlt, sehen die Blätter plötzlich schwarz aus. Nur mit grünem Licht behält sie ihre Farbe. Die Orange sieht im Grünlicht schwarz aus.

Warum denn das?
Die Farbe der Dinge, die wir sehen, wird davon bestimmt, welche Lichtstrahlen sie reflektieren. Pflanzen sehen grün aus, weil sie alle Farbstrahlen des Sonnenlichts absorbieren, die grünen aber reflektieren. Die Körperfarbe eines Anstrichs (z.B. ein grün lackierter Stuhl) kommt also durch Absorption zustande. Die Farbsubstanz absorbiert aus dem weißen Lichtspektrum bestimmte Wellenlängen und reflektiert den Rest, den wir als seine Eigenfarbe sehen.

Die farbige Transparentfolie wirkt wie ein Lichtfilter. Ein roter Filter lässt nur rotes und blaues Licht durch und hält alle anderen Farben zurück. Ein gelber Filter absorbiert alle Farben außer rot und grün. Der grüne Filter lässt nur grünes Licht durch.

Hält man die rote Folie auf die grüne Pflanze, wirkt sie schwarz, da im roten Licht kein Grün mehr vorhanden ist, das die Pflanze reflektieren könnte.

Hält man die grüne Folie auf die Orange, sieht auch sie schwarz aus, denn auf die Orange fällt kein orangefarbenes Licht mehr, das sie reflektieren könnte.

50. Der zerlegte Filzstift

Du brauchst:
- Filzstifte
- Essig
- Wasser
- weißen Kaffeefilter oder weißes Küchenpapier
- Klebeband
- einen Bleistift

Und so wird's gemacht:
1. Fülle das Trinkglas ca. 1 cm hoch mit Wasser und füge ca. 3 Esslöffel Essig hinzu.
2. Schneide einen ca. 4 cm breiten Streifen Küchenpapier zu. Schlage den Bogen oben um und bilde eine Schlaufe, durch die der Bleistift passt. Befestige den Bleistift in der Schlaufe mit Klebeband, wie in der Abbildung.
3. Male am unteren Ende des Papierbogens mit den Filzstiften eine Reihe verschiedenfarbiger dicker Punkte.
4. Lege den Bleistift so auf das Glas, dass der Küchenpapierstreifen in die Flüssigkeit hängt.

Was wird geschehen?
Das Essigwasser steigt im Papier hoch und nimmt dabei die Farben mit, die sich dann in weitere Farben aufspalten.

Warum denn das?
Das Essigwasser steigt am Papier hoch. Es zersetzt den Farbstoff der Filzstifte in verschiedene Bestandteile, die sich je nach Farbanteil in unterschiedlichen Geschwindigkeiten fortbewegen. Du kannst nun erkennen, aus welchen Einzelfarben jede Filzstiftfarbe zusammengesetzt ist.

51. Farbe bekennen!

Hier brauchst du die Hilfe eines Erwachsenen!

Du brauchst:
- 1 Glas- oder Porzellanschale
- 1 Löffel (besser noch ein Mörser)
- Aceton (Nagellackentferner)
- weißes Löschpapier
- 1-2 kleine Sicherheitsnadeln
- farbige Blütenblätter
- einen Bleistift

Und so wird's gemacht:
1. Lege die Blütenblätter in die Schale und zerreibe sie mit Löffel bzw. Mörser.
2. Schütte ca. 20 ml Aceton in die Schale.
3. Schneide einen ca. 5 cm breiten Streifen Löschpapier aus. Schlage den Bogen oben um und bilde eine Schlaufe, durch die der Bleistift passt. Befestige den Bleistift in der Schlaufe mit den Sicherheitsnadeln.
4. Lege den Bleistift so auf das Glas, dass der Löschpapierstreifen in die Flüssigkeit hängt.
5. Stelle die Schale ins Bad (am besten ins Waschbecken) und öffne das Fenster, damit die Acetondämpfe entweichen können.

Was wird geschehen?
Das flüssige Aceton klettert das Löschpapier hinauf und hinterlässt Streifen in verschiedenen Farbtönen.

Warum denn das?
Das Aceton zersetzt den Blütenfarbstoff in verschiedene Bestandteile, die sich je nach Farbanteil in unterschiedlichen Geschwindigkeiten fortbewegen. Die Einzelfarben trennen sich und werden sichtbar.

52. Spiegel im Dunkeln

Du brauchst:
- schwarzen Karton
- 1 Schere
- 1 großen Handspiegel
- 1 Stapel Bücher
- 1 Taschenlampe

Und so wird's gemacht:
1. Knicke den Karton so, dass eine senkrechte Papierwand entsteht. Schneide in die Papierwand mit der Schere drei dünne Schlitze.
2. Stelle den Spiegel dieser Papierwand gegenüber auf, so wie auf der Abbildung und lehne ihn an einen Stapel Bücher.
3. Lege die Taschenlampe hinter die Schlitze der Papierwand und verdunkle das Zimmer. Dann knipse die Taschenlampe an.

Was wird geschehen?
Die Lichtstrahlen fallen durch die Papierschlitze und treffen auf den Spiegel. Dort prallen sie ab und bilden dabei einen Winkel, der sich im dunklen Raum sichtbar machen lässt.

Warum denn das?
Lichtstrahlen breiten sich immer geradlinig von einer Lichtquelle aus. Gelangen sie an ein Hindernis, werden sie (je nach Beschaffenheit des Materials) reflektiert, gebrochen oder gestreut. Optische Spiegel bestehen aus Glas, auf das dünne Metallschichten aufgedampft wurden und sind damit für Licht undurchdringbar. Ihre glatte Oberfläche lässt die Lichtstrahlen abprallen und ändert ihre Richtung durch Reflexion. Das heißt, der Spiegel reflektiert die Lichtstrahlen in dem Winkel, in dem sie auf seiner Oberfläche aufgetroffen sind (Einfallswinkel). Trifft der Lichtstrahl senkrecht auf einen Spiegel oder eine andere glatte reflektierende Fläche, fällt er auf demselben Weg im selben Winkel zurück. Treffen die Lichtstrahlen auf einen undurchdringbaren Gegenstand mit unebener Oberfläche (z. B. eine Wand mit weißer Rauhfasertapete) werden die Lichtstrahlen nicht im Einfallswinkel reflektiert, sondern in alle Richtungen gestreut.

53. Das verschwundene Spiegelbild

Du brauchst:
- Alufolie
- 1 Schere

Und so wird's gemacht:
1. Schneide mit der Schere ein Stück Alufolie ab.
2. Halte die Alufolie mit der glänzenden Seite vor dein Gesicht und betrachte dein Spiegelbild.
3. Zerknülle die Alufolie vorsichtig und ziehe sie danach wieder glatt.
4. Halte sie erneut vor dein Gesicht und betrachte dein Spiegelbild.

Was wird geschehen?
Dein Spiegelbild ist verschwunden, die Alufolie spiegelt nicht mehr.

Warum denn das?
Wenn die Lichtstrahlen, die von deinem Kopf reflektiert werden, auf eine glatte, ebene Fläche fallen, werden alle im selben Winkel reflektiert. Zerknitterte Folie reflektiert das Licht in viele verschiedene Richtungen, deshalb kann sich das Spiegelbild nicht mehr formieren.

54. Brennglas

Du brauchst:
- 1 Lupe
- schwarzes Papier

Und so wird's gemacht:
1. Halte die Linse der Lupe und das schwarze Papier ins Sonnenlicht, sodass die Lichtstrahlen der Sonne darauf sichtbar sind.
2. Verändere den Abstand zwischen Papier und Linse, bis auf dem Papier ein winziger, strahlender Punkt erscheint.

Was wird geschehen?
Das schwarze Papier beginnt zu rauchen und in wenigen Stunden ist ein winziges Loch eingebrannt.

Warum denn das?
Die Lichtstrahlen der Sonne werden durch die Linse in einem Punkt, dem Brennpunkt, gebündelt. Hier haben sie eine so hohe Dichte erreicht, dass sich das Papier stark erhitzt und zu brennen beginnt. Ausgelöst wird das Brennen des Papiers von der langwelligen Infrarotstrahlung des Sonnenlichts. Wenn man genau hinsieht, erkennt man auf dem Papier, bevor es anfängt zu brennen, ein kleines, sehr helles Abbild der Sonne.

Wenn du mehr wissen willst:
Der Brennpunkt ist der Punkt, an dem sich die von einem Gegenstand ausgehenden Lichtstrahlen treffen. Das Bild des Gegenstands ist scharf, wenn sich die Fläche, auf der das Bild erscheint, im Brennpunkt der Linse befindet.

55. Der reflektierende Koch

Du brauchst:
- Alufolie
- 20 alte Spielkarten
- 1 kleines Metallgefäß, mit warmem Wasser gefüllt
- 1 rohes Ei

Und so wird's gemacht:
1. Wickle um die Spielkarten Alufolie mit der glänzenden Seite nach außen. Achte darauf, dass die „Spiegel" glatt sind und die Alufolie keine Falten aufweist.
2. Platziere den mit warmem Wasser gefüllten Topf draußen am Boden in der prallen Sonne.
3. Stelle die „Spiegel" so auf, dass die von ihnen reflektierten Sonnenstrahlen in den Becher fallen, wie in der Abbildung gezeigt.
4. Lege das rohe Ei in den Topf.

Was wird geschehen?
Nach einiger Zeit kocht das Wasser, und nach vier Minuten Kochzeit ist aus dem rohen Ei ein weichgekochtes, essbares Ei geworden.

Warum denn das?
Im Kochtopf werden die von den Spiegeln abgestrahlten Sonnenstrahlen gebündelt und erzeugen eine so starke Hitze, dass sie das vorgewärmte Wasser zum Kochen bringen.

56. Lupenreines Wasser

Du brauchst:
- 1 Trinkglas, mit Wasser gefüllt
- 1 Strohhalm

Und so wird's gemacht:
Stelle den Strohhalm ins Wasser und betrachte ihn genau.

Was wird geschehen?
Der Teil des Strohhalms, der sich im Wasser befindet, erscheint im Durchmesser größer.

Warum denn das?
Die Lichtstrahlen werden auf dem Weg vom Wasser durch das Glas in die Luft gebrochen. Weil die Glaswand gewölbt ist, wird das Licht so gebrochen, dass der Strohhalm größer erscheint.

Wenn du mehr wissen willst:
Eine Lupe ist eine nach außen gewölbte (konvexe) Linse, eine Sammellinse, die die Lichtstrahlen in einem Brennpunkt bündelt. Eine konvexe Linse erzeugt ein reelles Bild eines Objekts auf einer Fläche. Die Linse eines Diaprojektors z. B. erzeugt ein reelles Bild auf einer Leinwand. Betrachtet man einen Gegenstand unter der Lupe, so erscheint er vergrößert.
Auch Wassertropfen auf der Haut wirken als Sammellinse, ebenso Tau oder Gießwasser auf Pflanzen. Das Sonnenlicht kann in ihnen so gebündelt werden, dass sich die Sonnenstrahlung intensiviert. Sonnenbaden mit nasser Haut kann einen Sonnenbrand verursachen, Rasensprengen bei vollem Sonnenlicht Gräser verbrennen.

57. Super-Wasserlupe

Du brauchst:
- 1 Stück Pappe
- 1 Schere
- 1 Stück durchsichtige Plastikfolie
- Wasser
- 1 Zeitung

Und so wird's gemacht:
1. Schneide aus Pappe eine Lupenfassung aus, wie in der Abbildung gezeigt.
2. Klebe auf das Loch ein Stück durchsichtige Plastikfolie.
3. Tropfe vorsichtig etwas Wasser auf die Folie und versuche ein Stück Zeitungspapier durch deine Lupe zu betrachten.

Was wird geschehen?
Die Buchstaben der Zeitung erscheinen vergrößert.

Warum denn das?
Der Wassertropfen wirkt als Sammellinse und vergrößert die Buchstaben wie eine Lupe. Die Lichtstrahlen fallen in die „Wasserlinse" ein und werden von ihr gebrochen. Beim Austritt aus der Linse entsteht ein vergrößertes Bild des Gegenstands, von dem die Lichtstrahlen ausgehen.

58. Mondsüchtig

Du brauchst:
- 1 konkaven Spiegel
- 1 „normalen" Spiegel
- 1 Lupe
- 1 Mondnacht

Und so wird's gemacht:
1. Stelle den konkaven Spiegel in der Nacht so vor das Fenster, dass er dem Mond zugewandt ist.
2. Stelle den geraden Spiegel so, dass sich das Spiegelbild des Mondes darin zeigt.
3. Betrachte mit der Lupe das Bild des Mondes.

Was wird geschehen?
Mit der Lupe lässt sich das Bild des Mondes vergrößern.

Warum denn das?
Der konkave Spiegel reflektiert das Bild des Mondes und wirft es auf den geraden Spiegel. Dieser setzt das Bild neu zusammen. Die Lupe vergrößert dieses Bild.

Wenn du mehr wissen willst:
Ein konkaver Spiegel (z. B. ein Rasierspiegel) ist nach innen gewölbt, man nennt ihn deshalb auch Hohlspiegel. Er bringt die Lichtstahlen bei der Reflexion näher zusammen.

59. Verkehrte Welt

Du brauchst:
- 2 Lupen
- 2 Papprohre (eins etwas geringer im Durchmesser als das andere)
- Klebeband
- 1 Mondnacht

Und so wird's gemacht:
1. Stecke die schmalere Pappröhre ein Stück weit in die andere.
2. Befestige eine Lupe an einem Ende der Röhre mit Klebeband.
3. Gehe ans Fenster und richte dein gebasteltes Teleskop auf den Mond. Schaue durch die festgeklebte Lupe in das Rohr und halte die zweite Lupe vor das andere (von dir entfernte) Ende des Rohrs.
4. Verlängere oder verkürze das Rohr und bewege die zweite Lupe, bis das Bild scharf ist.

Was wird geschehen?
Mit dem Teleskop siehst du den Mond vergrößert. Das Bild ist seitenverkehrt.

Warum denn das?
Die vom Mond ausgehenden Lichtstrahlen sammeln sich zuerst in der festgeklebten Lupe und lassen im Rohr ein seitenverkehrtes Bild entstehen. Die zweite Lupe vergrößert dieses Bild.

60. Löffelbild

Du brauchst:
- 1 Suppenlöffel, spiegelblank poliert

Und so wird's gemacht:
Halte den Löffel mit der Innenwölbung so vor dich, dass du deinen Kopf als Spiegelbild darin erkennen kannst.

Was wird geschehen?
Dein Spiegelbild ist verkleinert und steht auf dem Kopf.

Warum denn das?
Die Lichtstrahlen, die von deinem Kopf ausgehen, treffen auf eine innen gewölbte Fläche. Dadurch werden sie so reflektiert, dass alles was oben ist, unten erscheint und umgekehrt. Der Löffel ist ein Konkavspiegel, der das Licht nach innen reflektiert. Die Lichtstrahlen konvergieren nach der Reflexion.

61. Der sehende Becher

Hier brauchst du die Hilfe eines Erwachsenen!

VORSICHT!

Du brauchst:
- 1 Pappbecher
- 1 Nagel
- 1 Bogen Transparentpapier
- Tesafilm
- Uhu
- schwarzes Papier
- 1 Kerze
- 1 Streichholz

Und so wird's gemacht:
1. Kleide den Pappbecher innen mit schwarzem Papier aus.
2. Durchstoße den Pappbecher in der Mitte der Unterseite mit dem Nagel und bohre ein Loch.
3. Spanne ein Stück Transparentpapier über die Becheröffnung und befestige es außen mit Tesafilm.
4. Zünde die Kerze an und verdunkle das Zimmer.
5. Nimm den Becher und halte ihn waagerecht vor dich, sodass das Transparentpapier zu dir und das Loch im Boden des Pappbechers auf die Kerze gerichtet ist.

Was wird geschehen?
Auf dem Transparentpapier erscheint das Bild der auf dem Kopf stehenden Kerze. Wenn man die Kerze ausbläst, verschwindet auch das Bild.

Warum denn das?
Die Lichtstrahlen, die von der Kerze ausgehen, gelangen durch das Loch im Boden des Pappbechers, breiten sich geradlinig im Becher aus und werden vom Transparentpapier aufgehalten, wo sie ein auf dem Kopf stehendes Bild der Kerze abbilden. Das Bild steht auf dem Kopf, da die Lichtstrahlen, die vom oberen Teil der Kerzenflamme kommen, den unteren Teil des Transparentpapiers treffen und umgekehrt. Bläst man die Kerze im Dunkeln aus, verschwindet das Bild, denn wir sehen einen Gegenstand nur, wenn er beleuchtet ist.

62. Glasauge

Du brauchst:
- 1 Kugelvase aus Glas
- 1 Stück Küchenpapier
- 1 Lupe
- 1 Taschenlampe
- 1 Schere
- Karton
- Knete

Und so wird's gemacht:
1. Klebe das Stück Küchenpapier vorne auf die Vase.
2. Schneide aus dem Karton eine Figur oder ein Muster aus.
3. Forme aus Knete zwei Kugeln und befestige sie auf dem Tisch. Setze auf die erste Knetkugel die Lupe, auf die andere den Karton mit deiner ausgeschnittenen Figur, wie in der Abbildung gezeigt.
4. Knipse die Taschenlampe an und richte ihren Strahl gegen deine ausgeschnittene Figur.

Was wird geschehen?
Auf dem Küchenpapier erscheint ein auf dem Kopf stehendes Abbild deiner ausgeschnittenen Figur.

Warum denn das?
Die von der Figur reflektierten Lichtstrahlen fallen in die Lupe, werden von ihr gebrochen und gelangen auf das Küchenpapier. Hier entsteht ein verkleinertes, auf dem Kopf stehendes Bild der Figur. Diese Konstruktion funktioniert ähnlich wie dein Auge: Die Kugelvase soll deinen Augapfel darstellen, die Lupe den Glaskörper im Auge, das Küchenpapier die Netzhaut.

Keimen, wachsen, blühen

63. Es grünt so grün …

Du brauchst:
- Moos
- Farne
- Tannenzweige
- Waldblumen (z. B. Anemonen)

Und so wird's gemacht:
Betrachte die gesammelten Pflanzen und suche nach Blüten.

Was wird geschehen?
Moose und Farne scheinen keine Blüten zu besitzen. An den Tannenzweigen hängen Zapfen. Nur die Waldblumen tragen eine Blüte.

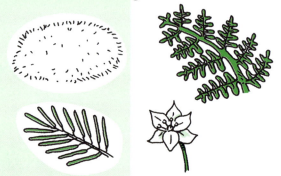

Warum denn das?
Moose und Farne gehören zu den so genannten Niederen Pflanzen. Sie haben keine Blüten und vermehren sich nicht durch Samen, sondern durch Sporen. Man nennt sie deshalb auch Sporenpflanzen. Bei den Farnen entwickeln sich Sporen an der Unterseite älterer Farnwedel. Hier erkennt man (vor allem im Sommer) kleine Sporenhäufchen, die wie rostige Nägel aussehen. Bei den Moosen kann man an den Spitzen einzelner Pflänzchen blütenähnliche Köpfchen erkennen, aus denen sich eine Sporenkapsel entwickelt, die viele Sporen enthält. Aus den Sporen keimen neue Pflänzchen heran. Nadelgehölze wie die Tanne zählen zwar zu den Höheren Pflanzen, sie haben aber keine echten Blüten, sondern Zapfenblüten. Da sich bei ihnen die nackten Samen auf den Schuppen der Zapfen entwickeln, bezeichnet man sie auch als Nacktsamer.

64. Tulpenpracht

Du brauchst:
- 1 Narzisse, Tulpe oder Anemone (möglichst mit Wurzel)
- 1 Lupe

Und so wird's gemacht:
Betrachte die Blumen unter der Lupe.

Was wird geschehen?
Du erkennst deutlich Spross, Blätter, Blüten und Wurzeln.

Warum denn das?
Blumen sind krautige Pflanzen, die sich in drei Teile untergliedern lassen: Wurzel, Spross und Blüte. Die Wurzel dient der Verankerung im Boden und der Aufnahme von Wasser und Nährsalzen. Die Blätter enthalten den grünen Blattfarbstoff Chlorophyll und stellen durch Fotosynthese die Nahrung der Pflanze her (vgl. S. 58/Exp. 80+81). Die Blüte enthält die Fortpflanzungsorgane der Blume mit den Samenanlagen. Der Spross einer Pflanze hat die Aufgabe, sie zu stützen und Wasser und Nährstoffe zu transportieren.

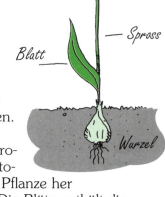

Wenn du mehr wissen willst:
In speziellen Pflanzengeweben, dem Xylem, wird das von den Wurzeln aufgenommene Wasser mit den darin gelösten Nährsalzen zu den Blättern transportiert. Der in den Blättern bei der Fotosynthese gebildete Traubenzucker wird über das Phloem der Sprossachse an die Verbrauchsorte, d.h. in die wachsenden Blätter, Stengel, Wurzeln, Blüten, Samen und Früchte geleitet. Der nicht sofort zur Energiegewinnung gebrauchte Zucker wird in Wurzeln, Samen und Früchten gespeichert.

65. Narzissenblüte

Du brauchst:
- 1 Blume mit Blüte
- 1 Lupe

Und so wird's gemacht:
Zerlege die Blüte in ihre einzelnen Bestandteile und betrachte sie mit der Lupe.

Was wird geschehen?
Du erkennst Kelch- und Kronblätter, den Blütenboden, Fruchtknoten, Griffel und Staubblätter.

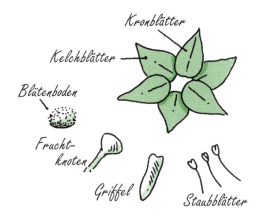

Warum denn das?
Blüten bestehen aus Kelch- und Kronblättern, die kreisförmig um den so genannten Blütenboden angeordnet sind. Das weibliche Fortpflanzungsorgan ist der Fruchtknoten mit Narbe und Griffel, als männliche Fortpflanzungsorgane dienen die Staubblätter mit Staubbeutel und Staubfaden. Der Blütenstaub (Pollen) wird durch Wind, Wasser oder Tiere (z. B. Bienen oder andere Insekten) verbreitet. Staubblätter und Fruchtknoten reifen bei vielen Pflanzen zeitversetzt, d. h. zu unterschiedlichen Zeiten. Damit wird gewährleistet, dass jede Blüte nicht von ihrem eigenen, sondern vom Blütenstaub einer anderen Pflanze derselben Art befruchtet wird. So wird eine Selbstbefruchtung verhindert.

66. Gepflückte Kätzchen

Du brauchst:
- Weiden (oder Pappeln, Haselnusssträucher, Erlen)

Und so wird's gemacht:
1. Versuche, die entsprechenden Bäume zu finden, indem du ihre **Blätter** bestimmst.
2. Suche einen kleinen Zweig ab, an dem sich Blüten befinden.
3. Versuche, die Blüten zu zeichnen.

Was wird geschehen?
Die Blüten der Weiden, Pappeln, Haselnusssträucher und Erlen sehen ganz anders aus als Anemonen, Tulpen oder Narzissen. Man erkennt eigentlich nur kleine, hängende Würstchen.

Warum denn das?
Die hängenden Würstchen sind die Blütenstände dieser Bäume, die man als **Kätzchen** bezeichnet. Sie bestehen aus mehreren kleinen, unscheinbaren Einzelblüten.

67. Die durstige Rosine

Du brauchst:
- Rosinen
- 1 Trinkglas
- Wasser
- 1 Löffel

ZEITINTENSIV

Und so wird's gemacht:
1. Fülle das Glas etwa zu einem Drittel mit trockenen Rosinen.
2. Fülle es dann mit Wasser auf und rühre mit dem Löffel gut um.

Was wird geschehen?
Nach ungefähr drei bis vier Stunden sind die vorher harten, schrumpeligen Rosinen weich, dick und prall.

Warum denn das?
Rosinen sind die samenlosen, vollreifen und getrockneten Beerenfrüchte der Weinrebe (Traube). Wasser kann durch die Epidermis (Hautoberfläche) in die Rosinen eindringen. Die Rosine dehnt sich durch die Wasseraufnahme aus und ist irgendwann prall mit Wasser gefüllt.

68. Bienen bei der Arbeit

Du brauchst:
- sonniges Wetter (ab April)
- 1 blühenden Garten

Und so wird's gemacht:
Gehe hinaus in den Garten und beobachte längere Zeit die blühenden Pflanzen (vor allem Wildpflanzen).

Was wird geschehen?
Auf einigen Blüten tummeln sich Wildbienen und andere Insekten.

Warum denn das?
Farbe und Duft der Blüten locken viele Insekten an. Vor allem Bienen fliegen von Blüte zu Blüte und sammeln Blütensaft (Nektar).

Wenn du mehr wissen willst:
Wenn die Bienen von Blüte zu Blüte fliegen, bleibt Blütenstaub (Pollen) an ihrer Körperbehaarung (Pelzchen) hängen. Fliegen sie auf eine andere Blüte, gelangt der Blütenstaub der ersten Blüte auf den Griffel einer zweiten, die damit bestäubt wird. Im Fruchtknoten der bestäubten Pflanze entwickelt sich ein Same. Wird dieser später in die Erde gepflanzt, entsteht aus ihm eine neue Pflanze. Bei der Bestäubung der Bedecksamer wird Blütenstaub von den Staubblättern auf die Narbe einer anderen Blüte übertragen. Der Blütenstaub besteht aus einzelnen Pollenkörnern. Nachdem ein Pollenkorn auf der Narbe gelandet ist, bildet es durch Zellteilung zwei männliche Keimzellen aus. Gleichzeitig entsteht innerhalb des Griffels ein Pollenschlauch, der zu der im Fruchtknoten enthaltenen Samenanlage wächst. Die beiden männlichen Keimzellen wandern durch den Pollenschlauch in die Samenanlage.

69. Erbsenhüpfen

Du brauchst:
- Erbsen
- 1 Glas
- 1 Suppenteller
- Wasser

Und so wird's gemacht:
1. Fülle das Glas randvoll mit Erbsen.
2. Stelle das Glas auf einen Suppenteller.
3. Gieße so viel Wasser zu den Erbsen, wie hineinpasst.

Was wird geschehen?
Nach einigen Wochen purzeln die Erbsen nacheinander über die Glaswand.

Warum denn das?
Die Erbsen saugen sich im Glas mit Wasser voll, sie quellen. Dadurch nehmen sie an Volumen zu und dehnen sich so stark aus, dass die unteren Erbsen nach oben drücken, und die oben liegenden Erbsen aus dem Glas fallen.

Wenn du mehr wissen willst:
Quellung ist der Einstrom von Wassermolekülen in einen Quellkörper (z. B. ein Stück Holz, ein Samenkorn). Die großen Moleküle des Quellkörpers ziehen Wassermoleküle an, weil sie in feuchtem Zustand (schwach) elektrisch geladen sind. Die Wassermoleküle diffundieren in den Quellkörper und lagern sich den Molekülen, aus denen dieser besteht, an. Dadurch nimmt er an Volumen zu.

70. Explosiv!

Du brauchst:
- Maiskörner, Erbsen- oder Bohnensamen
- 1 durchsichtigen (zerbrechlichen) Plastik-Partybecher
- 1 alte (Blech-) Dose
- Gips

Und so wird's gemacht:
1. Rühre in der alten Blechdose nach Packungsanweisung Gips an, sodass ein dünner, zähflüssiger „Brei" entsteht.
2. Rühre eine Hand voll Maiskörner, Erbsen- bzw. Bohnensamen dazu.
3. Fülle den Gips mit den Samen in den durchsichtigen Plastikbecher, sodass er bis zur Hälfte gefüllt ist.

Was wird geschehen?
Nach einem Tag bilden sich Risse. Später ist der Becher aufgesprengt.

Warum denn das?
Aus dem Gipsbrei dringt in die Samenkörner Wasser ein. Durch die Quellung nehmen die Samenkörner an Volumen zu. Sie dehnen sich schließlich so stark aus, dass das Gefäß zerbricht.

71. Der versteckte Keimling

Du brauchst:
- 4 Feuerbohnensamen
- 1 Lupe
- 1 Schüssel, mit Wasser gefüllt

Und so wird's gemacht:
1. Lege zwei Bohnen für ein paar Stunden ins Wasser, die anderen bewahrst du im Trockenen auf.
2. Nimm die zwei Bohnen aus dem Wasser und vergleiche sie mit den beiden trockenen.
3. Öffne die nassen Bohnen mit dem Daumennagel und betrachte sie unter der Lupe.

Was wird geschehen?
Die nassen Bohnen sind größer geworden, ihre Haut ist faltig und aufgeplatzt. Wenn man sie in zwei Hälften zerlegt, erkennt man einen Keimling.

Warum denn das?
Wenn ein Samen durch Quellung Wasser aufnimmt, wird die Samenschale durch den Druck der eingeströmten Wassermoleküle gesprengt. Der im Samen liegende Embryo wird durch Wasser zum Wachsen angeregt, es bildet sich ein Keimling. Dabei schwillt die so genannte Keimwurzel an und wächst mit der Schwerkraft nach unten.

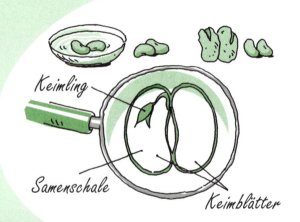

72. Eins, zwei – oder drei?

Du brauchst:
- Feuerbohnensamen
- Maiskörner
- Radieschensamen
- 2 Gläser
- Küchenpapier

Und so wird's gemacht:
1. Bringe alle Samen zum Quellen und lasse sie zwischen Glas und Küchenpapier keimen.
2. Untersuche die Form der Keimlinge und vergleiche sie miteinander.

Was wird geschehen?
Der Radieschenkeimling ähnelt der Bohne, der Maiskeimling sieht anders aus.

Warum denn das?
Bohnen und Radieschen gehören zu den zweikeimblättrigen Pflanzen, da ihre Samen aus zwei Hälften bestehen. Der Mais ist eine einkeimblättrige Pflanze, sein Samen besteht aus nur einem Teil.

Wenn du mehr wissen willst:
Ein Samen besteht aus einem Pflanzenembryo, einem Nahrungsspeicher (Endosperm) und einer Samenschale. Der Nahrungsspeicher kann in Form von einem oder zwei Keimblättern angelegt sein. Nicht nur die Samen, sondern auch die Blüten und Blätter von ein- und zweikeimblättrigen Samen unterscheiden sich. Bei einkeimblättrigen Pflanzen (z. B. Lilien, Mais) ist die Zahl der Blüten durch drei teilbar. Ihre Blätter sind ungestielt, einfach und meist lanzett- oder eiförmig. Zweikeimblättrige Pflanzen (wie z. B. die Brennessel, Rose, Primel etc.) haben meist fünf bunte Kron- und kleine grüne Kelchblätter.

73. Das Wettrennen der Keimlinge

Du brauchst:
- Feuerbohnen
- 3 leere, sauber gewaschene Marmeladengläser
- 1 Schüssel, mit Wasser gefüllt
- 1 Sprühflasche, mit Wasser gefüllt
- 1 halbe Tasse Wasser
- Watte oder Papierservietten
- 1 Küchentuch
- elastische Haushaltsfolie (durchsichtig)

Und so wird's gemacht:
1. Lege die Bohnen in eine mit Wasser gefüllte Schüssel und lasse sie dort 24 Stunden lang.
2. Bedecke den Boden jedes der drei Marmeladengläser dünn mit Watte oder lege eine Papierserviette aus.
3. In das erste Glas sprühst du mit der Wassersprühflasche, sodass die Watte (bzw. die Papierserviette) befeuchtet wird. Das zweite Glas bleibt trocken. In das dritte füllst du die halbe Tasse Wasser, sodass die Watte (bzw. Papierserviette) völlig durchnässt ist.
4. Hole die Bohnen aus der Wasserschüssel und lasse sie kurz auf einem Küchentuch abtropfen.
5. Verteile in jedem Glas die gleiche Menge an Feuerbohnen.
6. Verschließe jedes Glas mit der Haushaltsfolie, damit das Wasser nicht sofort wieder verdunstet, und stelle alles ans Tageslicht (z.B. auf eine sonnige Fensterbank).

Was wird geschehen?
Nach ca. ein bis drei Tagen keimen die Feuerbohnen in einem Glas aus, und zwar in dem mit der befeuchteten Watte. Im trockenen und im mit Wasser gefüllten Glas sind dagegen keine Bohnenkeimlinge zu finden.

Warum denn das?
Zur Keimung brauchen fast alle Samen Licht, Wärme, Wasser und Sauerstoff. In unserem Experiment wärmen die Sonnenstrahlen alle drei Gläser. Im trockenen Glas fehlt dem Samen jedoch Wasser, in dem mit Wasser gefüllten Glas Sauerstoff. Nur wenn der Bohnensamen auf durchfeuchtetem Untergrund liegt und so Wasser und Sauerstoff aus der Luft zur Verfügung hat, kann der Embryo wachsen.

Wenn du mehr wissen willst:
Die Samen der meisten Pflanzen sind ziemlich trocken. Ihr Wassergehalt liegt nur bei 5-20 %. Bevor die Keimung beginnen kann, muss der Samen durch Quellung Wasser aufnehmen, das den Embryo anregt zu wachsen. Die Energie zum Wachsen bekommt der Embryo, indem er die im Samen gespeicherten Nährstoffe (Kohlehydrate, Eiweißstoffe, Fette) abbaut. Der Abbau klappt aber nur, wenn weiterhin ausreichend Wasser und zusätzlich Sauerstoff zur Verfügung stehen.

74. Die Riesenkeime

Du brauchst:
- Feuerbohnen
- Küchenpapier oder Papierservietten
- 1 Schere
- Zeitungspapier
- 1 Sprühflasche, mit Wasser gefüllt
- 1 leeres Marmeladenglas

Und so wird's gemacht:
1. Lege das Marmeladenglas an seiner Innenwand mit Küchenpapier aus und schneide die überstehenden Streifen mit der Schere ab.
2. Stopfe zerknülltes Zeitungspapier in das Innere des Glases.
3. Befeuchte Zeitungspapier und Küchenpapier mit der Wassersprühflasche.
4. Schiebe zwischen Glas und Papier ein paar Feuerbohnensamen.
5. Stelle das Glas an eine warme, sonnige Fensterbank und besprühe das Papier jeden Tag regelmäßig mit Wasser aus der Sprühflasche.

Was wird geschehen?
Nach ca. ein bis drei Tagen keimen die Feuerbohnen aus. Durch die Glasöffnung kannst du sie beim Wachsen beobachten.

> **Wenn du mehr wissen willst:**
> Alle Samen brauchen zur Keimung Wasser, Luft und Wärme. Wie viel Licht sie brauchen, ist bei den einzelnen Pflanzenarten unterschiedlich. Als Lichtkeimer bezeichnet man Pflanzen, die durch Licht in ihrer Keimung gefördert werden. Das ist bei den meisten Pflanzenarten der Fall. Es gibt jedoch auch einige, die durch Licht in ihrer Keimung gehemmt werden. Man nennt sie Dunkelkeimer.

75. Essigwickel

Du brauchst:
- 2 Untertassen
- Küchenpapier, Papierservietten oder Watte
- 1 Sprühflasche, mit Wasser gefüllt
- Haushaltsessig
- 1 Esslöffel
- Kressesamen
- 2 Glasschälchen oder zwei Gefrierbeutel aus Plastik (durchsichtig)

Und so wird's gemacht:
1. Lege jeden Unterteller mit Küchenpapier (ersatzweise Papierservietten oder Watte) aus.
2. In eine Untertasse sprühst du mit der Sprühflasche Wasser, sodass das Küchenpapier gut befeuchtet wird.
3. Das Küchenpapier in der zweiten Untertasse befeuchtest du esslöffelweise mit Essig.
4. Verteile die Kressesamen gleichmäßig in beiden Untertassen.
5. Stülpe über jede Untertasse ein Glasschälchen oder schiebe die Untertassen in einen Gefrierbeutel, damit das Wasser nicht sofort wieder verdunstet.
6. Stelle alles an einen warmen Ort (z. B. auf eine sonnige Fensterbank).

Was wird geschehen?
Die Samen keimen in der mit Essig behandelten Untertasse nicht aus.

Warum denn das?
Die Kressesamen in der mit Essig behandelten Untertasse nehmen Essig (und damit Säure) statt Wasser auf. Eine Keimung ist aber unter sauren Bedingungen nicht möglich.

76. Der Keimstopp

Du brauchst:
- Kressesamen
- 1 Untersetzer
- Watte
- 1 Wassersprühflasche
- 1 dünne Scheibe Apfel
- 1 durchsichtige Plastiktüte (z. B. Gefrierbeutel)

Und so wird's gemacht:
1. Lege das Stück Apfel in die Mitte des Untersetzers.
2. Verteile auf dem Untersetzer und auf der Apfelscheibe eine dünne Schicht mit Watte und befeuchte sie mit der Wassersprühflasche.
3. Verteile die Kressesamen gleichmäßig auf der befeuchteten Watte.
4. Stecke den Untersetzer mit den Samen vorsichtig in die Plastiktüte (dann musst du nicht gießen) und stelle das Ganze an einen warmen Ort (z. B. auf eine sonnige Fensterbank).

Was wird geschehen?
Die Kressesamen keimen und wachsen allmählich zu grünen Kressepflänzchen heran. Nur die Stelle, an der die Apfelscheibe liegt, bleibt frei, hier werden sich keine Kressepflänzchen entwickeln.

Warum denn das?
Die Apfelscheibe enthält bestimmte Stoffe, die die Keimung hemmen. Forscher haben herausgefunden, dass das Fleisch vieler Stein- und Kernobstfrüchte Keimhemmstoffe enthält. Sie verhindern, dass Samen vorzeitig auskeimen. Nur wenn die Hemmstoffe nicht mehr wirksam sind, kommt es zur Keimung. In der Natur geschieht dies erst dann, wenn das Fruchtfleisch völlig verfault ist. Sobald der reife Same freiliegt, Wasser und Sauerstoff zur Verfügung hat, merkt der Embryo, dass die Wachstumsbedingungen günstig sind, und er beginnt zu keimen.
Wie wir in unserem Versuch gesehen haben, wirkt das Fruchtfleisch des Apfels nicht nur auf den Apfelkern selbst, sondern auch auf die Samen anderer Pflanzenarten (z. B. Kresse) keimhemmend.

Wenn du mehr wissen willst:
Wenn manche Pflanzen trotz günstiger Umweltbedingungen (d. h. ausreichend Wasser, Wärme, Licht und Sauerstoff) nicht auskeimen, befinden sie sich meist im Zustand der Keimruhe. Sehr oft ist in diesem Zustand die Samenschale für Wasser oder Sauerstoff nicht durchlässig, manchmal ist aber auch der Embryo noch nicht ausgereift. Die Nachreife wird bei uns in den gemäßigten Breitenzonen der Erde durch hohe Wintertemperaturen ausgelöst. Das heißt, ein im Sommer bzw. Herbst vorgereifter Samen kann im Winter nicht auskeimen. Erst wenn kalte Wintertemperaturen seine Nachreife einleiten, kommt es im Frühjahr zur Keimung. Die Keimruhe ist für das Überleben der Pflanze von ausschlaggebender Bedeutung. Die Samen einiger Wüstenpflanzen keimen nur, wenn Inhibitoren (Hemmstoffe) in ihrer Samenschale durch Regenfälle ausgewaschen werden. So wird sichergestellt, dass der Same nur zu den Jahreszeiten keimt, in denen genügend Wasser für die Entwicklung des Keimlings vorhanden ist.

77. Das verwurzelte Ei

Du brauchst:
- 1 leere Eischale
- 1 Eierbecher
- 1 Esslöffel
- Pflanzenerde (ca. 4 Esslöffel)
- Ringelblumensamen auf einer Untertasse
- 1 Wassersprühflasche

Und so wird's gemacht:
1. Besprühe die Ringelblumensamen mit Wasser und lasse sie auf der Untertasse über Nacht quellen.
2. Fülle die Eierschalenhälfte mit Pflanzenerde und stecke die gequollenen Samen unter die Erde.
3. Setze die Eischalenhälfte in einen Eierbecher und stelle diesen auf eine sonnige Fensterbank.
4. Besprühe die Erde jeden Tag mit Wasser. Nach vier bis fünf Tagen nimmst du die Eierschalenhälfte aus dem Eierbecher und drehst sie um.

Was wird geschehen?
Auf der Unterseite haben die Wurzeln die Eischale durchbrochen.

Warum denn das?
Nach wenigen Tagen keimen die Ringelblumensamen aus und bilden Keimwurzeln. Mit diesen Wurzeln kann sich der Keimling im Boden verankern und Wasser und Nährsalze aus der Erde aufnehmen.

Wenn du mehr wissen willst:
Wurzeln verankern die Pflanze im Boden und dienen der Aufnahme von Wasser und Nährsalzen. Die Wurzeln können die von den Blättern bei der Fotosynthese gebildeten Nährstoffe (Zuckerverbindungen) in speziellen Geweben (Nährgeweben) speichern. Bei Bedarf werden die gespeicherten Nährstoffe zur Energiegewinnung in die Sprossachsen und Blätter transportiert. Die Wurzeln sind außen bedeckt von einer Haut, der Rhizodermis. Sie bildet röhrenförmige Ausstülpungen, die Wurzelhaare. Die Wurzelhaare nehmen Wasser und die darin gelösten Nährsalze aus der Erde auf. Von den Wurzelhaaren wandert das Wasser durch verschiedene Zellschichten bis in die Leitbahnen der Sprossachse nach oben in die Blätter. Die Wurzeln von Apfelbäumen wachsen unter normalen Bedingungen täglich um durchschnittlich 3 bis 9 mm. Wurzeln von Präriegräsern können sogar mehr als 13 mm täglich wachsen und die Hauptwurzeln von Maispflanzen sogar 52 bis 63 mm.

Hättest du gedacht, dass eine vier Monate alte Roggenpflanze über 10.000 km Wurzeln und viele Milliarden Wurzelhaare besitzt?

78. Gut orientiert

Du brauchst:
- 2 junge Tomatenpflanzen im Topf
- 4 Backsteine
- 1 Wassersprühflasche

Und so wird's gemacht:
1. Lege an einer sonnigen Fensterbank eine Tomatenpflanze mit Topf auf die Seite, wie in der Abbildung gezeigt.
2. Schichte jeweils zwei Backsteine aufeinander und stelle die beiden „Türme" im Abstand von ca. 15 cm (bzw. im Durchmesser des Pflanztopfs) neben die auf der Seite liegende Pflanze.
3. Stelle die zweite Tomatenpflanze kopfüber, d. h. mit den Trieben nach unten, auf die Backsteine, wie in der Abbildung gezeigt.
4. Besprühe die Erde beider Pflanztöpfe regelmäßig mit Wasser und beobachte das Wachstum der Pflanzen.

Was wird geschehen?
Die früher aufrecht (gerade) wachsenden Pflanzen krümmen sich und wachsen dann aufrecht weiter.

Warum denn das?
Die Wurzeln von Pflanzen wachsen immer zum Erdmittelpunkt hin, während die Sprosse aufrecht vom Erdmittelpunkt abgewandt wachsen.

Wenn du mehr wissen willst:
Wird ein Keimling auf die Seite gelegt, so wächst seine Wurzel nach unten, d. h. zum Erdmittelpunkt hin. Sein Spross wächst nach oben, vom Erdmittelpunkt weg. Der Geotropismus (auch Gravitropismus genannt) ist besonders bei Keimlingen ausgeprägt. Aber auch reife Pflanzen zeigen Geotropismus.

79. Nachtschicht

Du brauchst:
- 2 Tulpen oder Narzissenzwiebeln
- 2 Blumentöpfe gefüllt mit Blumenerde
- 1 Wassersprühflasche

Und so wird's gemacht:
1. Pflanze in jeden Topf eine Blumenzwiebel und befeuchte die Erde regelmäßig.
2. Stelle einen Topf an eine sonnige Fensterbank, den anderen in einen dunklen Raum (Keller).

Was wird geschehen?
Beide Pflanzen beginnen zu wachsen, aber nur die dem Sonnenlicht ausgesetzte Pflanze entwickelt grüne Triebe. Die Blätter der im Dunkeln gehaltenen Pflanze sind nicht grün, sondern gelb.

Warum denn das?
Nur durch absorbiertes Licht können sich der grüne Blattfarbstoff Chlorophyll und andere für die Fotosynthese (vgl. S. 58/ Exp. 80+81) wichtige Pigmente ausbilden.

Wenn du mehr wissen willst:
Chloroplasten sind winzige Bestandteile (Organellen) der Pflanzenzellen, aus denen das Blatt aufgebaut ist. Sie enthalten den Fotosyntheseapparat, der aus mehreren Molekülen des grünen Blattfarbstoffs Chlorophyll und zusätzlichen Pigmenten (z. B. Carotinoiden) besteht, die dabei helfen, Lichtquanten einzusammeln und in chemisch gebundene Energie zu überführen.

80. Die Sauerstofffabrik

ZEITINTENSIV

Du brauchst:
- Wasserpflanzen (z. B. Wasserpest, Quellmoos) aus einem Teich oder aus der Zoohandlung
- 1 leeres, sauber gewaschenes Marmeladenglas
- Wasser

Und so wird's gemacht:
1. Fülle das Glas mit Leitungswasser und warte ungefähr eine Stunde, bis sich das Wasser an die Zimmertemperatur angepasst hat.
2. Lege die Wasserpflanze dazu.
3. Stelle das Glas auf ein sonniges Fensterbrett und warte ein bis zwei Tage.

Was wird geschehen?
Nach ca. ein bis zwei Tagen bilden sich im Wasser Gasbläschen. Sie bestehen aus Sauerstoff.

Warum denn das?
Pflanzen können mit Hilfe des grünen Blattfarbstoffs (Chlorophyll) tagsüber unter Lichteinwirkung Kohlendioxid und Wasser in Traubenzucker und in Sauerstoff umwandeln. Diesen Vorgang nennt man Fotosynthese. Bei Wasserpflanzen findet die Fotosynthese im Wasser statt. Ihre grünen Blätter nehmen das im Wasser gelöste Kohlendioxid auf und geben Sauerstoff ins Wasser ab. Die Fotosyntheseaktivität kann man an den entstehenden Sauerstoffbläschen erkennen. Dass es sich um Sauerstoff und nicht um ein anderes Gas handelt, kannst du mit dem Experiment 82 auf der nächsten Seite beweisen.

81. Gestreifte Blätter

Du brauchst:
- 1 Zimmerpflanze mit großen Blättern
- Pflaster oder undurchsichtiges Klebeband

Und so wird's gemacht:
1. Klebe kleine Streifen Pflaster oder Klebeband auf ein Blatt deiner Zimmerpflanze. Pflege sie ansonsten wie gewohnt.
2. Entferne das Pflaster bzw. Klebeband nach einigen Tagen vorsichtig.

Was wird geschehen?
An der verklebten Stelle ist das Blatt hellgrün.

Warum denn das?
Ohne Licht kann die Pflanze keine Fotosynthese betreiben, kein Chlorophyll bilden und auf Dauer auch nicht wachsen.

Wenn du mehr wissen willst:
Die Fotosynthese besteht aus zwei Abläufen: Der Licht- und der Dunkelreaktion. Den lichtabhängigen Teil der Fotosynthese, bei dem Wasser in Sauerstoff und Wasserstoff zerfällt, nennt man Lichtreaktion. Der bei der Lichtreaktion gebildete Sauerstoff wird über die Spaltöffnungen an der Blattunterseite abgegeben oder an eine Trägersubstanz in der Zelle gebunden. Beim zweiten, lichtunabhängigen Teil der Fotosynthese, der so genannten Dunkelreaktion, wird Kohlendioxid mit Wasserstoff unter Energieverbrauch in Zucker verwandelt. Bei Bedarf nutzt die Pflanze ihn zur Energiegewinnung.

82. Der Sauerstoffbeweis

Hier brauchst du die Hilfe eines Erwachsenen!

VORSICHT!

Du brauchst:
- Wasserpflanzen (z. B. Wasserpest, Quellmoos) aus einem Teich oder aus der Zoohandlung
- 3 leere, sauber gewaschene Marmeladengläser mit Deckel
- 3 große Nägel aus Eisen, mit Schmirgelpapier abgeschmirgelt (um das Rostschutzmittel zu entfernen)
- abgekochtes Wasser
- 3 mal 1 Messerspitze Natron (Natriumhydrogencarbonat) aus der Apotheke
- dünne Pappe
- Tesafilm

Und so wird's gemacht:
1. Fülle jedes der drei Gläser mit abgekochtem Wasser.
2. Gib in jedes Glas jeweils eine Messerspitze Natron.
3. Lege in jedes der drei Gläser je einen Nagel.
4. Lege in zwei Gläser je eine Wasserpflanze. Eines der beiden Gläser wickelst du mit Pappe ein, um es vor Lichteinfall abzuschirmen.
5. Verschließe alle drei Gläser mit einem Deckel.
6. Stelle alle drei Gläser auf ein sonniges Fensterbrett und warte mindestens einen Tag.

Was wird geschehen?
In einem der drei Gläser beginnt der Nagel zu rosten. Es ist das Glas, das Wasserpflanzen enthält und dem Licht ausgesetzt ist. In den beiden anderen Gläsern ist keine Rostbildung zu erkennen.

Warum denn das?
Luftfeuchtigkeit und Sauerstoff bringen Dinge aus Eisen zum Rosten. Die Gasbläschen, die sich in dem der Sonne ausgesetzten Wasserglas mit Pflanze bildeten, haben den Nagel zum Rosten gebracht. Es handelt sich demnach um Sauerstoff.

Alle drei Wassergläser enthielten zu Beginn des Versuchs Wasser, in dem weder Sauerstoff noch Kohlendioxid aus der Luft gelöst waren. Denn beide Gase entweichen beim Abkochen. Wenn man nun im abgekochten Wasser Natron löst, bildet sich Kohlendioxid, das die Pflanze zur Fotosynthese braucht. Die Fotosynthese kann aber nur bei Lichteinwirkung stattfinden. Deshalb bilden sich nur in dem der Sonne ausgesetzten Wasserglas mit Pflanze Sauerstoffbläschen, die den Nagel zum Rosten bringen. Im abgedunkelten Glas mit Pflanze entsteht kein Sauerstoff, der Nagel rostet nicht.

> **Wenn du mehr wissen willst:**
> Alle Tiere und Menschen müssen essen, um leben zu können. Pflanzen essen nicht, sie stellen ihre Nahrung durch Fotosynthese selbst her, indem sie aus einem Gas (Kohlendioxid) und Wasser mit Hilfe von Sonnenenergie Zuckerverbindungen (Traubenzucker = Glukose) herstellen. Bei diesem Vorgang wird Sauerstoff frei. Landpflanzen nehmen Kohlendioxid aus der Luft auf und geben Sauerstoff ab. Wasserpflanzen nehmen das im Wasser gelöste Kohlendioxid auf und geben Sauerstoff ins Wasser ab.

83. Farbloses Gras

Du brauchst:
- 1 Stück Karton
- 1 großen Stein
- Garten mit Rasen

Und so wird's gemacht:
1. Lege den Pappkarton auf den Rasen, beschwere ihn mit einem Stein.
2. Entferne nach einigen Tagen den Karton.

Was wird geschehen?
Der Rasen ist unter dem Karton hellgrün, fast weiß.

Warum denn das?
Den Graspflanzen fehlt Licht, das sie zur Fotosynthese brauchen. Ohne die bei der Fotosynthese hergestellte Nahrung fehlt der Pflanze Energie für Wachstum und Entwicklung. Auch der grüne Blattfarbstoff Chlorophyll lässt sich nur unter Lichteinfluss bilden.

84. Grün, grüner, am grünsten

Du brauchst:
- 3 Marmeladengläser, sauber gewaschen
- Trinkwasser aus der Leitung
- Teichwasser (aus der Natur)
- 1 alten Teelöffel
- destilliertes Wasser (aus der Apotheke)
- flüssigen Dünger
- Haushaltsetiketten und Filzstift

Und so wird's gemacht:
1. Fülle ein Glas mit Trinkwasser. In das zweite Glas fülle destilliertes Wasser, in das dritte Teichwasser.
2. „Beimpfe" das Trinkwasser und das destillierte Wasser, indem du einen Teelöffel voll mit Teichwasser dazuschüttest.
3. Gieße in zwei Gläser, nämlich in das mit Teichwasser und das mit Trinkwasser gefüllte, einige Tropfen Flüssigdünger. Das dritte Glas mit destilliertem Wasser wird nicht gedüngt.
3. Beschrifte die drei Gläser außen mit Haushaltsetiketten.
4. Stelle alle drei Gläser auf eine Fensterbank in das pralle Sonnenlicht.

Was wird geschehen?
Schon nach wenigen Tagen wird sich das gedüngte Teichwasser, später auch das gedüngte Trinkwasser grün verfärben. Nur das destillierte Wasser bleibt klar.

Warum denn das?
In nährstoffreichem Wasser vermehren sich bei Sonnenlicht winzige Algen, die den grünen Blattfarbstoff Chlorophyll enthalten. Sie färben das Wasser grün. Da destilliertes Wasser nährstoffarm ist, kann hier keine Pflanze wachsen und somit auch keine Alge.

85. Der Wasser- und Salztransport

Du brauchst:
- 2 weiße Nelken- oder Tulpenstengel oder 2 Ableger einer Tradeskantien
- rote oder blaue Lebensmittelfarbe (z. B. Ostereierfarbe)
- Leitungswasser
- 2 große, leere Marmeladengläser, sauber gewaschen

Und so wird's gemacht:
1. Fülle die beiden Marmeladengläser mit Wasser.
2. In eines der beiden mit Wasser gefüllten Gläser füllst du Lebensmittelfarbe.
3. Stelle in jedes der beiden Gläser jeweils eine Pflanze.

Was wird geschehen?
Die Blätter und Blüten der Pflanze, die im gefärbten Wasser steht, verfärben sich. (Besonders gut zu beobachten bei weißen Blütenblättern!)

Warum denn das?
Durch die Oberflächenspannung steigt das Wasser in den Stiel der Pflanze und gelangt über die Leitbahnen langsam nach oben zu den Blättern und Blüten. Die Wege des Farbstoffs markieren die Leitbahnen in Sprossachse und Blätter.

> **Wenn du mehr wissen willst:**
> Der Spross einer krautigen Pflanze besteht aus Füll-, Stütz- und Leitgeweben. Das Leitgewebe enthält Bündel aus Leitbahnen, die dem Stofftransport dienen. Man unterscheidet zwei Leitgewebetypen: Das Xylem und das Phloem. Das Xylem, der Holzteil, leitet Wasser und Mineralien (Nährsalze) aus den Wurzeln zu den Blättern und Pflanzenteilen. Das Phloem bringt die bei der Fotosynthese in den Blättern hergestellten Nährstoffe (Zuckerverbindungen) an die Verbrauchsorte und in die Speicherorgane.

86. Eingeölt

Du brauchst:
- 2 Tradeskantienstengel
- Vaseline (Fettcreme)
- 2 kleine leere Glasflaschen (0,25 l) oder Reagenzgläser
- Leitungswasser
- Speiseöl
- wasserfesten Filzstift

Und so wird's gemacht:
1. Fülle die beiden Gläser mit Leitungswasser.
2. Fette die Blätter eines Stengels an der Ober- und Unterseite gründlich mit Vaseline ein.
3. Stelle beide Stengel in jeweils ein Glas und gib einige Tropfen Speiseöl dazu, damit sich auf der Wasseroberfläche eine dünne Ölschicht bildet und das Wasser im Glas nicht mehr verdunsten kann.
4. Markiere den Wasserspiegel an beiden Gläsern (vgl. Abbildung).

Was wird geschehen?
Im Glas mit dem unbehandelten Tradeskantienstengel ist der Wasserspiegel deutlich unter die Markierung gesunken.

Warum denn das?
Das Wasser ist durch die Kraft der Oberflächenspannung in die Leitbahnen im Spross der Pflanzen aufgestiegen. Wie der gesunkene Wasserspiegel beweist, ist das Wasser in der unbehandelten Pflanze bis in die Blätter gelangt und dort verdunstet. In dem mit Vaseline behandelten Blatt konnte das Wasser nicht verdunsten. Deshalb ist der Wasserspiegel hier nicht gesunken.

87. Die Zwiebelzelle – zum Weinen schön!

Du brauchst:
- 1 Messer
- 1 Pinzette
- 1 klares Fenster
- 1 Brettchen
- 1 Zwiebel

Und so wird's gemacht:
1. Halbiere die Zwiebel auf dem Brettchen und entferne ihre äußere Haut.
2. Ziehe mit der Pinzette eine dünne Zwiebelhautschicht ab.
3. Drücke die Zwiebelhaut an eine Fensterscheibe.
4. Betrachte die Zwiebelschale mit der Lupe.

Was wird geschehen?
Du kannst in der Zwiebelhaut einzelne Zellen erkennen, die zusammen ein Gewebe bilden.

:::
Wenn du mehr wissen willst:
Zellen sind die kleinsten Bausteine des Lebens. Pflanzenzellen bestehen aus flüssiger Zellsubstanz und der sie umgebenden festen Zellwand. Die Zellsubstanz besteht aus dem so genannten Cytoplasma. Ins flüssige Cytoplasma eingelagert sind der Zellkern und viele winzige Organellen, Plasmastrukturen und Membransysteme, die du aber nur mit dem Elektronenmikroskop sehen könntest. Jedes dieser winzigen Zellbestandteile (wie z. B. die Chloroplasten, die das Sonnenlicht einfangen) hat bestimmte Aufgaben. Zwischen Zellwand und Cytoplasma liegt das so genannte Plasmalemma, eine semipermeable (halb durchlässige) Membran. Sie reguliert in der Pflanzenzelle den Ein- und Ausstrom von Stoffen.
:::

88. Schwitzende Blätter?

Du brauchst:
- Knete
- 2 kleine, durchsichtige Wasserflaschen (je ca. 0,25 l)
- 1 langen, kräftigen Nagel
- 1 frisch gepflückten Pflanzenstengel mit Blättern
- Wasser
- Küchenpapier

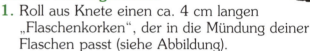

Und so wird's gemacht:
1. Roll aus Knete einen ca. 4 cm langen „Flaschenkorken", der in die Mündung deiner Flaschen passt (siehe Abbildung).
2. Bohre mit dem Nagel ein Loch in den Flaschenkorken aus Knete.
3. Stecke den Stengel der frisch gepflückten Pflanze durch das Loch.
4. Fülle eines der beiden Gläser (nicht ganz randvoll) mit Wasser und drücke den Knetkorken mit dem Stengel in den Flaschenhals, sodass ein Teil des Korkens aus der Flasche ragt und gleichzeitig der Pflanzenstengel im Wasser steckt.
5. Trockne den oben aus dem Korken ragenden Stengel und die daran sitzenden Blätter sorgfältig mit Küchenpapier ab.
6. Steck die zweite (leere) Flasche vorsichtig mit dem Hals nach unten über die mit Wasser gefüllte Flasche mit Blatt und Korken, wie in der Abbildung gezeigt.

Was wird geschehen?
Nach ungefähr einer Stunde haben sich in der oberen (leeren) Flasche kleine Dunsttröpfchen gebildet, die sich innen am Glas absetzen.

Warum denn das?
Die Blätter der Pflanzen haben Wasser abgegeben, das verdunstet. Da das Wasser nicht in die Luft entweichen kann, setzt es sich am Flaschenrand ab, es kondensiert.

89. Blättersauna

Du brauchst:
- 2 Tradeskantienstengel
- Vaseline (Fettcreme)
- 2 kleine leere Glasflaschen (0,25 l) oder Reagenzgläser
- Leitungswasser
- Speiseöl
- wasserfesten Filzstift

Und so wird's gemacht:
1. Fülle die beiden Gläser mit Leitungswasser.
2. Fette die Blätter eines Stengels nur an der Oberseite, die des anderen nur an der Unterseite gründlich mit Vaseline ein.
3. Stelle beide Stengel in jeweils ein Glas und gib einige Tropfen Speiseöl dazu.
4. Markiere den Wasserspiegel an beiden Gläsern (vgl. Abbildung).

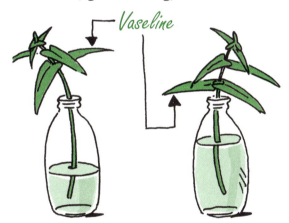

Was wird geschehen?
Der Wasserspiegel sinkt nur in dem Glas, das die Tradeskantie enthält, die an der Oberseite behandelt wurde.

Warum denn das?
Die Spaltöffnungen liegen auf der Unterseite des Blattes. Werden sie mit Vaseline verstopft, kann keine Transpiration mehr stattfinden.

Wenn du mehr wissen willst:
Die Wasserabgabe über die Spaltöffnungen an der Unterseite der Blätter nennt man Transpiration. Sie bildet einen Sog, der das von den Wurzeln aufgenommene und in die Leitbahnen aufgestiegene Wasser nach oben zieht. Der Transpirationssog bewegt aufgrund der Kohäsionskräfte zwischen den Wassermolekülen die ganze Wassersäule aufwärts und versorgt Spross, Blätter und Blüten mit Wasser und Nährsalzen.

Blätter, Sprosse und Wurzeln sind an ihrer Oberfläche von einer Zellschicht, der Epidermis, bedeckt. Sie schützt vor Verdunstung und Krankheiten. In der Epidermis auf der Blattunterseite befinden sich die so genannten Spaltöffnungen (Stomata). Das sind kleine Poren, durch die die Pflanze Wasserdampf und Sauerstoff abgeben und Kohlendioxid aufnehmen kann. Bei den meisten Pflanzen sind die Spaltöffnungen tagsüber geöffnet und nachts geschlossen.

Pflanzen brauchen zum Leben erheblich mehr Wasser als Tiere, denn ohne Wasser kann die Fotosynthese nicht erfolgreich ablaufen. Pflanzen nehmen deshalb sehr große Mengen Wasser auf, du hast sicher schon einmal bemerkt, wie schnell der Wasserspiegel einer Vase voller Schnittblumen innerhalb eines Tages sinken kann. Doch mehr als 90 % des von den Pflanzenwurzeln aufgenommenen Wassers wird bei der Transpiration als Wasserdampf wieder an die Atmosphäre abgegeben.

90. Salzkartoffeln

Du brauchst:
- rohe Kartoffeln
- 1 Messer
- 1 Schneidebrettchen
- 2 Schälchen, mit Wasser gefüllt
- 3-4 Esslöffel Salz

Und so wird's gemacht:
1. Schäle die rohen Kartoffeln und schneide sie in kleine Stücke.
2. Streue in eine der beiden mit Wasser gefüllten Schälchen Salz und rühre um, bis sich das Salz ganz aufgelöst hat.
3. Lege in jedes Schälchen ein paar Kartoffelstücke.

Was wird geschehen?
Nach ungefähr zwei bis drei Stunden fühlen sich die im Salzwasser liegenden Kartoffeln weich und gummiartig an. Sie haben Wasser verloren.

Warum denn das?
Aus den Zellen der Kartoffel ist Wasser ausgetreten. Da sich in der Salzlösung sehr viele, in der Kartoffel aber deutlich weniger Salzionen befinden, entsteht zwischen den Kartoffelzellen und der Salzlösung ein Konzentrationsunterschied. Da die Wassermoleküle immer von der wasserreichen (niedriger Salzanteil) zur wasserarmen Seite (hoher Salzanteil) strömen, tritt Wasser aus den Kartoffelzellen aus. So verliert die Kartoffel Wasser und fühlt sich nicht mehr prall und saftig, sondern schlaff und gummiartig an.

91. Schlappmacher

Du brauchst:
- 2 leere Marmeladengläser
- Wasser
- Kochsalz
- 2 (frische) Blumen

Und so wird's gemacht:
1. Fülle in jedes Marmeladenglas Wasser.
2. Stecke in jedes Glas jeweils eine Blume.
3. Schütte in das zweite Glas so viel Kochsalz, dass das Salz ca. 1 cm hoch den Boden des Glases bedeckt.

Was wird geschehen?
Nach zwei bis drei Tagen ist die Blume im Salzwasser verwelkt, die andere ist noch frisch.

Warum denn das?
Die Flüssigkeiten steigen durch Kohäsion in die Leitbahnen des Sprosses auf und werden mit dem Transpirationsstrom zu den Blättern transportiert. Das salzfreie Wasser wird in die Zellen aufgenommen, sie sind bald prall mit Wasser gefüllt. Die Salzlösung kann dagegen nicht in die Pflanzenzellen eindringen. Da die Salzkonzentration in der Pflanzenzelle geringer ist als in der Salzlösung, tritt sogar Wasser aus der Pflanzenzelle aus. Gleichzeitig wird Wasser aus den Pflanzenzellen auch noch über die Spaltöffnungen abgegeben. Aufgrund des Wassermangels werden Blätter und Stengel schlaff, die Pflanze verwelkt.

Wenn du mehr wissen willst:
Pflanzen nehmen durch Osmose Wasser auf, bis ein im Innern der Zelle entstehender Druck, der Turgordruck, einen weiteren Wassereintritt verhindert. Durch den gegen die Zellwand gerichteten Druck bleibt die Zelle prall. Der Turgor ist also ein hydrostatischer Druck, der durch Osmose (oder Quellung) in Pflanzenzellen entsteht.

Trägheit, Ruhe und Bewegung

92. Ausbalanciert!

Du brauchst:
- 1 Tablett
- 1 Gefäß aus Plastik

Und so wird's gemacht:
1. Stelle das Plastikgefäß auf das Tablett.
2. Lege eine Handinnenseite unter das Tablett am rechten oder linken Rand. (Das Tablett wird kippen.)
3. Lege die Handunterseite unter die Mitte des Tabletts.

Was wird geschehen?
Das Tablett kippt nicht, du kannst es mit einer Hand halten.

Warum denn das?
In der Mitte des Tabletts liegt sein Schwerpunkt. Die Gravitationskraft wirkt an diesem Punkt gleichmäßig überall am Tablett. So kannst du es mit einer Hand halten und ausbalancieren.

93. Auto mit Münzantrieb

Du brauchst:
- 1 Spielzeugauto
- 1 Tisch
- Bindfaden (mindestens 1 m lang)
- 1 Spielzeugkorb
- viele Münzen oder andere Gewichte
- 1 Schere

Und so wird's gemacht:
1. Binde den Bindfaden am Spielzeugkorb fest und befestige das freie Ende am Spielzeugauto.
2. Stelle das Spielzeugauto so auf den Tisch, dass das festgebundene Körbchen vom Tisch herunter hängt.
3. Fülle das Körbchen mit Münzen und beobachte, was passiert.

Wenn du mehr wissen willst:
Das Gewicht ist die Kraft, die einen Gegenstand (Körper/Objekt) zum Erdboden hinzieht. Diese Kraft, die zwischen einem Gegenstand und der Erde wirkt, nennt man auch Gravitationskraft oder Schwerkraft. Diese Schwerkraft ist es also, die dich auf dem Boden aufkommen lässt, wenn du vom Sofa hüpfst und im Schwimmbecken, wenn du vom Sprungturm springst. Du kannst sie verfluchen, weil du eigentlich lieber fliegen können würdest, aber du hast keine Wahl: Ursache ist die Massenanziehung, d. h. die gegenseitige Anziehung. Je größer die Masse und je geringer die Entfernung zwischen zwei Körpern ist, desto stärker ist die Gravitation. Auch zwischen Sonnen und Planeten wirkt die Massenanziehung. Das Gravitationsfeld der Sonne reicht weit in den Weltraum. Ihre Anziehungskraft hält die Planeten des Sonnensystems auf ihrer Bahn um die Sonne. Die Gravitation der Erde hält den Mond auf seiner Bahn um die Erde.

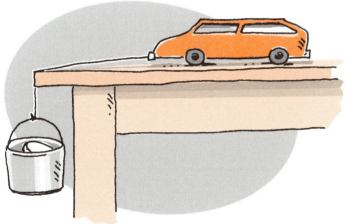

Was wird geschehen?
Das Auto setzt sich in Bewegung. Es fährt umso schneller, je mehr Gewichte im Becher sind.

Warum denn das?
Die Schwerkraft zieht den Korb nach unten. Der Korb zieht das Auto mit.

94. Stabile Brücke

Du brauchst:
- 1 leeres Wasserglas (Ø ca. 8 cm)
- Glasmurmeln
- 2 dünne Kartons (z. B. Fotokarton)
- 2 gleich große Schuhschachteln oder 2 gleich hohe Stapel Bücher

Und so wird's gemacht:
1. Stelle die Schuhschachteln bzw. die Bücherstapel in einem Abstand von ca. 10 cm auf.
2. Lege einen Fotokarton als „Brücke" auf den Spalt zwischen den Schachteln (bzw. Stapeln), wie in der Abbildung gezeigt.
3. Stelle das Glas auf den Pappkarton, sodass er sich unter dem Gewicht des Glases verbiegt. Ist das Glas mit Murmeln gefüllt, stürzt die „Brücke" ein.
4. Biege nun den zweiten Fotokarton und lege ihn wie einen Rundbogen unter den ersten.
5. Stelle nun das Glas darauf und lege Murmeln hinein.

Was wird geschehen?
Die neue Brückenkonstruktion hält.

Warum denn das?
Der erste Pappkarton wurde durch den zum Rundbogen gefalteten zweiten Fotokarton stabilisiert. Wenn eine Kraft (das Gewicht des mit Murmeln gefüllten Glases) von oben auf ihn einwirkt, biegt er sich nicht, sondern verdichtet sich. Bögen werden deshalb häufig beim Bau von Brücken oder Häusern eingesetzt.

95. Zauberschachtel

Du brauchst:
- 1 Pappschachtel mit Deckel (z. B. eine leere Geschenk- oder Kinderschuh-Schachtel)
- mehrere Münzen
- Klebeband
- 1 Tisch

Und so wird's gemacht:
1. Stelle die Schachtel an den Rand des Tisches und schiebe sie von hinten immer weiter, bis sie schließlich kippt und herunterfällt.
2. Öffne die Schachtel, klebe die Münzen mit Klebeband in einer Ecke fest, und schließe sie wieder.
3. Stelle die Schachtel wieder auf den Tisch, wobei die Ecke mit den Münzen dir bzw. nicht der Tischkante zugewandt sein sollte.
4. Schiebe die Schachtel, wie vorhin, immer weiter über den Rand, wobei die Ecke mit den Münzen noch auf dem Tisch liegen sollte.

Was wird geschehen?
Diesmal fällt die Schachtel nicht, auch wenn ihr Mittelpunkt die Tischkante überschreitet. Solange die Ecke mit den Münzen auf dem Tisch liegt, ist die Schachtel im Gleichgewicht.

Warum denn das?
Bei der leeren Schachtel ist der Mittelpunkt auch der Schwerpunkt der Schachtel. Wenn die Schachtel verrutscht, verlässt der Schwerpunkt die Tischkante und die Schachtel kippt, weil dann die Gravitationskraft wirkt. Durch die in die Ecke gelegten Münzen verlagert sich der Schwerpunkt. Er liegt nun nicht mehr in der Mitte der Schachtel. Solange der neue Schwerpunkt auf der Unterlage liegt, bleibt die Schachtel im Gleichgewicht. Erst, wenn er nicht mehr auf dem Tisch liegt, wirkt auch hier die Gravitationskraft, die Schachtel fällt.

96. Die stärksten Eierschalen der Welt!

Du brauchst:
- 4 halbe Eierschalen
- 1 Schere
- Tesafilm
- mehrere Konservendosen

Und so wird's gemacht:
1. Umwickle jede Schalenhälfte außen am oberen Rand mit einem Streifen Tesafilm.
2. Schneide die oberhalb des Streifens abstehenden Zacken mit der Schere ab, sodass die Eierschalenhälften einen glatten Abschluss haben.
3. Lege die Eierschalenhälften mit der Öffnung nach unten auf den Tisch und ordne sie zu einem Viereck.
4. Stelle auf die vier Eierschalenhälften eine große Konservendose. Darüber noch eine. Und noch eine, bis die erste Schale einen Knacks bekommt.

Was wird geschehen?
Die Eierschalenhälften tragen mehrere schwere Konservendosen, obwohl sie so zerbrechlich sind.

Warum denn das?
Durch die Kuppelform der Eierschalenhälften verteilt sich das Gewicht der Dosen über die Wölbung nach unten auf die breite Basis.

97. Faule Münze

Du brauchst:
- 1 Glas
- 1 Spielkarte
- 1 Münze

Und so wird's gemacht:
1. Lege die Spielkarte auf die Glasöffnung und die Münze auf die Kartenmitte.
2. Stupse die Karte an der Kante, sodass sie sich bewegt, ohne angehoben zu werden.

Was wird geschehen?
Die Spielkarte bewegt sich und landet auf dem Tisch. Die Münze fällt ins Glas.

Warum denn das?
Da die Münze schwerer ist als die Karte, ist auch ihre Trägheit höher. Die Kraft deines Stoßes hat die Karte bewegt. Sie war aber nicht groß genug, um auch die Münze in Bewegung zu versetzen.

> **Wenn du mehr wissen willst:**
> Unter Trägheit versteht man die Tendenz eines Körpers, in Ruhe zu verharren oder in Bewegung zu bleiben. Er kommt erst in Bewegung, wenn ihn eine von außen wirkende Kraft in Bewegung versetzt. Auch den Zustand der Bewegung behält er, bis er gebremst wird. Bremst beispielsweise eine U-Bahn, in der du gerade sitzt, musst du dich festhalten, weil dein Körper die Bewegung und Schnelligkeit der fahrenden U-Bahn beibehalten will.

98. Münzberg

ÜBUNG UND GEDULD

Du brauchst:
- 1 Stapel von ca. 7 Münzen
- 1 Messer
- 1 Tisch

Und so wird's gemacht:
1. Staple die Münzen am Tischrand auf.
2. Schlage mit dem Messer durch eine seitliche Bewegung die unterste Münze heraus.

Was wird geschehen?
Der Stapel bleibt stehen.

Warum denn das?
Wenn man ruhende Gegenstände bewegen will, muss man ihre Trägheit überwinden. Ein Körper im Ruhezustand (z. B. ein Stapel Münzen) hat die Tendenz, diesen Zustand beizubehalten.

99. Eiertanz

Du brauchst:
- 2 rohe Hühnereier
- 1 hart gekochtes Ei

Und so wird's gemacht:
1. Lege alle drei Eier vorsichtig auf den Tisch.
2. Drehe jedes Ei und berühre es vorsichtig, während es sich bewegt.

Was wird geschehen?
Das hart gekochte Ei dreht sich gleichmäßig, während die beiden rohen Eier bei der Drehbewegung wackeln, sie „eiern". Wenn man das hart gekochte Ei berührt, bleibt es sofort stehen. Die rohen Eier drehen sich auch nach der Berührung noch weiter.

Warum denn das?
Ein Körper im Ruhezustand hat die Tendenz, diesen Zustand beizubehalten. Im hart gekochten Ei sind Eiweiß und Eigelb fest in der Schale eingebunden. Auf Veränderungen (z. B. Stoppen der Drehung) reagiert es deshalb schneller als das rohe Ei. Im rohen Ei können sich das flüssige Eiweiß und Eigelb frei bewegen und Veränderungen aufgrund des Trägheitsgesetzes verzögern.

100. Rollfeld

Du brauchst:
- 1 Ball

Und so wird's gemacht:
Lasse den Ball langsam über eine glatte Fläche rollen.

Was wird geschehen?
Der Ball rollt, wird allmählich langsamer und bleibt schließlich liegen.

Warum denn das?
Die Kraft deiner Stoßbewegung hat auf den Ball eingewirkt, ihn in Bewegung versetzt und beschleunigt. Er hat sich so lange weiterbewegt, bis er von einer anderen Kraft gebremst wurde. Diese Kraft ist die Reibungskraft.

> **Wenn du mehr wissen willst:**
> Als Reibung bezeichnet man die Kraft, die eine Bewegung hemmt und abbremst. Sie tritt auf, wenn bewegte Gegenstände oder Oberflächen gegeneinander reiben.
> Will man einen Gegenstand auf einem Tisch verschieben, muss man die Haftreibungskraft überwinden, bevor er sich bewegt. Rauere Oberflächen bewirken höhere Reibungskräfte als glatte. Auf einer glatten Marmorfläche lässt sich ein Gegenstand leichter verschieben als auf Sandpapier. Klettverschlüsse sind, wie du im nächsten Experiment merken wirst, nur mit hoher Kraft wieder voneinander zu trennen.

101. Total verzahnt

Du brauchst:
- 1 Schuh oder ein Kleidungsstück mit Klettverschluss

Und so wird's gemacht:
1. Schließe den Klettverschluss.
2. Öffne den Klettverschluss.

Was wird geschehen?
Zum Öffnen des Klettverschlusses ist Kraft erforderlich. Du musst kräftig ziehen, um die beiden aneinander haftenden Flächen zu trennen.

Warum denn das?
Du musst die Reibungskraft, die zwischen den beiden rauen Oberflächen wirkt, überwinden.

102. Das Buch auf dem Rollfeld

Du brauchst:
- 1 Federwaage
- 1 festen (nicht elastischen) Bindfaden (ca. 1 m lang)
- 4 runde Bleistifte
- 1 schweres Buch

Und so wird's gemacht:
1. Lege das Buch auf einen Tisch oder eine andere feste Unterlage.
2. Knüpfe den Bindfaden an beiden Enden fest zusammen und lege ihn zwischen die Buchseiten, wie in der Abbildung gezeigt.
3. Befestige die Federwaage an der Schnur und ziehe das Buch über den Tisch. Schau nach, wie viel Kraft du benötigst, um das Buch zu bewegen.
4. Lege vier runde Bleistifte unter das Buch und ziehe noch einmal an der Federwaage. Lies noch einmal ab, wie viel Kraft du diesmal brauchst.

Was wird geschehen?
Wenn vier runde Bleistifte unter dem Buch liegen, braucht man sehr viel weniger Kraft, um es zu bewegen.

Warum denn das?
Versucht man einen Gegenstand, der auf einer Fläche liegt, zu bewegen, entsteht Reibung. Reibung ist eine Kraft, die der Bewegung entgegenwirkt. Liegt das Buch direkt auf dem Tisch, ist die Reibung maximal. Die Bleistifte unter dem Buch verringern die Reibung, das Buch lässt sich mit weniger Kraft bewegen. Auch Räder verringern die Reibung und erleichtern die Bewegung. Stell dir mal vor, euer Auto hätte keine Räder und würde platt auf dem Boden liegen ... es wäre ganz schön schwer von der Stelle zu bewegen, oder?

103. Schief gewickelt

Du brauchst:
- 2 Blatt Papier
- 1 Lineal
- 1 Schere
- Klebeband
- 1 Büroklammer
- 2 Bretter
- 2 Stühle

Und so wird's gemacht:
1. Schneide der Länge nach zwei ca. 6 cm lange Streifen vom Papier ab.
2. Rolle jeden Streifen zu einem Reifen zusammen und befestige die Nähte mit Klebeband.
3. Klebe in einen Reifen (in der Mitte) eine Büroklammer fest.
4. Setze die beiden Bretter am Boden ab und lege ein Ende auf jeweils einen Stuhl, sodass eine schiefe Ebene entsteht.
5. Lege die beiden Reifen auf jeweils ein Brett und lasse sie auf der schiefen Ebene gleichzeitig hinunterrollen.

Was wird geschehen?
Der Reifen mit der Büroklammer rollt nicht gleichmäßig schnell und ist am Ende der Verlierer des Wettrollens.

Warum denn das?
Der Reifen mit der Büroklammer ist langsamer, weil er sich nicht in Balance befindet. Würde man auf der Innenseite der Rolle gegenüber der ersten Büroklammer eine zweite anbringen, wäre der Reifen besser ausbalanciert. Er würde sich schneller drehen, beim Drehen nicht so viel Energie verbrauchen und sich nicht so stark abnutzen. Alle Gegenstände, die sich drehen, müssen gut ausbalanciert sein.

104. Im freien Fall

Du brauchst:
- 2 Blatt Papier (gleich groß)
- 1 Tisch oder Stuhl

Und so wird's gemacht:
1. Lege ein Blatt Papier auf den Tisch und knülle das andere fest zusammen, sodass ein Papierball entsteht.
2. Steige auf den Tisch (Stuhl) und lasse von dort das zerknüllte und das unzerknüllte Papier von derselben Höhe aus gemeinsam fallen.

Was wird geschehen?
Das zusammengeknüllte Papier ist schneller am Boden als das unzerknüllte.

Warum denn das?
Wenn es keine Luft gäbe, würden alle Gegenstände aufgrund der Schwerkraft geradlinig und gleich schnell fallen. Die Luft kann jedoch den Fall behindern. Je größer die Fläche ist, die ein Körper (z.B. das Blatt Papier) dem Luftwiderstand entgegensetzt, desto langsamer und weniger geradlinig fällt er. Das zerknüllte Papier bietet wenig Widerstand, es fällt deshalb geradlinig und schnell. Das unzerknüllte Papier mit seiner großen Fläche schwebt dagegen langsam zu Boden. Wie schnell ein Gegenstand fällt, ist also in erster Linie nicht von seinem Gewicht, sondern von seiner Form abhängig.

Wenn du mehr wissen willst:
Bei jeder Bewegung auf der Erde muss Arbeit gegen die Reibung geleistet werden. Wenn du einen Ball in die Luft wirfst, wird er vom Luftwiderstand in seiner Bahn gebremst und schließlich von der Schwerkraft nach unten gezogen, er fällt zu Boden. Im luftleeren Weltraum kann ein Satellit dagegen immer weiter auf seiner Bahn kreisen. Er wird nicht abgebremst, da es keine Luft und damit keine Reibung gibt. Luftwiderstand ist also die Reibungskraft beim Bewegen eines Körpers durch die Luft. Je höher die Geschwindigkeit eines Körpers ist, desto höher ist auch der Luftwiderstand. Eine fallende Kugel wird durch ihr höheres Gewicht von der Gravitation stärker beschleunigt als ein Wattebausch. Der Luftwiderstand der Kugel steigt langsam, die des Wattebauschs schnell. Die Endgeschwindigkeit, mit der die Kugel auf den Boden prallt, ist höher als bei einem Wattebausch.

105. Rollduell

Du brauchst:
- 1 Gummiball
- 1 Kugel (aus Eisen)

Und so wird's gemacht:
Stoße im Freien zuerst den Ball, dann die Kugel mit gleicher Kraft an und lasse sie über den Boden rollen.

Was wird geschehen?
Der Ball rollt schnell, die Kugel langsamer.

Warum denn das?
Dieselbe Kraft beschleunigt einen leichteren Ball schneller als eine schwere Kugel.

106. Hüpfball

Du brauchst:
- 1 Gummiball
- Bodenflächen (Gras, Stein, Holz, Teppich)

Und so wird's gemacht:
Lasse den Ball aus derselben Höhe (z. B. Augenhöhe) auf verschiedene Bodenflächen fallen. Achte darauf, wie gut und wie hoch er beim Aufprall springt.

Was wird geschehen?
Der Ball springt besonders gut auf Stein und Holz, auf Teppich und Gras hüpft er niedriger.

Warum denn das?
Wenn der Ball auf den Boden fällt, wird die Energie, die der Ball beim Fallen speichert, beim Aufprall sofort neu zum Hüpfen genutzt.

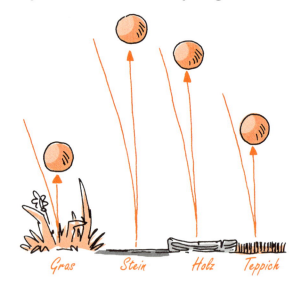

Gras   Stein   Holz   Teppich

Wenn du mehr wissen willst:
Übt ein Körper auf einen anderen eine Kraft aus, dann wirkt auch vom zweiten auf den ersten eine gleich große, entgegengesetzte Reaktionskraft.

107. Sandball

Du brauchst:
- 1 Gummiball
- 1 Sandfläche (Sandkasten, Sandstrand etc.)

Und so wird's gemacht:
Lasse den Ball aus unterschiedlichen Höhen (z. B. Augenhöhe, Halshöhe, Kniehöhe) auf eine Sandfläche fallen.

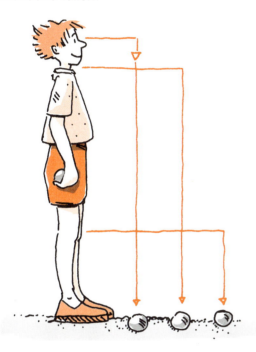

Was wird geschehen?
Der Ball sinkt im Sand ein und bleibt liegen. Je größer die Fallhöhe ist, desto tiefer sinkt der Ball ein.

Warum denn das?
Die Sandoberfläche ist nicht fest, sondern beweglich. Fällt ein Gegenstand auf die Sandfläche, wird die Kraft des Falls von den Teilchen der Oberfläche absorbiert, die sie dann nutzen, um sich bewegen zu können. Je höher die Fallhöhe des Balls ist, desto höher ist seine Fallgeschwindigkeit und desto stärker die Kraft, mit der er den Sand bewegt.

108. Der Dosenöffner

Du brauchst:
- 1 leere Lackdose mit Deckel
- 1 langen Schraubenzieher
- 1 kurzen Schraubenzieher

Und so wird's gemacht:
1. Stecke die Spitze des kurzen Schraubenziehers unter den Deckelrand und versuche ihn anzuheben.
2. Wiederhole den Versuch mit dem langen Schraubenzieher.

Was wird geschehen?
Die Dose lässt sich mit dem langen Schraubenzieher leichter (d.h. mit weniger Kraftaufwand) öffnen als mit dem kurzen.

Warum denn das?
Der lange Schraubenzieher wirkt als Hebel. Er vergrößert die nutzbare Kraft. Der Ansatzpunkt der aufgewendeten Kraft ist weiter vom Drehpunkt entfernt als die ausgeübte Kraft.

109. Münzbillard

Du brauchst:
- 1 Lineal
- 2 Münzen
- 1 Tisch

Und so wird's gemacht:
1. Lege das Lineal auf einen Tisch mit glatter Oberfläche und die erste der beiden Münzen so, dass sie ein Ende des Lineals berührt.
2. Lasse die zweite Münze so über den Tisch rutschen, dass sie auf das freie Ende des Lineals trifft.

> Ein Impuls ist das Produkt aus der Masse eines Objekts und seiner Geschwindigkeit. Wenn eine bewegte Kugel mit einer ruhenden Kugel zusammenstößt, überträgt die erste Kugel einen Teil ihres Impulses auf die zweite. Der Gesamtimpuls beider Kugeln ist gleich dem Impuls der ersten Kugel vor dem Zusammenstoß.

Was wird geschehen?
Die erste Münze wird von der zweiten in Bewegung gesetzt, obwohl sie von dieser gar nicht berührt wurde.

Warum denn das?
Die Kraft der bewegten Münze wird auf das Lineal und von dort auf die Münze übertragen.

> **Wenn du mehr wissen willst:**
> Beim Billardspiel wird eine Kugel direkt angestoßen. Sie rollt auf dem Billardtisch. Dessen Oberfläche setzt der bewegten Kugel einen Reibungswiderstand entgegen und bremst ihre Geschwindigkeit. Wenn sie mit einer zweiten Kugel zusammenstößt, überträgt sie einen Großteil ihres Impulses auf die zweite. Beide bewegen sich, aber die zweite ist schneller. Doch auch sie wird irgendwann von der Reibung zwischen ihrer Oberfläche und dem Billardtisch abgebremst und gestoppt.

110. Hochgehebelt!

Du brauchst:
- 1 Holzlineal
- 1 Prisma oder 1 Toblerone
- 1 schweres Buch

Und so wird's gemacht:
1. Lege das Prisma auf einen Tisch oder eine andere feste Unterlage und das Lineal mit seiner Mitte darauf, wie in der Abbildung gezeigt.
2. Lege das Buch auf ein Ende des Lineals und drücke fest auf das andere Ende der „Wippe". (Das Buch lässt sich nicht oder nur sehr mühsam anheben.)
3. Verrücke das Prisma so, dass es sich nicht mehr in der Mitte des Lineals, sondern ganz nahe am Buch befindet und drücke noch einmal auf das freie Ende der „Wippe".

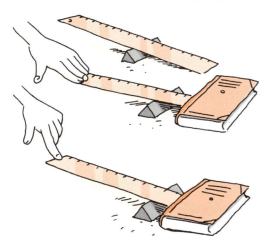

Was wird geschehen?
Das Buch lässt sich ohne großen Kraftaufwand heben.

Warum denn das?
Wenn das Prisma nahe am Buch liegt, wirkt das Lineal als Hebel. Hebel sind umso wirksamer, je näher das Gewicht beim Drehpunkt (am Auflagepunkt) liegt und je weiter entfernt der Punkt ist, auf den die Kraft zum Heben des Gewichts ausgeübt wird.

111. Rollensystem

Du brauchst:
- 1 Drahtkleiderbügel
- 1 leere Garnspule
- 2 Stühle
- 1 Besenstiel
- 1 Schere
- Bindfaden (ca. 3 m lang)
- 1 Buch

Und so wird's gemacht:
1. Biege den Drahtkleiderbügel auf, fädle die Garnspule ein und biege den Drahtbügel wieder in seine ursprüngliche Form. (Vielleicht musst du dir dabei helfen lassen.)
2. Stelle die beiden Stühle mit der Rückseite zueinander, lege den Besenstiel auf die beiden Lehnen.
3. Binde den Kleiderbügel an den Besenstiel, so wie in der Abbildung gezeigt.
4. Schnüre den Bindfaden um das Buch und führe das freie Ende über die Garnrolle.
5. Ziehe am freien Ende der Schnur.

Was wird geschehen?
Das Buch schnellt nach oben, obwohl du nach unten gezogen hast. Zum Ziehen benötigst du aber die gleiche Kraft, die du auch gebraucht hättest, wenn du das Buch direkt angehoben hättest.

Warum denn das?
Die Rolle führt zu einer Bewegungsumkehr, sie verändert aber nicht die Größe der Kraft.

Wenn du mehr wissen willst:
Ein Rollensystem besteht aus einer Rolle, einem Seil und einer Last, die am Ende des Seils befestigt ist. Eine Rolle ändert nur die Richtung der Kraft, aber nicht die Größe der Kraft.

112. Du bist am Zug!

Du brauchst:
- 2 Drahtkleiderbügel
- 2 leere Garnspulen
- 2 Stühle
- 1 Besenstiel
- 1 Schere
- Bindfaden (ca. 3 m lang)
- 1 Buch

Und so wird's gemacht:
1. Biege beide Drahtkleiderbügel auf, fädle auf jeden eine Garnspule ein und biege beide Drahtbügel wieder in ihre ursprüngliche Form. (Vielleicht musst du dir dabei helfen lassen.)
2. Stelle die beiden Stühle mit der Rückseite zueinander und lege den Besenstiel auf die beiden Lehnen (vgl. S. 77/Exp. 111).
3. Binde einen Kleiderbügel an den Besenstiel.
4. Schnüre den Bindfaden um das Buch, führe das freie Ende über beide Garnrollen und verbinde damit die beiden Kleiderbügel, so wie in der Abbildung gezeigt.
5. Ziehe am freien Ende der Schnur, bis das Buch einige Zentimeter über dem Boden schwebt.

Was wird geschehen?
Das Buch schnellt ganz leicht nach oben. Du brauchst auf einmal viel weniger Kraft, als im vorhergehenden Versuch.

Warum denn das?
Die beiden Rollen verschaffen dir einen mechanischen Vorteil. Du musst allerdings die Schnur weiter hochziehen, um das Buch zu heben.

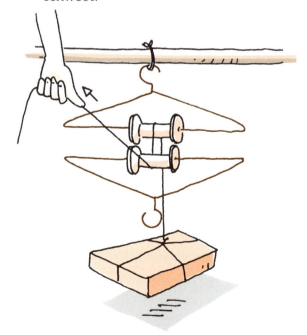

Wenn du mehr wissen willst:
Ein einfacher Flaschenzug besteht aus zwei Rollen, die jeweils eine gemeinsame Achse haben. Mit einem einfachen Flaschenzug kann man die Kraft, die zum Heben einer Last aufgewendet werden muss, halbieren, weil sich die Gewichtskraft auf zwei Seile verteilt. Man muss allerdings doppelt so weit ziehen.

113. Murmelachterbahn

Du brauchst:
- 1 Murmel
- 1 Trinkglas

Und so wird's gemacht:
1. Lege die Murmel in das Glas.
2. Stelle das Glas auf deine Handinnenfläche, halte es fest und drehe es schnell.

Was wird geschehen?
Die Murmel dreht sich im Kreis und bewegt sich an der Glaswand rotierend nach oben.

Warum denn das?
Jeder Gegenstand, der sich schnell dreht, tendiert aufgrund der Zentrifugalkraft dazu, sich nach außen zu bewegen. Da die Zentrifugalkraft die Gravitationskraft überwinden kann, bewegt sich die Murmel im Glas nach oben.

Wenn du mehr wissen willst:
Eine Zentrifuge ist eine Maschine mit einem Behälter, der sich sehr schnell dreht. Die Drehung übt eine Kraft auf die im Behälter befindliche Materie aus. Man nennt diese Kraft Zentrifugalkraft oder Fliehkraft. Durch sie werden die schwereren Teilchen nach außen gedrängt, sie fliehen nach außen. Hervorgerufen wird die Zentrifugalkraft durch die Trägheit der Masse (vgl. S. 69/Exp. 97). Eine Wäscheschleuder besteht aus einem durchlöcherten Gefäß, der Trommel, die von einem Motor gedreht wird und die man mit nasser Wäsche füllen kann. Dreht sich die Trommel, treibt die Zentrifugalkraft einen großen Teil des Wassers aus der Wäsche heraus. Bei einem Kettenkarussell bewirkt die Zentrifugalkraft, dass die Sitze nach oben fliegen. Die Zentripetalkraft dagegen ist die Kraft, die einen Gegenstand auf einer Kreisbahn hält.

114. Eimerkarussell

Du brauchst:
- 1 Plastikeimer mit Henkel
- Wasser

Und so wird's gemacht:
1. Fülle den Eimer halbvoll mit Wasser.
2. Schwinge ihn in einem großen Kreis herum, wie in der Abbildung gezeigt.

Was wird geschehen?
Obwohl der Eimer bei der Kreisbewegung kurzzeitig mit der Öffnung nach unten gerichtet ist, schwappt das Wasser nicht heraus.

Warum denn das?
Die Zentrifugalkraft (Fliehkraft) wirkt auf Flüssigkeiten genauso wie auf feste Körper. Sie presst das Wasser im Eimer gegen den Eimerboden. Sogar bei langsamen Schleuderbewegungen ist die Zentrifugalkraft stärker als die Gravitationskraft. Deshalb kann das Wasser nicht herausfließen.

115. Das Teetassenspiel

Du brauchst:
- 1 Teeglas
- heißes Wasser
- 1 Teelöffel Schwarztee

Und so wird's gemacht:
1. Fülle einen Teelöffel Schwarztee in das Glas und brühe ihn mit heißem Wasser auf.
2. Rühre mit dem Teelöffel in der Tasse, sodass die Teeblätter in der Flüssigkeit kreisen.
3. Beobachte, was passiert, wenn du mit dem Rühren aufgehört hast und die Flüssigkeit wieder ruht.

Was wird geschehen?
Die Teeblätter sammeln sich am Boden in der Mitte des Glases.

Warum denn das?
Bei der Drehung des Tees werden die Teilchen beschleunigt und nach außen gedrängt. Wenn man den Löffel aus dem Tee zieht, verlangsamt sich die Geschwindigkeit der Flüssigkeitsteilchen, weil sie sich dort an den Wänden des Glases reiben. Damit wird auch der Drang nach außen an dieser Stelle kleiner. An der Oberfläche reibt sich die Flüssigkeit nur mit der Luft und diese Reibung ist schwächer als die im Glas. Dreht sich die Flüssigkeit, erhöht sich der Druck im oberen Bereich nach außen stark und in Bodennähe nur gering. Ein Teeblatt, das an der Oberfläche schwimmt, wird deshalb schnell nach außen transportiert und nach unten gedrückt. Der Tee fängt an, im Glas auch senkrecht auf den Boden zu kreisen, die Teeblätter werden dabei mitgetragen. Teeblätter sind schwerer als Wasser. Daher können sie, wenn sie unten am Glasboden gelandet sind, nicht mehr aufsteigen, sondern sammeln sich in der Mitte.

Wärme, Hitze, Abkühlung

116. Der schwergewichtige Luftballon

Du brauchst:
- 2 Holz- oder Plastikstäbchen (ca. 15 cm und 30 cm lang)
- 2 gleich große Luftballons
- 2 gleich große Becher
- Klebeband
- 1 Filzstift
- 1 Lineal

Und so wird's gemacht:
1. Markiere mit Lineal und Filzstift die Mitte der beiden Stäbchen.
2. Befestige an jedem Ende des langen Stäbchens mit Klebeband jeweils einen nicht aufgeblasenen Luftballon.
3. Befestige das kurze Stäbchen mit Klebeband an den beiden Bechern, so wie in der Abbildung gezeigt.
4. Lege das lange Stäbchen mit den Luftballons über den Mittelpunkt des kurzen Stäbchens.
5. Entferne einen der beiden Luftballons, puste ihn auf, knote ihn zu, befestige ihn dann erneut am langen Stäbchen und lege dieses wieder auf den Mittelpunkt des kurzen Stäbchens.

Was wird geschehen?
Das Stäbchen bleibt nicht mehr gerade liegen, sondern neigt sich zu der Seite mit dem aufgeblasenen Ballon.

Warum denn das?
Der aufgeblasene Ballon enthält Luft, die ihn schwer macht. Luft ist also nicht gewichtlos. Ein Liter Luft wiegt etwa 1,3 g.

117. Tanzende Tropfen

Du brauchst:
- 1 Elektroherdplatte
- Wasser

Und so wird's gemacht:
1. Heize die Platte des Elektroherds stark auf.
2. Gieße in die innere Vertiefung der Kochplatte etwas Wasser.

Was wird geschehen?
Das Wasser verdampft nicht, sondern bewegt sich, es „tanzt" auf der Platte.

Warum denn das?
Um den Wassertropfen bildet sich eine Dampfschicht, die die Wärme schlecht leitet. Das Wasser bleibt deshalb unter dem Siedepunkt des Wassers. Es entsteht eine Art Dampfkissen. Wichtig ist, dass die Platte sehr stark aufgeheizt ist. Bei nicht ausreichender Hitze verdampft das Wasser sofort.

118. Mit Luft gefüllte Flasche

Du brauchst:
- 1 leere Flasche
- 1 Eimer, mit Wasser gefüllt

Und so wird's gemacht:
Tauche die Flasche mit der Öffnung nach unten in den mit Wasser gefüllten Eimer.

Was wird geschehen?
Es dringt kein Wasser in die Flasche.

Warum denn das?
Die Flasche ist nicht leer, sondern enthält Luft. Erst wenn man die Flasche schräg hält, sodass die Luft ausströmen kann, kann das Wasser den frei gewordenen Raum einnehmen.

119. Kiloweise Luft

Du brauchst:
- 1 Metermaß
- Papier und Bleistift
- 1 Taschenrechner
- 1 Personenwaage

Und so wird's gemacht:
1. Stelle dich auf die Personenwaage und bestimme dein Körpergewicht.
2. Miss mit dem Metermaß Länge, Breite und Höhe deines Kinderzimmers in Metern aus.
3. Berechne mit Hilfe des Taschenrechners das Volumen deines Zimmers, indem du Länge, Breite und Höhe multiplizierst.
4. Multipliziere das errechnete Volumen mit 1,3 kg.

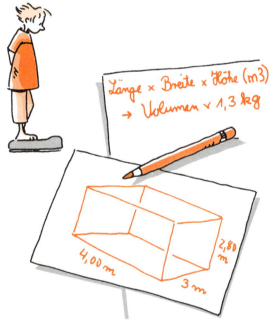

Was wird geschehen?
Du wiegst mit hoher Wahrscheinlichkeit weniger als die Luft in deinem Zimmer.

Warum denn das?
Ein Liter Luft wiegt 1,3 g.

120. Wo drückt der Schuh?

Du brauchst:
- 1 Konservendose (gefüllt) oder einen anderen schweren Gegenstand

Und so wird's gemacht:
Stelle die Dose auf deinen Fuß.

Was wird geschehen?
Du spürst Druck auf deinem Fuß.

Warum denn das?
Das Gewicht der Dose drückt auf deinen Fuß.

Wenn du mehr wissen willst:
Als Druck bezeichnet man die Kraft, die auf eine bestimmte Fläche wirkt. Das Gewicht unseres Körpers drückt z. B. auf den Fußboden. Nicht nur Festkörper, auch Flüssigkeiten und Gase können einen Druck ausüben. Sie drücken z.B. auf einen Behälter, in dem sie sich befinden, oder auf einen darin eingetauchten Gegenstand. Auch die uns umgebende Luft übt Druck aus, sie drückt auf unseren Körper. In einem See oder Meer steigt der Druck mit zunehmender Tiefe an, da das Gewicht der darüber liegenden Wasserschichten zunimmt. In der Luft sinkt er mit zunehmender Höhe.

121. Achtung. Fertig. Lospusten!

Du brauchst:
- 1 Luftballon

Und so wird's gemacht:
Puste in die Öffnung des Luftballons und blase ihn auf.

Was wird geschehen?
Der Luftballon dehnt sich aus.

Warum denn das?
Die gepustete Luft besteht aus Gasteilchen. Beim Aufblasen breiten sich die Gasteilchen gleichmäßig in alle Richtungen aus.

122. Der Ballongeist in der Flasche

Du brauchst:
- 1 leere Flasche
- 1 Luftballon
- 1 Strohhalm

Und so wird's gemacht:
1. Stecke den Luftballon in die Flasche und versuche ihn aufzublasen. (Es wird nicht klappen.)
2. Stecke nun neben den Luftballon einen Strohhalm in die Flasche und blase den Ballon noch einmal kräftig auf.

Was wird geschehen?
Der Ballon lässt sich aufblasen und füllt die Flasche ganz aus.

Warum denn das?
Auch eine oben offene, scheinbar leere Flasche enthält etwas Luft. Wenn du anfängst den Luftballon aufzublasen, verschließt der geweitete Ballon den Flaschenhals, die in der Flasche befindliche Luft kann also nicht entweichen. Der Ballon kann sich deshalb nicht weiter ausdehnen. Erst wenn du die in der Flasche befindliche („alte") Luft durch den Strohhalm entweichen lässt, kann sich der Luftballon durch Aufpusten in der Flasche ausdehnen und diese ganz ausfüllen, wie in der Abbildung gezeigt.

123. Luftleer?

Du brauchst:
- 1 schmales, hohes Trinkglas oder eine kleine Glasflasche
- 1 Trichter
- Knete
- Apfelsaft

Und so wird's gemacht:
1. Setze den Trichter auf das Glas.
2. Forme aus Knete eine Wurst und drücke sie an der Stelle, wo Trichter und Glasöffnung aufeinander stoßen, rundum fest. Der Knetverschluss muss ganz dicht sein!
3. Gieße vorsichtig etwas Apfelsaft in den Trichter.

Was wird geschehen?
Zuerst wird ganz wenig Apfelsaft eintropfen, dann wird der Rest des Apfelsafts im Trichter stehen bleiben, obwohl er unten offen ist.

Warum denn das?
Das „leere" Glas ist mit Luft gefüllt. Wenn die Trichteröffnung durch den Apfelsaft verschlossen ist, kann die im Glas befindliche Luft nicht entweichen. Deshalb gibt es keinen Platz für den Apfelsaft, er kann nicht ins Glas fließen. Erst wenn du mit einem Bleistift ein Loch in die Knetmasse bohrst, kann die Luft aus der Flasche entweichen und der Apfelsaft hineinfließen.

124. Gequetschte Luft

Du brauchst:
- 1 Spritze ohne Nadel (aus der Apotheke)

Und so wird's gemacht:
1. Ziehe den Kolben der Spritze heraus, sodass sie sich mit Luft füllt.
2. Halte mit dem Finger die Öffnung unten an der Spritze zu und drücke auf den Kolben.

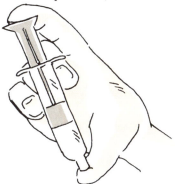

Was wird geschehen?
Der Kolben lässt sich auch bei verschlossener Öffnung bis zu einem gewissen Widerstand herunterdrücken. Wenn man den Kolben bei weiterhin verschlossener Öffnung loslässt, kehrt er in die alte Position zurück.

Wenn du mehr wissen willst:
Legt man einen schweren Gegenstand auf ein Kissen, drückt er das Kissen ein. Auch die uns umgebende Luft hat ein Gewicht und übt mit diesem Gewicht Druck auf uns bzw. die Erdoberfläche aus. Der Luftdruck wird in der Einheit Pascal gemessen. Er nimmt mit zunehmender Höhe ab. Am Rande der Erdatmosphäre nähert er sich dem Wert Null. Die Lufthülle der Erde (vgl. S. 33/Exp. 40) lässt sich vergleichen mit einem tiefen See aus Gasen, auf dessen Grund wir leben und atmen. Das Gewicht der Luft drückt auf den Boden und auch auf uns. Die Luftmoleküle in den bodennahen Luftschichten werden durch das Gewicht der Luft darüber zusammengepresst. Deshalb ist die Luft unten dichter als oben. Wenn man mit dem Flugzeug höher steigt, wird die Luft dünner, die Luftmoleküle verteilen sich auf einem größeren Raum, der Luftdruck nimmt ab.

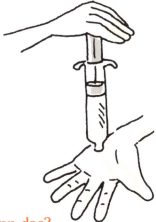

Warum denn das?
Luft lässt sich, im Unterschied zu Wasser, zusammendrücken (komprimieren). Der Druck des Kolbens presst die Luft in der Spritze zusammen und setzt diese unter hohen Druck. Die zusammengepresste Luft übt eine starke Kraft aus, was man an dem Finger, der die Öffnung der Spritze zuhält, deutlich spürt. Lässt man den Kolben los, kehrt er in die Ausgangsposition zurück, weil sich die zusammengepresste Luft wieder ausdehnen will.

125. Starke Luft

Du brauchst:
- 1 Lineal
- 1 großes Blatt Papier (DIN A3)
- 1 Tisch

Und so wird's gemacht:
1. Lege das Lineal auf den Tisch, sodass es zu einem Drittel übersteht.
2. Lege das Papier so auf den Tisch, dass der Teil des Lineals, der auf dem Tisch liegt, bedeckt ist. Streiche das Papier glatt und am Tisch fest.
3. Schlage vorsichtig auf den überstehenden Teil des Lineals.

Was wird geschehen?
Das Lineal hebt sich nicht.

Warum denn das?
Die über dem Tisch liegende Luft drückt auf die Oberfläche des Papiers und verhindert, dass sich das Lineal hebt.

126. Das nervige Marmeladenglas

Du brauchst:
- 1 fest verschlossenes Marmeladenglas, das sich nur schwer öffnen lässt
- heißes Wasser

Und so wird's gemacht:
1. Halte das Marmeladenglas mit dem Deckel unter sehr heißes Wasser aus dem Wasserhahn.
2. Versuche nun, das Glas zu öffnen.

Was wird geschehen?
Nach 30 Sekunden lässt sich der Deckel ohne Anstrengung öffnen.

Warum denn das?
Das Glas ließ sich nicht öffnen, da in ihm ein Unterdruck herrschte. Die heiße Marmelade hat beim Abfüllen einen größeren Raum eingenommen. Beim Abkühlen hat sie sich aber wieder zusammengezogen und nimmt nun weniger Raum ein. Da die Marmelade gleich nach dem Einfüllen verschlossen wurde, hat sich im Glas ein Vakuum (d.h. ein (fast) luftleerer Raum) gebildet. Wenn man den Deckel erwärmt, dehnt er sich aus. Dadurch nimmt der Unterdruck ab, das Glas lässt sich mühelos aufschrauben.

Wenn du mehr wissen willst:
Ein Vakuum ist ein absolut leerer Raum, d.h. ein Raum ohne Materie. In der Technik bezeichnet man einen fast luftleeren Raum als Vakuum.

127. Riesendurst und Flaschenfrust

Du brauchst:
- 1 Strohhalm
- 1 Flasche Wasser
- Knete

Und so wird's gemacht:
1. Fülle die Flasche randvoll mit Wasser.
2. Stecke den Strohhalm in die Flasche.
3. Forme aus Knete eine Wurst und befestige sie rund um die Flaschenöffnung, sodass die Flasche luftdicht verschlossen ist. Es sollte möglichst wenig Luft in der Flasche sein.
4. Versuche, aus der Flasche mit dem Strohhalm zu trinken.

Was wird geschehen?
Das Wasser bleibt in der Flasche, auch wenn du noch so sehr am Strohhalm saugst.

Warum denn das?
Beim Saugen mit dem Strohhalm aus einer offenen Flasche zieht man die Flüssigkeit nicht wirklich nach oben. Man entfernt eigentlich nur die Luft im Strohhalm. Dadurch verringert sich dort der Luftdruck. Weil aber auf die Flüssigkeit selbst weiterhin der Druck der Außenluft wirkt, steigt diese im Strohhalm nach oben. Durch das Abdichten der Flasche kann von außen kein Luftdruck mehr auf die Flüssigkeit einwirken. Deshalb kann sie auch nicht nach oben steigen.

128. Saugen oder drücken

Du brauchst:
- 1 Strohhalm
- 1 Glas
- Wasser

Und so wird's gemacht:
1. Fülle das Glas mit Wasser.
2. Stelle den Strohhalm in das Wasserglas und sauge Wasser an.
3. Verschließe (fast noch im Mund) die obere Öffnung des Strohhalms mit dem Finger und nehme diesen aus dem Wasser, während du weiter mit dem Finger auf die obere Öffnung drückst.

Was wird geschehen?
Das Wasser bleibt im Strohhalm und fließt nicht unten heraus. Es fließt erst heraus, wenn du den Finger von der oberen Öffnung des Strohhalms nimmst.

Warum denn das?
Der Finger auf der oberen Öffnung verringert den Luftdruck, der von oben auf den Strohhalm einwirkt, sodass der Luftdruck von unten nun größer ist als der von oben. Dies führt dazu, dass das Wasser im Strohhalm bleibt. Sobald man den Finger von der oberen Öffnung entfernt, fließt das Wasser ab.

129. Der Rasensprenger in der Flasche

IM FREIEN

Du brauchst:
- 1 Strohhalm
- 1 kleine Glas- oder Plastikflasche mit Wasser gefüllt
- 1 Schere

Und so wird's gemacht:
1. Fülle die Glasflasche voll mit Wasser.
2. Schneide den Strohhalm ca. 5 cm von einem Ende entfernt ein und knicke beide Enden ab, so wie in der Abbildung gezeigt.
3. Stecke den Strohhalm mit dem kurzen Ende in die Flasche. Die Schnittstelle muss sich ungefähr 6 mm über der Wasseroberfläche befinden.
4. Blase kräftig in das lange Ende des Strohhalms.

Was wird geschehen?
In das kurze Ende des Strohhalms steigt Wasser auf und verteilt sich wie ein Spray in der Luft.

Warum denn das?
Beim Blasen in das lange Ende des Strohhalms strömt ein Luftzug über das kurze Ende hinweg. Der Luftdruck an der Schnittstelle des Strohhalms reduziert sich. Der normale Luftdruck darunter presst Wasser durch den Strohhalm nach oben, sodass dann von der Luftbewegung feine Tröpfchen in die Luft verteilt werden.

130. Das schwebende Ei

ÜBUNG UND GEDULD

Du brauchst:
- 1 rohes Ei
- 2 gleich große Sektgläser

Und so wird's gemacht:
1. Lege das rohe Ei in eines der beiden Sektgläser und stelle daneben das andere.
2. Blase von oben kräftig auf das Ei.

Was wird geschehen?
Das Ei hebt sich und mit etwas Übung kippt es in das andere Glas hinein.

Warum denn das?
Die Luft fließt am Ei vorbei in das Glas. Unter dem Ei erhöht sich der Luftdruck durch das Pusten immer mehr und hebt das Ei nach oben. Oberhalb des Eis entsteht ein Unterdruck, der die Aufwärtsbewegung des Eis fördert. Bei entsprechender Blasrichtung kippt das Ei schließlich in das andere Glas.

131. Zauberpapier

Du brauchst:
- Zeitungspapier
- 1 leeres Trinkglas
- 1 Schüssel oder 1 Topf mit Wasser gefüllt

Und so wird's gemacht:
1. Zerknülle das Zeitungspapier und stopfe es so in das leere Glas, dass es beim Umdrehen des Glases nicht herausfällt. Das Glas sollte allerdings nicht randvoll sein, 1-2 cm vom oberen Glasrand müssen leer bleiben.
2. Tauche das Glas mit der Öffnung nach unten in das mit Wasser gefüllte Gefäß.
3. Nimm das Glas nach ungefähr einer Minute wieder heraus und befühle das Papier.

Was wird geschehen?
Das Papier bleibt trocken.

Warum denn das?
In das teilweise mit Zeitungspapier gefüllte Glas kann kein Wasser eintreten, da das Glas mit Luft gefüllt ist. Die auf und zwischen dem Zeitungspapier befindliche Luft kann nicht nach unten entweichen, da sie leichter ist als Wasser.

132. Durch Flaschen blasen?

Du brauchst:
- 1 runde Flasche
- 1 Milchtüte
- 1 brennende Kerze

Und so wird's gemacht:
1. Stelle die Kerze hinter die Milchtüte und blase kräftig dagegen. (Die Kerze brennt weiter.)
2. Stelle die Kerze hinter die Flasche und puste gegen den Flaschenrand.

Was wird geschehen?
Die Kerze erlischt.

Warum denn das?
Nach dem Bernoullischen Gesetz presst der äußere Luftdruck den beim Pusten erzeugten Luftstrom gegen die runde Flasche. Die bewegte Luft fließt hinter der Flasche fast ungeschwächt weiter und löscht die Flamme. Bei der viereckigen Fläche klappt das nicht: Ihre Kanten verwirbeln die Luft, die Kerze brennt weiter.

133. Flaschenbarometer

Du brauchst:
- 1 Untertasse
- Wasser
- 1 Plastikflasche
- liniertes oder kariertes Papier
- Klebeband

Und so wird's gemacht:
1. Fülle die Untertasse halb und die Flasche zu 3/4 mit Wasser.
2. Verschließe die Flaschenöffnung mit dem Daumen und drehe die Flaschenöffnung um, sodass sie auf dem Kopf steht.
3. Nimm den Daumen weg und stelle die Flasche mit der Mündung nach unten schnell auf die mit Wasser gefüllte Untertasse.
4. Klebe einen Papierstreifen mit Klebeband außen auf die Flasche, wie in der Abbildung gezeigt.

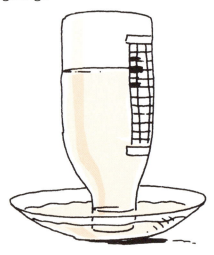

Was wird geschehen?
Das Wasser fließt nicht aus der Flasche. Die Flüssigkeitssäule fällt nur leicht ab und bleibt dann stabil. Dann steigt und fällt sie mit dem vorherrschenden Luftdruck.

Warum denn das?
Die Luft oberhalb des Wassers in der Untertasse drückt gegen das Wasser und verhindert dadurch ein Ausfließen der Flasche.

Wenn man die Stelle, an der sich der Wasserstand einpendelt, markiert, lassen sich Änderungen des Wasserstands besser erkennen. Der Wasserspiegel fällt nicht mehr, wenn Wasserdruck und Luftdruck sich die Waage halten. Steigt der Luftdruck an, steigt auch die Flüssigkeitssäule. Fällt der Luftdruck, sinkt sie. Bei niedrigerem Luftdruck ist wärmeres und nässeres Wetter zu erwarten.

Wenn du mehr wissen willst:
Barometer sind Geräte zur Messung des Luftdrucks in der Atmosphäre. Ein einfaches Quecksilberbarometer besteht aus einem oben offenen, mit Quecksilber gefüllten Gefäß, in dem eine nach unten hin offene und am oberen Ende verschlossene Glasröhre steckt. Steigt der auf der Quecksilberoberfläche im Barometergefäß lastende Luftdruck, steigt auch die Quecksilbersäule. Bei Druckabfall sinkt sie ab. Bei Normaldruck steht das Quecksilber in der Säule 760 mm hoch.

134. Der flitzende Luftballon

Du brauchst:
- 1 Luftballon

Und so wird's gemacht:
Blase einen Luftballon auf, halte die Öffnung fest zu und lasse die Finger dann los.

Was wird geschehen?
Der Ballon schießt im Zimmer herum, bis die Luft in ihm ganz entwichen ist.

Warum denn das?
Die unter Druck ausströmende Luft übt eine Kraft auf den Luftballon aus, den Rückstoß. Die Stärke des Rückstoßes ist davon abhängig, wie viel Gas und in welcher Geschwindigkeit es ausströmt.

135. Luftballonrakete

Du brauchst:
- 1 langes Stück Bindfaden
- 1 Luftballon
- Klebeband
- 1 Strohhalm

Und so wird's gemacht:
1. Ziehe den Bindfaden durch den Strohhalm, binde das eine Ende an einer Türklinke, das andere an einer Stuhllehne fest. Dabei sollte der Bindfaden ganz fest gespannt sein.
2. Puste den Luftballon auf und halte die Öffnung fest mit den Fingern zu.
3. Befestige den Ballon an seinem „Bauch" mit Klebeband am Strohhalm, während du die Öffnung weiterhin mit den Fingern zuhältst.
4. Ziehe den aufgeblasenen Luftballon bei weiterhin fest zugehaltener Öffnung an das eine Ende der Schnur. Dann nimm die Finger von der Öffnung und lasse den Ballon los.

Was wird geschehen?
Der Ballon flitzt an der Schnur entlang.

Warum denn das?
Wenn die Luft aus dem Ballon herausgelassen wird, saust der Ballon in die entgegengesetzte Richtung, d.h. er wird ans andere Ende der Schnur nach vorne gedrückt. Bei einem Düsenflugzeug stoßen die Düsentriebwerke zusammengepresste und sehr heiße Abgase nach hinten aus. Sie treiben das Flugzeug vorwärts.

136. Die Handheizung

Du brauchst:
- 2 kalte Hände
- 1 warmen Heizkörper

Und so wird's gemacht:
Halte deine Hände über den warmen Heizkörper.

Was wird geschehen?
Deine Hände werden warm.

Warum denn das?
Der Heizkörper strahlt Wärme in Form von Infrarotstrahlen ab. Diese erwärmen die Luft oberhalb des Heizkörpers und deine Hände.

Wenn du mehr wissen willst:
Wärme ist die Bewegungsenergie der Moleküle eines Stoffs. Wenn sich die Moleküle in einem festen, flüssigen oder gasförmigen Stoff (bzw. Stoffgemisch) schneller bewegen, nimmt er an Wärme zu, wird heißer. Werden die Moleküle wieder langsamer, verliert er an Wärme, er kühlt ab. Wärme fließt immer vom wärmeren zum kälteren Gegenstand.

Wärmestrahlung ist Wärmefluss durch Infrarotstrahlen. Materie kann Infrarotstrahlen absorbieren und sich erwärmen, d.h. Wärmenergie durch Absorption von Infrarotstrahlen gewinnen. Wärmestrahlung geht nicht nur von der Sonne aus. Man kann sie auch durch andere Strahlungskörper (z. B. Öfen), durch Reibung, Verbrennung oder elektrischen Strom erzeugen. Erwärmt man Luft (z. B. durch einen Heizkörper), werden ihre Moleküle durch die Wärme stärker in Bewegung versetzt und entfernen sich weiter voneinander. Die Luft dehnt sich deshalb aus, wird weniger dicht und weniger schwer. Gleichzeitig nimmt der Luftdruck ab.

137. Wärme von Hand gemacht!

Du brauchst:
- 2 kalte Hände

Und so wird's gemacht:
Reibe beide Hände kräftig gegeneinander.

Was wird geschehen?
Deine Hände werden warm.

Warum denn das?
Wärme kann durch Reibung erzeugt werden.

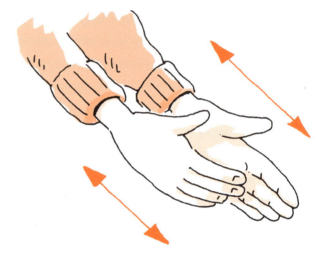

Wenn du mehr wissen willst:
Gegenstände, die mit viel Kraft gegeneinander gerieben werden, erhitzen sich. Es entsteht Reibungswärme. Bremsen, die ständig benutzt werden, erhitzen sich manchmal so stark, dass sie glühen.

138. Eierkochwettbewerb

Hier brauchst du die Hilfe eines Erwachsenen!

VORSICHT!

Du brauchst:
- 2 Eier
- 1 Eierstecher oder 1 Nadel
- 2 kleine, gleich große Töpfe, jeweils mit ca. 1/2 l Wasser gefüllt
- 1 zum Topf passenden Deckel
- 1 Uhr
- 1 Herd

Und so wird's gemacht:
1. Piekse in jede Eierschale mit Nadel oder Eierstecher ein Loch.
2. Lege in jeden Topf ein Ei.
3. Lege auf einen der beiden Töpfe einen Deckel, stelle beide auf den Herd und bringe das Wasser zum Kochen. Schaue auf die Uhr.

Was wird geschehen?
Das Wasser in dem Topf mit Deckel kocht früher, das Ei ist deshalb schneller gar.

Warum denn das?
Die heißen Herdplatten erhitzen den Topfboden und bringen durch die Wärmezufuhr die Wassermoleküle in stärkere Bewegung. Das erwärmte Wasser dehnt sich aus. Einige Wassermoleküle an der Oberfläche steigen als Wasserdampf in die Luft. Der Deckel hält sie zurück. Im offenen Topf geht mit dem Wasserdampf auch ein Teil der Wärmeenergie verloren. Es dauert daher länger, bis das Wasser kocht.

Wenn du mehr wissen willst:
Bringt man zwei Gegenstände mit unterschiedlicher Temperatur zusammen, wird Energie vom warmen zum kalten Gegenstand übertragen. Die Atome oder Moleküle im warmen Gegenstand geben Energie ab, die Atome im kalten nehmen Energie auf. Nach einiger Zeit ist die Wärmeenergie in beiden Gegenständen gleich verteilt.

Eine Wärmequelle (z. B. ein heißer Ofen) erwärmt einen Gegenstand, indem er dessen Moleküle beschleunigt, d. h. in Bewegung versetzt. Stellt man einen mit Wasser gefüllten Kochtopf auf eine Herdplatte, absorbiert der Kochtopf die Wärmeenergie und wird heiß. Die Hitze überträgt sich auf das Wasser und setzt die Wassermoleküle in Bewegung. Die in Bewegung versetzten Moleküle treffen auf andere und beschleunigen diese. So breitet sich die Wärme im ganzen Wasser aus. Wärmeleitung ist also der Transport von Wärme durch Gase, Feststoffe oder Flüssigkeiten. Dabei findet kein Transport von Masse, sondern ein Energietransport statt.

139. Wärme fühlen

Du brauchst:
- 1 Stück Holz (z. B. ein Lineal)
- 1 Stück Metall (z. B. eine Schere)

Und so wird's gemacht:
1. Lasse beide Gegenstände lange nebeneinander im selben Raum liegen.
2. Befühle beide Gegenstände und achte dabei auf die Temperatur.

Was wird geschehen?
Das Metallstück fühlt sich kälter an als das Holz.

Warum denn das?
Die beiden Materialien haben eine unterschiedliche Wärmeleitung. Metall leitet Wärme sehr gut. Wenn du das Metall berührst, fließt sehr schnell die Wärme von deinen warmen Fingern zum Metall. Dein Gehirn schließt daraus: kalt, Wärmeverlust. Im Unterschied zu Metall leitet Holz Wärme schlecht. Berührst du das Holz, fließt dort nur wenig Körperwärme hinein, es bildet sich ein Wärmestau und deshalb empfindest du das Holz als warm. Würde man aber die Temperatur von beiden Gegenständen messen, würden sich identische Werte ergeben, da beide Gegenstände im selben Raum lagen.

140. Schnell erhitzt

Hier brauchst du die Hilfe eines Erwachsenen!

Du brauchst:
- 1 Glasstab
- 1 Metallstab (von gleicher Länge und gleichem Durchmesser wie der Glasstab)
- 2 brennende Kerzen

Und so wird's gemacht:
1. Halte in der einen Hand den Glas-, in der anderen den Metallstab in jeweils eine Kerzenflamme.
2. Achte auf die Temperatur.

Was wird geschehen?
Der Metallstab erhitzt sich wesentlich schneller als der Glasstab.

Warum denn das?
Metall ist ein guter, Glas ein schlechter Wärmeleiter. Kochtöpfe bestehen daher meist aus Metall, da sie sich und ihren Inhalt schneller erhitzen.

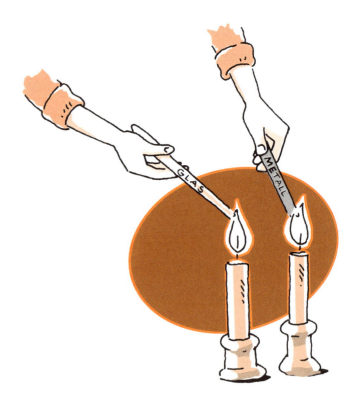

141. Zauberballon

Du brauchst:
- 1 leere Flasche
- 1 Luftballon
- 1 Schüssel mit warmem Wasser
- 1 Kühlschrank

Und so wird's gemacht:
1. Stelle die leere Flasche ca. eine Stunde in den Kühlschrank.
2. Nimm die Flasche heraus und stülpe sofort die Öffnung des Luftballons über den Flaschenhals.
3. Stelle die Flasche ungefähr zwei Minuten in die mit warmem Wasser gefüllte Schüssel.

Was wird geschehen?
Der Ballon wird wie von Zauberhand aufgeblasen.

Warum denn das?
Durch Erwärmung dehnt sich die in der Flasche befindliche Luft aus und braucht mehr Platz. Sie strömt in den Luftballon und bläst ihn auf.

Wenn du mehr wissen willst:
Feste, flüssige und gasförmige Stoffe dehnen sich aus, wenn sie erwärmt werden. Die Teilchen bewegen sich schneller und entfernen sich voneinander, sodass die Dichte ab- und das Volumen zunimmt. Ein Heißluftballon besteht aus einer riesigen Ballonhülle, die mit einem Gasgemisch gefüllt ist, einem Gasbrenner und einem an der Ballonhülle befestigten Korb. Der Gasbrenner erhitzt Gas, das sich infolge der Wärmezufuhr ausdehnt. Die Ballonhülle ist offen, ein wenig heiße Luft kann entweichen. Dadurch wird das Gesamtgewicht des Ballons kleiner, obwohl sein Volumen unverändert bleibt. Da das warme Gas im Innern des Ballons weniger dicht ist als die kältere Luft der Atmosphäre, schwebt der Ballon in der Luft, solange das Gas in seinem Inneren erwärmt wird. Der äußere Luftdruck verursacht einen Auftrieb, der den Ballon mit dem Korb, in dem du vielleicht sitzt, nach oben trägt.

142. Unterwasservulkan

Du brauchst:
- 1 Topf, mit kaltem Wasser gefüllt
- 1 kleine Glasflasche
- heißes Wasser
- Glasmurmeln
- Wasserfarben oder Tinte
- 1 Pinsel

Und so wird's gemacht:
1. Fülle die Flasche zu 3/4 mit heißem Wasser.
2. Lasse vorsichtig ein paar Glasmurmeln in die Flasche fallen, damit sie nicht schwimmt, wenn du sie ins Wasser tauchst.
3. Tropfe mit dem Pinsel Wasserfarbe oder Tinte in das heiße Wasser.
4. Stelle die Flasche schnell so in den Topf mit kaltem Wasser, dass sie ganz untergetaucht ist.

Was wird geschehen?
Das gefärbte, heiße Wasser steigt aus der Flasche an die Oberfläche des kalten Wassers wie heiße Lava aus einem Unterwasservulkan. Ist das farbige Wasser abgekühlt, sinkt es auf den Topfboden.

Warum denn das?
Im heißen Wasser bewegen sich die Moleküle sehr schnell. Sie springen hin und her und dehnen sich aus. Wenn sich Wasser ausdehnt, nimmt seine Dichte ab, da dieselbe Masse weniger Raum einnimmt. Aufgrund der Ausdehnung steigt warmes Wasser auf, kaltes Wasser sinkt dagegen ab.

143. Der Geist in der Flasche

Hier brauchst du die Hilfe eines Erwachsenen!

VORSICHT!

Du brauchst:
- 1 Glasflasche
- 1 Luftballon
- 1 Waschbecken

Und so wird's gemacht:
1. Fülle sehr heißes Wasser aus dem Wasserhahn in die Flasche.
2. Leere die Flasche nach einigen Minuten aus und stülpe sofort den Luftballon über den Flaschenhals.
3. Lasse kaltes Wasser aus dem Hahn über den Flaschenbauch laufen.

Was wird geschehen?
Der Ballon wird wie von Geisterhand in die Flasche hineingezogen.

Warum denn das?
Die warme Luft im Inneren der Flasche zieht sich beim Abkühlen zusammen. Dadurch verringert sich ihr Volumen. Die Luft von außen kann nun in die Flasche eindringen, um den frei gewordenen Platz einzunehmen. Dabei wird der Luftballon in die Flasche gedrückt.

144. Dein eigenes Thermometer

Hier brauchst du die Hilfe eines Erwachsenen!

Du brauchst:
- 1 Glasflasche
- Leitungswasser, mit Tinte oder Lebensmittelfarbe gefärbt
- Filzstifte
- Knete
- 1 Trinkhalm (möglichst durchsichtig)
- Schere
- 1 Stück Karton (z. B. Karteikärtchen)

Was wird geschehen?
Die Flüssigkeitssäule steigt bei Erwärmung an, bei Abkühlung sinkt sie ab.

Warum denn das?
Stellt man das Thermometer an einen warmen Ort, erwärmt sich die Luft in der Flasche und dehnt sich aus. Dabei drückt sie auf das Wasser, das nun in den Strohhalm ausweicht. Bei Abkühlung (z. B. im Kühlschrank) zieht sich die Luft in der Flasche wieder zusammen, das Wasser aus dem Trinkhalm sinkt nach unten.

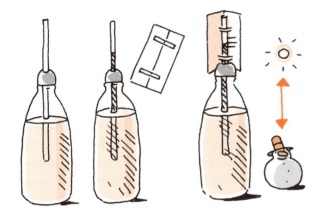

Und so wird's gemacht:
1. Gieße das gefärbte Wasser in die Flasche, sodass sie nicht ganz gefüllt ist, und lasse es ungefähr zwei bis drei Stunden im Zimmer stehen.
2. Tauche den Trinkhalm ein Stück weit ins Wasser und befestige ihn mit Knete am Flaschenhals. Die Knete soll luftdicht abschließen.
3. Blase vorsichtig in den Trinkhalm, sodass das Wasser aufsteigt. Höre auf zu blasen, wenn das Wasser im Trinkhalm ein Stück weit über dem von Knete bedeckten Flaschenhals steht.
4. Falte den Karton in der Mitte und schneide, wie auf der Abbildung gezeigt, zwei Doppelschlitze hinein. Schiebe den in der Flasche steckenden Trinkhalm durch die Schlitze.
5. Markiere den Stand der Flüssigkeit im Strohhalm (Pegel) auf dem Karton.
6. Stelle dein Thermometer in die Sonne oder an die Heizung.

Wenn du mehr wissen willst:
Anders Celsius, ein schwedischer Astronom (1701-1744), entwickelte die 100-teilige Thermometerskala, die Temperaturskala nach Celsius. Er legte den Gefrierpunkt des Wassers als Nullpunkt, den Siedepunkt des Wassers auf 100° C fest. Temperaturen unter 0° C haben negative Werte, sie liegen im Minusbereich.

Hast du das gewusst?
Bei -200° C wird Luft flüssig.
Bei   0° C gefriert Wasser.
Bei   100° C kocht Wasser.
Bei   184° C brennt Papier.
Bei 1.535° C schmilzt Eisen.
An der Oberfläche der Sonne herrschen 6400° C, im Kern der Sonne 15 Millionen° C!

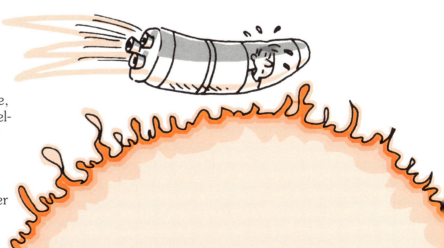

145. Bananentrick

Hier brauchst du die Hilfe eines Erwachsenen!

Du brauchst:
- 1/2 geschälte Banane
- kochend heißes Wasser
- 1 Flasche
- 1 Trichter
- 1 Geschirrtuch

Und so wird's gemacht:
1. Stecke den Trichter in die Flasche und gieße vorsichtig heißes Wasser ein.
2. Wickle das Geschirrtuch um die heiße Flasche, entferne den Trichter und gieße das Wasser wieder aus.
3. Stecke sofort das spitze Ende der Banane in den Flaschenhals.

Was wird geschehen?
Die Banane fällt in die Flasche.

Warum denn das?
Durch die Wärme des kochenden Wasser dehnt sich die Luft in der Flasche aus, nur wenig entweicht. Wenn die Luft in der Flasche wieder abkühlt, nimmt der Luftdruck im Inneren der Flasche ab. Der höhere Luftdruck außerhalb drückt die aufgesteckte Banane in die Flasche.

146. Das elastische Ei

Hier brauchst du die Hilfe eines Erwachsenen!

Du brauchst:
- Wasser
- 1 Babyflasche ohne Sauger
- 1 Topflappen oder Geschirrtuch
- 1 hart gekochtes und geschältes Ei

Und so wird's gemacht:
1. Bringe Wasser zum Kochen und fülle die Babyflasche bis zum Rand.
2. Halte die heiße Flasche mit einem Topflappen oder Tuch und schütte das Wasser im Waschbecken aus.
3. Setze sofort danach das Ei auf den Flaschenrand.

Was wird geschehen?
Das Ei gleitet in die Babyflasche, obwohl es größer ist als die Flaschenöffnung.

Warum denn das?
Nach dem Abschütten des heißen Wassers bleibt Wasserdampf in der Babyflasche. Deshalb wird ein Teil der Luft aus der Flasche herausgedrängt. Beim Abkühlen verwandelt sich der Wasserdampf in kleine Tröpfchen und braucht nun weniger Platz. Der Luftdruck in der Flasche verringert sich. Der Luftdruck außerhalb der Flasche ist höher und presst das Ei in die Babyflasche.

147. Die tanzende Kobra

Hier brauchst du die Hilfe eines Erwachsenen!

VORSICHT!

Du brauchst:
- 1 Stück Papier
- 1 Bleistift
- 1 Schere
- 1 Lineal
- 1 Stück Bindfaden (ca. 20 cm lang)
- 1 Wärmequelle (z. B. Heizplatte)

Und so wird's gemacht:
1. Zeichne auf das Papier mit Bleistift und Lineal ein großes Quadrat (mindestens 13 cm x 13 cm) und in das Quadrat eine Spirale.
2. Schneide die Spirale aus und piekse mit der Scherenspitze ein Loch in ihre Mitte.
3. Mache am freien Ende der Schnur einen Knoten, ziehe ihr freies Ende durch das Loch in der Mitte der Spirale und knote sie dann am Bleistift fest.
4. Halte die Spirale über eine Wärmequelle.

Was wird geschehen?
Die Spirale dreht sich um sich selbst.

Warum denn das?
Die von der Heizplatte erwärmte Luft steigt nach oben und trifft dann auf die Spirale. Da ein Teil der Luft in die Windungen der Spirale steigt, wird eine Drehbewegung ausgelöst.

148. Winter im Sommer?

Du brauchst:
- 1 Zimmerthermometer
- 1 nasses Papiertaschentuch
- 1 Föhn

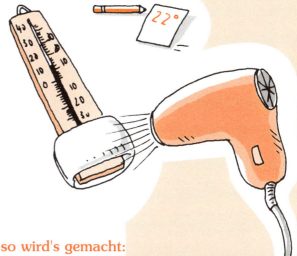

Und so wird's gemacht:
1. Notiere vor Versuchsbeginn die Temperatur, die das Thermometer anzeigt.
2. Wickle das nasse Papiertaschentuch um den unteren Teil des Thermometers.
3. Schalte den Föhn auf niedrigste Stufe und blase die Luft einige Minuten gegen das nasse Tuch.
4. Schalte den Föhn aus und lies das Thermometer ab.

Was wird geschehen?
Die Temperatur ist gesunken.

Warum denn das?
Beim Verdunsten verbraucht das Wasser Wärme. Du spürst das auch, wenn du nach dem Baden aus dem Wasser steigst. Das Wasser auf deiner Haut verdunstet und entzieht ihr Wärme.

149. Schnell gekühlt

Du brauchst:
- 2 Tassen
- heißen Kaffee oder Tee
- 4 Esslöffel Milch

Und so wird's gemacht:
1. Fülle beide Tassen zur Hälfte mit heißem Kaffee oder Tee auf.
2. Gib in eine der beiden Tassen zwei Esslöffel Milch dazu.
3. Warte zwei Minuten und gib nun auch in die zweite Tasse zwei Esslöffel Milch.
4. Probiere von jeder Tasse einen Schluck und teste die Temperatur.

Was wird geschehen?
Die Flüssigkeit in der zweiten Tasse, in die du zuletzt die Milch geschüttet hast, ist etwas kühler als die erste.

Warum denn das?
Flüssigkeiten kühlen umso schneller ab, je höher die Temperaturdifferenz zwischen dem heißen Gegenstand bzw. Medium (Kaffee, Tee) und der kalten Umgebung (z. B. Tasse, Luft) ist. Wenn man die Milch sofort in den Kaffee gießt, sinkt die Temperatur der Flüssigkeit. Die Temperaturdifferenz zwischen Umgebung und Kaffee ist jetzt nicht mehr so groß wie zuvor, das Abkühlen verlangsamt sich. Wenn du also erst einige Minuten wartest, bevor du die Milch dazu schüttest, geht das Abkühlen schneller vor sich und du verbrennst dir am heißen Kaffee nicht die Lippen.

Wind und Wetter, Blitz und Donner

150. Wärmespeicher- wettbewerb

Du brauchst:
- 2 Plastikbecher
- Wasser
- Erde
- 1 Raumthermometer
- 1 Kühlschrank

Und so wird's gemacht:
1. Fülle einen Plastikbecher mit Wasser, den anderen mit Erde.
2. Stelle beide Becher für ca. 15 Minuten in den Kühlschrank.
3. Nimm die Becher wieder heraus und stelle sie in die Sonne.
4. Miss nach 20 Minuten die Temperatur im Wasser und in der Erde.

Wenn du mehr wissen willst:
Wenn Sonnenstrahlen auf Wasser fallen, wird nur ein sehr geringer Teil (ca. 10 %) reflektiert. Der größte Teil der Sonnenenergie wird absorbiert. Trotzdem erwärmt sich Wasser aufgrund seiner spezifischen Wärmekapazität nur langsam. Erde erwärmt sich erheblich schneller, speichert die Wärme aber nur an der Oberfläche und gibt sie im Winter rasch wieder ab. In die Wassermassen der Weltenmeere, die sich im Sommer nur langsam aufheizen, dringt die Wärme bis in tiefe Schichten ein und wird im Winter nur langsam wieder abgegeben. Meere sind daher ideale Wärmespeicher, die sich günstig auf die klimatischen Bedingungen der Küsten auswirken können. Hier ist es im Sommer nämlich meist nicht so heiß und im Winter nicht so kalt wie im Landesinneren.

Was wird geschehen?
Die Temperatur der Erde ist höher als die des Wassers.

Warum denn das?
Der Erdboden speichert die Wärme an der Oberfläche besser, weil er dunkler ist. Ins Wasser dringen die Lichtstrahlen tief ein, die Wärme breitet sich aus. Außerdem ist die spezifische Wärmekapazität von Wasser höher als die von Erde. Das heißt, zur Erwärmung einer bestimmten Menge Wasser wird mehr Hitze benötigt als zur Erwärmung derselben Menge Erde.

151. Zum Abflug bereit

Du brauchst:
- Puder
- 1 Tuch
- 1 Lampe

Und so wird's gemacht:
Gib etwas Puder auf das Tuch und schüttle ihn über der eingeschalteten Lampe aus.

Was wird geschehen?
Der Puder steigt nach oben.

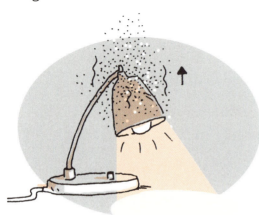

Warum denn das?
Die Lampe erwärmt die Luft. Diese steigt wegen ihrer geringeren Dichte nach oben und mit ihr die feinen Puderteilchen. Bei ausgeschalteter Lampe rieselt der Puder nach unten, da kühlere, dichtere Luft immer nach unten sinkt.

Wenn du mehr wissen willst:
Winde sind Luftströmungen in der Atmosphäre. Die über einer Wärmequelle (z.B. über einem warmen, tropischen Meer) schwebende Luft erwärmt sich. Die warme Luft steigt auf und kühlt sich dabei ab. Der Raum oberhalb der Wärmequelle nimmt wieder kalte Luft an, die sich erneut erwärmt, nach oben steigt und sich abkühlt. Dieses Fließen der Luftmoleküle nehmen wir als Wind wahr.

Seewinde wehen meist vom Meer zur Küste. Sie entstehen durch Luftdruckunterschiede über dem Land und dem Meer. Fallwinde wehen vom Gebirge ins Tal hinab. Der Föhn ist ein warmer, trockener Fallwind, der von der windabgewandten Seite eines Gebirges ins Tal weht. Sturmböen sind heftige Winde, die meist nur wenige Minuten dauern. Sie werden oft von dicken, dunklen Wolken und kurzen Regenschauern begleitet.

Die die Erde umgebende Lufthülle (vgl. S. 33/Exp. 40) besteht aus einem Gasgemisch unterschiedlicher Dichte, Feuchtigkeit und Temperatur. Sie ist ständig in Bewegung. Ursache für die Luftströmungen sind in erster Linie die großen Temperaturunterschiede auf der Erde.

Die Erde fängt an jedem Tag im Jahr insgesamt die gleiche Menge an Strahlungsenergie auf. Die Wärme- und Lichtmengen sind jedoch nicht gleichmäßig verteilt. In den Tropen kommt z. B. mehr Sonnenenergie an als an Nord- und Südpol. Die großen Temperaturunterschiede in diesen Bereichen verursachen starke Luftströmungen (Winde), die rund um die Erdkugel zirkulieren (kreisen). Die über dem Äquator liegenden Luftschichten werden besonders stark erhitzt, steigen auf und bewegen sich zu den beiden Polen. Hier, über den Eisschichten, kühlen sie ab, sinken und strömen zum Äquator zurück.

Die Umwälzung der Luftmassen findet in der Troposphäre (bis 10 km oberhalb des Meeresspiegels) statt. Sie bildet die Grundlage für das Wettergeschehen auf der ganzen Welt.

152. Luftfronten

Du brauchst:
- 1 warmen Heizkörper
- 1 Kühlschrank

Und so wird's gemacht:
Stelle dich drei Minuten vor einen warmen Heizkörper, dann drei Minuten vor einen offenen Kühlschrank.

Was wird geschehen?
Vor dem Heizkörper ist die Luft warm, vor dem Kühlschrank ist die Luft kalt.

Warum denn das?
Der warme Heizkörper erwärmt die Luft in seiner Umgebung, der Kühlschrank kühlt bei geöffneter Tür die Luft in seiner Umgebung ab.

Wenn du mehr wissen willst:
Bei Luftmassen draußen in der freien Natur passiert dasselbe. Luft, die sich über Eis befindet, kühlt ab. Luft, die sich über erhitzter Erde befindet, erwärmt sich. Warme und kalte Luftmassen, die aufeinander treffen, vermischen sich nicht. Es bilden sich vielmehr Fronten (Luftmassengrenzen), die viele Kilometer lang sein können. Eine Kaltfront zwingt die warmen Luftmassen zum Aufsteigen, eine Warmfront schiebt kalte Luftmassen vor sich her. Bewegt sich keine der Luftmassen, hat sich eine stationäre Front gebildet. Die Ankunft einer Front kündigt immer einen Wetterwechsel an.

Eine Kaltfront bewegt sich schnell, eine Warmfront kommt nur langsam voran. An der so genannten Polarfront prallen kalte polare Luftmassen und warme tropische Luftmassen aufeinander. Wenn sich die warme Luft in die kalte Luft schiebt, entsteht ein Tiefdruckgebiet, d. h. ein Gebiet mit niedrigem Luftdruck. Es wird verursacht von aufsteigender Luft, die abkühlt. Der in ihr enthaltene Wasserdampf kondensiert – es regnet oder schneit.

Ein Hochdruckgebiet ist ein Gebiet mit relativ hohem Luftdruck. Es wird durch Abkühlung verursacht. Wenn kühle Luft sinkt, nimmt der Druck zu, die tiefer liegende Luft wird zusammengedrückt und erwärmt sich dadurch. Hochdruck führt daher zu Erwärmung, Wolkenauflösung und Austrocknung, denn wenn Luft sinkt und sich erwärmt, verdunstet ihr Wasser.

Schönes Wetter gibt es im Allgemeinen unter Hochdruckeinfluss, d.h. wenn die Luft absinkt. Schlechtes Wetter herrscht meist in Tiefdruckgebieten, in denen die Luft aufsteigt. Den atmosphärischen Druck für Wettervorhersagen misst man in Millibar (mbar). Der Druck in der Atmosphäre ist ungefähr 1 bar (1.000 mbar).

153. Wer ist schneller „erkältet"?

Du brauchst:
- 1 leeres Trinkglas
- 1 Trinkglas mit Wasser gefüllt
- 1 Kühlschrank

Und so wird's gemacht:
1. Stelle beide Gläser in den Kühlschrank.
2. Hole die Gläser nach ca. 15 Minuten wieder heraus und befühle sie.

Was wird geschehen?
Das mit Wasser gefüllte Glas fühlt sich wärmer an als das leere Glas.

Warum denn das?
Auch im leeren Glas befindet sich etwas: Luft. Sie gibt ihre Wärme aufgrund ihrer geringen Wärmekapazität schneller ab als Wasser. Das Wasser im Glas speichert die Wärme und hält so auch das Glas länger warm.

154. Trübe Tasse

Du brauchst:
- 1 Trinkglas mit Wasser gefüllt
- Eiswürfel
- 1 Lupe

Und so wird's gemacht:
Lasse in das Glas einige Eiswürfel fallen und achte auf die Außenwand.

Was wird geschehen?
Die äußere Glaswand wird trüb. Unter der Lupe sieht man viele winzige Wassertröpfchen, die immer größer werden und schließlich am Glas herunterrinnen.

Warum denn das?
Luft enthält fast immer unsichtbaren Wasserdampf. An kalten Stellen (z. B. an der kühlen Glaswand) verdichtet er sich zu kleinen Tröpfchen und schlägt sich nieder. Man sagt, der Wasserdampf „kondensiert".

155. Vom Winde verweht

Du brauchst:
- 1 Trinkhalm
- 1 Schere
- Karton
- 1 Stecknadel
- 1 Bleistift mit Radiergummi
- Buntpapier (vier verschiedene Farben)
- Klebeband oder Klebstoff
- 2 Blumendrahtstücke (je 20 cm lang)
- Knete
- 1 Kompass

Und so wird's gemacht:
1. Drücke eine Hand voll Knete auf eine abwaschbare Unterlage (z. B. eine Untertasse).
2. Schneide in den Trinkhalm eine Kerbe von ca. 2,5 cm Länge, wie in der Abbildung gezeigt.
3. Schneide aus dem Karton eine Trapezform aus und klebe sie in die Kerbe.
4. Stecke die Stecknadel durch den Trinkhalm und in den Radiergummi des Bleistifts. Der Strohhalm sollte sich dabei um seine Achse (Stecknadel) drehen können.
5. Wickle um den Bleistift unterhalb des Radiergummis die Blumendrahtstücke und richte die vier Drahtenden mit dem Kompass in die vier Himmelsrichtungen aus. Kennzeichne die vier Himmelsrichtungen mit festgeklebtem, farbigen Buntpapier, indem du für jede Himmelsrichtung eine Farbe wählst.
6. Drücke den Bleistift mit der Spitze nach unten in die Knete und stelle deinen „Wetterhahn" in den Garten oder ans offene Fenster, an eine Stelle eben, an der Wind weht.

Was wird geschehen?
Der Trinkhalm dreht sich und bleibt dann in einer Richtung stehen. Je nach Wind kann er schon bald wieder seine Richtung ändern.

Warum denn das?
Der Wind drückt den am Trinkhalm befestigten Karton zur Seite. Die Windrichtung kannst du ablesen, denn das Ende des Trinkhalms zeigt genau in die Richtung, aus der der Wind weht.

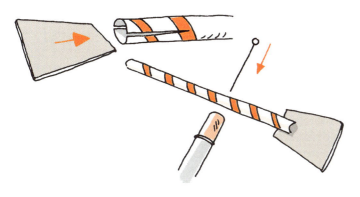

156. Astreiner Windmesser

Du brauchst:
- kräftige Pappe
- 1 Schere
- 4 Pappbecher
- 1 Stopfnadel
- 1 kurzen Bleistift mit Radiergummi
- 1 leere Garnspule
- 1 Holzbrett
- Klebeband
- Klebstoff
- Knete

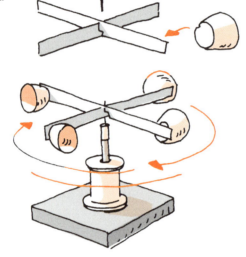

Was wird geschehen?
Das Pappkreuz dreht sich.

Warum denn das?
Die Windkraft fängt sich in den abgeschnittenen Pappbechern und versetzt sie in Bewegung. Die Windgeschwindigkeit ist umso höher, je öfter sich das Pappkreuz pro Minute dreht.

Tipp: Falls sich das Kreuz bei Wind nicht dreht, muss das Loch in der Mitte des Pappkreuzes vielleicht etwas weiter gemacht werden.

Wenn du mehr wissen willst:
Windmesser nennt man auch Anemometer. Sie messen die Geschwindigkeit des Windes. Die Schalenkreuzanemometer funktionieren ähnlich wie der Windmesser in unserem Versuch. Ein dreiarmiges Schalenkreuz, an dem halbkugelförmige Hohlschalen befestigt sind, dient als Messfühler. Die Windgeschwindigkeit ist umso höher, je öfter sich das Kreuz pro Minute dreht. Die Messwertübertragung erfolgt elektromagnetisch. Auf der Achse des Schalenkreuzes ist ein Dynamo aufgesetzt, dessen erzeugte Spannung proportional zur Umdrehungsfrequenz ist. Die Windgeschwindigkeit wird mit einem elektrischen Schreibgerät registriert.

Und so wird's gemacht:
1. Klebe die Garnspule auf das Holzbrett.
2. Schneide zwei Pappstreifen in der Größe von 5 x 45 cm. Kerbe beide Streifen in der Mitte ein, wie in der Abbildung gezeigt, und stecke sie wie ein Kreuz ineinander.
3. Bohre eine dünne, lange Stopfnadel durch die Mitte des Pappkreuzes.
4. Verkürze jeden Pappbecher mit Hilfe der Schere und klebe jeweils einen mit der Unterseite an ein freies Ende des Kreuzes.
5. Drücke das Nadelöhr des Pappkreuzes in den Radiergummi des Bleistifts und stecke diesen in die Mitte der Garnrolle. Stabilisiere den Bleistift in der Garnrolle mit Knete.
6. Stelle den Windmesser in den Wind.

157. Regenmesser

ZEITINTENSIV

Du brauchst:
- Wasser
- Messbecher
- 1 hohes, durchsichtiges Plastikgefäß
- 1 Trichter, im Durchmesser passend zum Plastikgefäß
- 1 Schere
- 1 Lineal
- 1 wasserfesten Filzstift

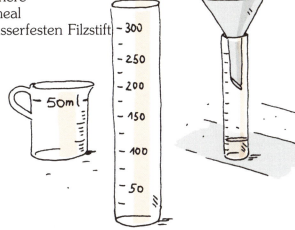

Und so wird's gemacht:
1. Miss mit dem Messbecher 50 ml Wasser ab und gieße es in das Plastikgefäß.
2. Markiere den Wasserstand außen an der Wand des Plastikgefäßes mit dem Filzstift.
3. Wiederhole die Arbeitsschritte 1. und 2. mehrmals, bis das Gefäß voll ist.
4. Gieße das Wasser aus dem Plastikgefäß und stecke einen passenden Trichter darauf.
5. Stelle das Gefäß mit dem Trichter ins Freie, an eine Stelle, die bei Regen nass wird.

Was wird geschehen?
Nach einiger Zeit hat sich Regenwasser in deinem Messgefäß angesammelt.

Warum denn das?
Der Regen fällt in die Flasche. An deiner Messskala kannst du ablesen, wie groß die Niederschlagsmenge an dieser Stelle an einem Tag, in einer Woche, in einem Monat bzw. in mehreren Monaten ist.

158. Wärmemessung

Du brauchst:
- 1 Außenthermometer
- 1 Stapel Bücher
- Papier
- Bleistift
- 1 Taschenlampe (als Ersatzsonne)
- 1 Uhr

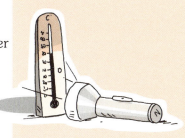

Und so wird's gemacht:
1. Merke dir die Temperatur, die das Außenthermometer vor dem Versuch anzeigt.
2. Schalte die Taschenlampe an und stelle das Thermometer direkt vor den Lichtstrahl, sodass die Skala ablesbar ist. Notiere dir den gezeigten Wert nach drei bis vier Minuten.
3. Halte nun das Thermometer unter Wasser, sodass die Temperatur wieder absinkt. Merke dir erneut den Wert.
4. Lehne das Thermometer nun gegen den Stapel Bücher und lass die Taschenlampe in einer Entfernung von ca. 30 cm darauf scheinen. Lies das Thermometer wieder nach drei Minuten ab.
5. Vergleiche, um wie viel Grad sich die Temperatur nach Bestrahlung durch die Taschenlampe erhöht hat.

Was wird geschehen?
Die Temperatur erhöht sich, wenn das Thermometer direkt an die Taschenlampe lehnt und direkt vom Lichtstrahl getroffen wird. Wenn das Thermometer in einer Enterfung von 30 cm beschienen wird, erhöht sich die Temperatur kaum.

Warum denn das?
Wenn Licht auf eine Fläche trifft, erhöht sich die Temperatur auf dieser Fläche. Je größer die angestrahlte Fläche und je weiter entfernt die Lichtquelle ist, desto geringer ist die Temperaturerhöhung.

159. Der schwebende Tischtennisball

Du brauchst:
- 1 Föhn
- 1 Tischtennisball

Und so wird's gemacht:
1. Stecke den Stecker in die Steckdose und halte die Öffnung des Föhns senkrecht nach oben.
2. Schalte den Föhn an und wirf einen Tischtennisball in den warmen Luftstrom.

Was wird geschehen?
Der Tischtennisball schwebt frei in der Luft.

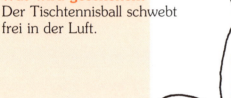

Warum denn das?
Nach dem Bernoullischen Gesetz herrscht im Luftstrom ein geringerer Druck als außerhalb. Sobald der Ball nach außen ausbrechen will, drückt ihn der seitliche Luftdruck der Außenluft wieder zurück.

So wie der Tischtennisball vom warmen Luftstrom des Föns getragen wird, lassen sich auch Wassertröpfchen in den Wolken von Luftströmungen in den Aufwinden tragen. Wenn sie zu schwer werden, fallen sie als Niederschlag (Regen oder Schnee) zu Boden.

160. Potzblitz!

Du brauchst:
- 1 Kamm aus Plastik
- 1 Türknauf aus Metall
- 1 Wollpullover oder Wollschal
- 1 verdunkeltes Zimmer

Und so wird's gemacht:
1. Reibe in einem abgedunkelten Zimmer mit dem Wollpullover über den Kamm.
2. Halte den Kamm sofort an den Türknauf.

Was wird geschehen?
Es entsteht ein Funke.

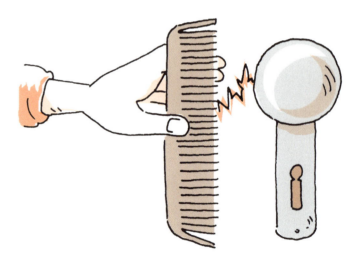

Warum denn das?
Der Kamm wird durch Reibung an Wolle elektrisch geladen. Wenn die Ladung auf den Türknauf übergeht, entsteht ein Funke.

161. Es blitzt

Du brauchst:
- 1 große flache Backform aus Metall
- 1 Knete
- 1 Plastikset (Unterlage)
- 1 Münze

Und so wird's gemacht:
1. Drücke eine Hand voll Knete auf die Backform, sodass sie fest daran haftet.
2. Stelle die Backform auf das Plastikset und reibe sie auf dieser Unterlage herum, indem du ausschließlich die Knete berührst.
3. Hebe die Form am „Knetegriff" hoch, ohne die Form mit den Händen zu berühren.
4. Halte eine Münze an eine Ecke der Backform, am besten in einem verdunkelten Zimmer.

Wenn du mehr wissen willst:
Ein Gegenstand wird negativ geladen, wenn seine Atome Elektronen aufnehmen. Er wird positiv geladen, wenn seine Atome Elektronen abgeben. Statische Elektrizität entsteht, wenn Ladungen nicht fließen, sondern an einem Ort bleiben. Sie kann einen leichten elektrischen Schlag verursachen.

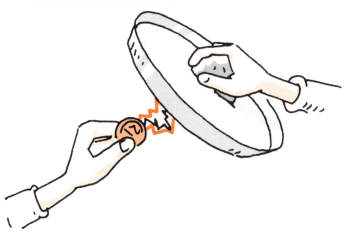

Was wird geschehen?
An der Ecke der Backform entsteht ein Funke, du spürst an der Hand einen leichten Schlag.

Warum denn das?
Durch das Reiben an der Plastikunterlage ist die Backform negativ geladen. Wenn man die Münze an die Backform hält, gehen die überschüssigen negativen Ladungen über die Luft von der Backform auf die Münze und von dort auf deine Hand über.

162. Ein ganz „durchschnittliches" Hagelkorn

Du brauchst:
- 1 Hagelkorn
- Zeitungspapier
- 1 Hammer
- 1 Lupe

Und so wird's gemacht:
1. Lege Zeitungspapier aus und lege das Hagelkorn darauf.
2. Schlage mit dem Hammer auf das Hagelkorn.
3. Nimm eine Lupe und betrachte das halbierte Hagelkorn.

Was wird geschehen?
Du erkennst, dass das Hagelkorn aus mehreren Ringen aufgebaut ist.

Warum denn das?
Hagel- und Graupelkörner sind gefrorene Regentropfen. Heftige Winde tragen die Regentropfen in kältere Luftschichten, wo sie zu Eis gefrieren. Wenn sie von dort mit dem Wind in noch kältere Eisschichten verweht werden, bildet sich eine weitere Eisschicht. Dieser Vorgang kann sich mehrmals wiederholen, bis die Hagelkörner zu schwer geworden sind und auf die Erde fallen.

Sommergewitter sind Wärmegewitter. Sie sind vom Tagesgang der Sonne abhängig und entstehen meist am Nachmittag. Im Sommer erwärmt sich die Luft am Boden sehr schnell. Sie steigt auf und drückt gegen die über ihr liegenden Luftschichten. So entstehen Konvektionsströme. In ihrem Zentrum steigt warme Luft auf, während seitlich kalte Luft absinkt. Wenn die Luft oben sehr kalt ist, kann die warme Luft sehr hoch aufsteigen. Wenn beide Luftschichten (am Boden und in der Höhe) feucht sind, können sich Gewitterwolken bilden. An der Oberseite der Wolke ist die Luft wegen der großen Höhe sehr kalt. Die Tröpfchen gefrieren und werden zu Hagelkörnern. Wenn sie zu schwer werden, fallen sie als Regen oder Hagel auf die Erde.

Wenn du mehr wissen willst:
Hagel ist Niederschlag in Form von Eiskugeln oder Eisklumpen. Der Schalenaufbau der Eiskugeln entsteht durch mehrmaliges Auf- und Absteigen in unterschiedlich kalten Wolkenschichten. Hagelschläge sind meistens zeitlich begrenzt und dauern weniger als 15 Minuten. Dennoch können sie große wirtschaftliche Schäden (vor allem in der Landwirtschaft) anrichten. Hagelkörner können größer als Tischtennisbälle werden. Das größte bislang gefundene Hagelkorn hatte einen Durchmesser von 0,44 m!

Graupelkörner sind gefrorene Regentropfen, die sofort nach dem Gefrieren auf den Boden fallen und deshalb nur eine Eisschicht aufweisen.

163. Donnerkrachen

Du brauchst:
- 1 Papiertüte
- 1 Gummiring

Und so wird's gemacht:
1. Blase die Tüte wie einen Luftballon auf. Binde sie mit einem Gummiring zu.
2. Lege die aufgeblasene Tüte zwischen deine beiden Hände auf den Tisch, klatsche mit beiden Händen kräftig dagegen, sodass die Tüte platzt.

Wenn du mehr wissen willst:
Blitze sind riesige elektrische Funken, Lichtzuckungen am Himmel. Sie werden durch starke Luftströmungen (Winde) in Gewitterwolken verursacht. Winde wirbeln die Wolkenteilchen durcheinander und laden sie elektrisch auf. Wenn die elektrische Ladung der Wolken zu stark ist, entsteht ein Blitz, d. h. ein Funkenüberschlag. Wenn es am Himmel blitzt, erwärmt sich die Luft in der Umgebung des Blitzes und dehnt sich aus. Die bewegte Luft erzeugt einen Knall. Man hört einen Donnerschlag, d. h. ein krachendes, rollendes Geräusch als Folge der Blitzentladung. In weiterer Entfernung vom Ort des Blitzeinschlags hört man ein Donnergrollen. Es wird von Schallwellen verursacht, die von dem Ort, an dem sich der Blitz entladen hat, ausgehen und sich in der Luft ausbreiten. Aus dieser Zeit zwischen Aufleuchten eines Blitzes und dem Einsetzen des Donners lässt sich die Entfernung der Blitzentladung abschätzen. Sie beträgt bei einem Zeitintervall von drei Sekunden ungefähr einen Kilometer.

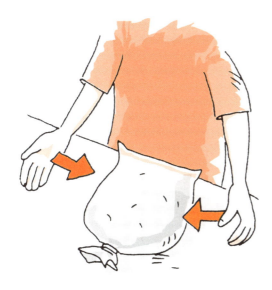

Was wird geschehen?
Beim Platzen der Tüte entsteht ein lauter Knall.

Warum denn das?
Immer, wenn man Luft in Bewegung, in Schwingung versetzt, entsteht ein Geräusch, ein Ton.

164. Minitornado

Du brauchst:
- 1 drehbare Kuchenplatte
- 1 Glas
- Klebeband
- Schere
- Mineralwasser mit Kohlensäure
- Salz

Und so wird's gemacht:
1. Stelle das Glas in die Mitte der Kuchenplatte und befestige es dort mit Klebebandstreifen.
2. Fülle das Glas mit Mineralwasser.
3. Drehe die Kuchenplatte und lasse eine kräftige Prise Salz ins Mineralwasser fallen.

Was wird geschehen?
Du siehst im Wasser ein rüsselförmiges Band, das senkrecht von unten nach oben zieht.

Warum denn das?
Wenn sich Salz in kohlensäurehaltigem Wasser löst, wird Kohlendioxid in Form von Gasbläschen freigesetzt. Die Gasbläschen bilden eine rüsselähnliche Form. So ähnlich sieht ein Tornado am Himmel aus.

165. Noch ein Tornado

Du brauchst:
- Wasser
- Lebensmittelfarbe oder eine Tintenpatrone
- 1 hohes Einmachglas
- 1 Löffel

Und so wird's gemacht:
1. Fülle das Glas zu 3/4 mit Wasser.
2. Rühre das Wasser im oberen Drittel mit dem Löffel kräftig um, sodass es sich sehr schnell dreht.
3. Tropfe ins Zentrum der Drehbewegung etwas Lebensmittelfarbe oder Tinte.

Was wird geschehen?
Der Wasserstrudel wird sichtbar.

Warum denn das?
So wie der gefärbte Wasserstrudel bewegt sich auch die Luft in einem Tornado. Der Rüssel des Tornados beginnt hoch oben in der Luft. Er besteht aus sich spiralförmig nach unten drehenden Winden.

166. Im Strudel

Du brauchst:
- 1 Waschbecken
- Lebensmittelfarbe oder Tinte

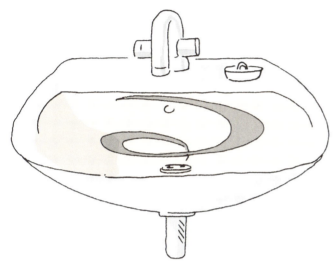

Und so wird's gemacht:
1. Drücke den Stöpsel in den Abfluss des Waschbeckens und lasse Wasser ein.
2. Warte, bis die Wasseroberfläche ruhig ist, und ziehe dann den Stöpsel wieder heraus.
3. Tropfe etwas Lebensmittelfarbe oder Tinte über dem Abfluss ins Wasser und beobachte, wie das Wasser abfließt.

Was wird geschehen?
Das abfließende Wasser bildet einen Strudel, der durch das gefärbte Wasser deutlich zu erkennen ist.

Warum denn das?
Wenn sich Wasser dreht, entsteht in dessen Zentrum ein Wirbel. Er beginnt oben, setzt sich nach unten fort und bildet so einen bis zum Abfluss reichenden Trichter mit starken Strömungen.

Wenn du mehr wissen willst:
Das Wort „Tornado" kommt aus dem spanischen „tornar" = drehen. Ein Tornado ist ein heftiger Wirbelsturm, der vor allem in den USA auftritt, aber – seltener und kleinräumiger – auch in Europa vorkommt.

Tornados entstehen meist in der warmen Jahreszeit in Verbindung mit Gewitterwolken. Die von der heißen Erdoberfläche erhitzte Luft steigt auf und gerät durch örtlich starke Aufwinde in eine Kreisbewegung mit nach innen zunehmender Windgeschwindigkeit. Am Himmel entsteht eine rüsselförmige Figur, die mit Wasserdampf und aufgewirbeltem Staub gefüllt ist und die sich von der Wolke hoch am Himmel bis unten auf den Boden erstreckt.

Im Durchmesser sind Tornados meist weniger als 100 m groß, können aber erhebliche Schäden anrichten, d. h. Häuser zerstören, Bäume entwurzeln und Autos durch die Luft wirbeln. Tornados, die über dem Meer oder einem See tosen, nennt man auch Windhosen.

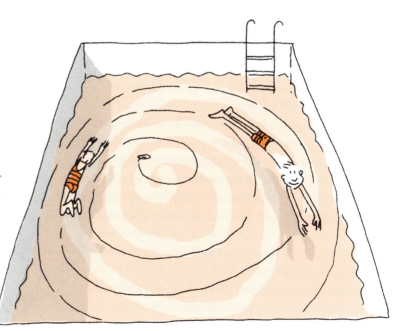

167. Steinschleuder

Du brauchst:
- 1 langen Bindfaden
- 1 Stein (Eigröße) oder 1 Jojo

Wenn du mehr wissen willst:
Hurrikans sind tropische Wirbelstürme. Auch sie ziehen nach außen, weg vom Zentrum. Erreichen die Winde eine hohe Geschwindigkeit, entsteht in der Mitte ein wolkenloses, windstilles Loch mit einem Durchmesser von bis zu 16 km. Um das Loch herum wehen Winde mit einer Geschwindigkeit von bis zu 240 km pro Stunde. Hurrikans entstehen, wenn feuchtwarme Luftmassen über tropischen Gewässern in große Höhen, d.h. über 1.800 m aufsteigen. Die Feuchtigkeit kondensiert, es regnet. Dabei wird Wärmeenergie frei. Es bildet sich eine bis zu 80 km hohe Luftsäule, Gewitterwolken entstehen. Dann strömt Luft von außen nach, um die aufsteigende Luft zu ersetzen. Aufgrund der Erdrotation entsteht ein Luftwirbel um die Säule, der wieder Feuchtigkeit vom Meer aufnimmt, die wieder in den Sog nach oben gerät, kondensiert und noch mehr Energie freisetzt.

Und so wird's gemacht:
1. Binde den Bindfaden sorgfältig am Stein fest.
2. Schleudere den an der Schnur hängenden Stein oder das Jojo über deinem Kopf im Kreis herum. (Sei dabei vorsichtig, damit du nicht versehentlich jemanden oder gar dich selbst verletzt!).

Was wird geschehen?
Der Stein scheint an der Hand, die den Faden hält, zu ziehen. Je schneller du den Stein kreisen lässt, desto stärker zieht er.

Warum denn das?
Wenn sich ein Gegenstand auf einer Kreisbahn bewegt, zieht ihn die Zentrifugalkraft (vgl. S. 79/Exp. 113) nach außen. Du selbst musst ziehen, d. h. die Zentripetalkraft aufbringen, um den Stein auf der Kreisbahn zu halten.

168. Rauchfang

Hier brauchst du die Hilfe eines Erwachsenen!

VORSICHT!

Du brauchst:
- 2 Marmeladengläser
- heißes Wasser
- kaltes Wasser
- 1 Bierdeckel
- Streichhölzer
- 1 Stück Bindfaden

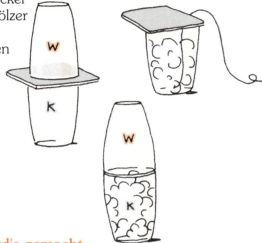

Und so wird's gemacht:
1. Spüle ein Glas mit heißem, das andere mit kaltem Wasser aus. Trockne jedes Glas ab.
2. Lege den Bierdeckel auf die Öffnung des kalten Glases und stell das warme Glas kopfüber darauf.
3. Zünde ein Schnurende an und leite den Rauch in das untere Glas, bis dieses voll davon ist.
4. Stelle das andere Glas wieder darauf und entferne dann den Bierdeckel.

Was wird geschehen?
Befindet sich das kalte Glas unten, kann der Rauch nicht aufsteigen.

Warum denn das?
Kalte, dichtere Luft sinkt ab. Wenn die kalte Luft unterhalb der warmen Luft gefangen ist, kann der Rauch nicht aufsteigen. Befindet sich dagegen das warme Glas unten, steigt der Rauch von unten nach oben auf.

Wenn du mehr wissen willst:
An der Untergrenze einer absinkenden Luftschicht entsteht eine so genannte Inversion, d.h. die Temperatur steigt in zunehmender Höhe an, anstatt (wie üblich) abzusinken. Die warmen Luftmassen verhindern eine Durchmischung und bilden eine Sperrschicht, die Staubpartikel und Gase daran hindern aufzusteigen. Sehr auffällig sind Inversionslagen im Winter, wenn in den Niederungen neblig trübes, nasskaltes Wetter herrscht, während im Gebirge die Sonne am wolkenlosen Himmel scheint.

Das Wort „Smog" stammt aus dem Englischen und ist eine Zusammensetzung der Begriffe „smoke" (Rauch) und „fog" (Nebel). Man umschreibt damit eine erhöhte Schadstoffkonzentration in der Luft verbunden mit Dunst- und Nebelbildung. Smog kann zu Erkrankungen der Atemwege und zu Kreislaufstörungen führen. Ursache der Smogbildung ist eine anhaltende austauscharme Wetterlage (Inversionslage). Man unterscheidet den so genannten London-Smog, d.h. einen mit Schwefeldioxid und Ruß beladenen Nebel, der sich vor allem an nasskalten trüben Herbst- und Wintertagen bildet, und den Los-Angeles-Smog, der tagsüber durch Sonneneinstrahlung aus Abgasen gebildet wird.

169. El Niño

Du brauchst:
- Lebensmittelfarbe oder Tinte
- Wasser
- 1 leeres Aquarium oder großen Behälter

Und so wird's gemacht:
1. Fülle den Behälter mit Wasser.
2. Erhitze Wasser und färbe es mit Lebensmittelfarbe oder Tinte.
3. Tropfe das heiße, farbige Wasser auf die Wasserschicht im Behälter. (Es bildet sich eine farbige Oberflächenschicht, die sich nach unten ausdehnt.)
4. Puste auf die farbige Oberflächenschicht. Höre nach einer Minute auf zu pusten und beobachte, was geschieht.

Wenn du mehr wissen willst:
Alle paar Jahre, meist um die Weihnachtszeit herum, ist im Pazifischen Ozean ein Naturereignis zu beobachten, das zu Massensterben der Fischbestände an der Küste Perus führt. Man nennt dieses Naturereignis „El Niño". El Niño kommt aus dem Spanischen und bedeutet „das Christkind". Ursache für El Niño sind Veränderungen von Windströmungen. Unter normalen Bedingungen setzen Passatwinde warmes Oberflächenwasser in Bewegung. Sie treiben den Äquatorialstrom westwärts. So bildet sich im Westen (vor Indonesien) eine dicke Schicht warmes Wasser und vor Südamerika kühles Wasser. Alle paar Jahre ändert sich dieser Vorgang. Die Passatwinde werden schwächer, die im Westen angestauten warmen Wassermassen setzen sich nach Osten in Bewegung und breiten sich entlang der Küsten Ecuadors und Perus aus. Es bildet sich eine dicke Schicht von warmem, nährstoffarmen Oberflächenwasser. Kaltes Wasser aus dem Meeresboden kann nun nicht mehr aufsteigen und in den oberen Meeresschichten kommt es zu Sauerstoffschwund und Fischsterben.

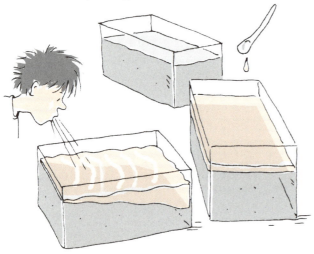

Was wird geschehen?
Es bilden sich zwei unterschiedliche Wasserschichten.

Warum denn das?
Beim Pusten staut sich das Wasser auf einer Seite, es bildet sich eine tiefe Schicht mit farbigem Wasser, auf der anderen (dir zugewandten) Seite bildet sich eine dünne Schicht. Wenn du mit dem Pusten aufhörst, setzt „El Niño" ein, das farbige Wasser fließt in die andere Richtung zurück.

170. Ein Kiefernzapfen als Wetterfrosch

Du brauchst:
- 2 große, reife Kiefernzapfen
- 1 warmen Heizkörper (Zentralheizung)
- Badezimmer mit feuchter Luft

Und so wird's gemacht:
1. Lege den einen Kiefernzapfen in einem trockenen Raum auf einen warmen Heizkörper.
2. Lege den anderen Kiefernzapfen in ein Zimmer mit feuchter Luft (z. B. ins Badezimmer, nachdem du bei geschlossener Türe lange geduscht hast).

Was wird geschehen?
Der Kiefernzapfen auf dem Heizkörper öffnet sich weit, der im Badezimmer schließt seine hölzernen Schuppen.

Warum denn das?
Die Samen von Kiefern entwickeln sich in den Zapfen. Beim Trocknen öffnet sich der Zapfen und gibt die Samen frei, die mit dem Wind verweht werden.

Nicht nur draußen in der Natur, sondern auch bei dir zu Hause in der Wohnung reagieren Kiefernzapfen auf den Feuchtigkeitsgehalt der Luft. Bei feuchter Luft schließen sich die hölzernen Schuppen, um die darin enthaltenen Samen vor Regen zu schützen. Ist die Luft trocken, öffnen sich die Schuppen, damit der Wind den Samen forttragen kann.

Krabbel-, Kriech- und Flattertierchen

171. Früchtefalle

IM FREIEN

Du brauchst:
- 1/2 Grapefruit oder Orange, ausgehöhlt
- 1 alten, angefaulten Apfel
- 1 Becherlupe

Und so wird's gemacht:
1. Lege die Fruchthälften (mit der ausgehöhlten Seite nach unten) und den angefaulten Apfel im Freien auf den Boden.
2. Kontrolliere die Fruchthälften und den angefaulten Apfel einige Tage lang regelmäßig.

Was wird geschehen?
Im Inneren der Fruchtschalen haben sich verschiedene wirbellose Tierchen angesammelt, die du mit der Becherlupe beobachten kannst.

Warum denn das?
Die Tiere werden durch den Geruch der Früchte angelockt. Im Inneren der Schale befindet sich noch viel Saft, der durch seine Feuchtigkeit ebenfalls eine Lockwirkung ausübt.

Wenn du mehr wissen willst:
Tiere wie Hasen, Amseln, Frösche, Schlangen, Eidechsen und Fische kennst du sicher. Es sind „Wirbeltiere". All diese unterschiedlichen Tiergruppen haben einen knorpeligen oder knöchernen Schädel, ein Achsenskelett (Wirbelsäule), ein hochentwickeltes Zentralnervensystem und ein im Kopf gelegenes Gehirn. Ursprünglich haben alle Wirbeltiere auch zwei Extremitätenpaare (vier Beine), die jedoch rückgebildet sein können (wie z.B. bei den Schlangen). „Wirbellose" ist eine Sammelbezeichnung für alle Tiere, die im Unterschied zu den Wirbeltieren keine Wirbelsäule besitzen. Es gibt viel mehr Wirbellose als Wirbeltiere. Wie viele? Nun ja, neun von zehn aller Tiere gehören zu den Wirbellosen, denn zu ihnen zählen sehr unterschiedliche Tiergruppen: Schwämme, Würmer, Gliederfüßer (Krebse, Spinnen, Insekten), Weichtiere, Kranzfühler, Pfeilwürmer, Hemichordaten, Stachelhäuter, Manteltiere und Schädellose. In Früchtefallen wirst du vor allem Insekten (z.B. Mücken, Käfer, Bienen) und Spinnen finden.

172. Bodenfallen

Du brauchst:
- 1 oder mehrere Partybecher
- 1 Schaufel
- 1 Holzplatte ca. 20 x 30 cm
- 4 Steine pro Holzplatte
- verschiedene Köder wie Käsewürfel, Essig getränkte Watte, Apfelstückchen, Erdnussbutter, Nutella, Wurststücke, Wasser getränkten Würfelzucker
- 1 Becherlupe

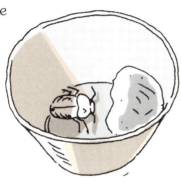

Und so wird's gemacht:
1. Grabe im Wald oder in einer Gartenecke ein Loch in die Erde und stelle den Partybecher hinein. Der Rand muss ebenerdig abschließen.
2. Lege immer eine Ködersorte in einen eingegrabenen Partybecher.
3. Lege die vier Steine um den Partybecher und das Holzbrett als Regendach darüber.

Was wird geschehen?
Viele kleine Tierchen fallen in den Becher und können an der glatten Wand nicht wieder hochklettern. Du kannst sie vorsichtig herausholen und unter der Lupe beobachten.

Warum denn das?
Der Geruch des Köders wird verschiedene wirbellose Tierchen – vor allem Insekten und Spinnen – anlocken.

Wenn du mehr wissen willst:
Insekten und Spinnen zählen zusammen mit den Krebsen zu den Gliederfüßern. Sie sind gekennzeichnet durch einen gegliederten Körper und ein Außenskelett aus Chitin. Atemorgane der Wasser bewohnenden Gliederfüßer (Krebse) sind Kiemen in Form von Ausstülpungen der Gliedmaßen, bei Landbewohnern (Spinnen, Insekten) Einstülpungen der Körperwand (Tracheen). Insekten sind die artenreichste Klasse im Tierreich. Fast drei Viertel aller bekannten Tierarten gehören zu dieser Tiergruppe. Kennzeichen der Insekten sind ein in Kopf, Brust und Hinterleib gegliederter Körper, drei Beinpaare und zwei Flügelpaare, die zum Teil auch rückgebildet sein können. Im Verlauf ihrer Entwicklung vom Ei bis zum flugfähigen Insekt verwandelt sich die Körpergestalt der Tiere. Diese Verwandlung der Insekten nennt man Metamorphose. Sie kann vollkommen (holometabol) oder unvollkommen (hemimetabol) sein. Bei der vollkommenen Verwandlung entwickelt sich aus dem Ei eine Larve, die sich während eines Ruhestadiums in eine so genannte „Puppe" verwandelt. Die äußere Form der Puppe kann ganz unterschiedlich sein. Manche Puppen liegen frei, andere sind geschützt durch Gespinste oder einen Kokon. Aus der Puppe schlüpft das flugfähige Insekt (Imago). Bei der unvollkommenen Verwandlung fehlt das Puppenstadium. Die Larven verwandeln sich ganz allmählich in die Imagines. Spinnen sind luftatmende, meist landbewohnende Gliederfüßer, aber keine Insekten. Sie haben nämlich vier Paar Beine und einen zweigeteilten, sackförmigen Körper. Zu den Spinnentieren zählen auch die Weberknechte, Skorpione, Zecken und Milben.

173. Der Retter der Fliegen

Du brauchst:
- 1 Teesieb
- Küchenpapier
- trockenes Salz
- 1 Stubenfliege in einem Wasserglas, die gerettet werden will

Und so wird's gemacht:
1. Fische die Fliege mit dem Teesieb aus dem Wasser.
2. Lege die Fliege zuerst auf Küchenpapier, dann auf einen Teller.
3. Schütte ein Häufchen Salz auf die Fliege.

Was wird geschehen?
Die Fliege wird sich aus dem Salz befreien, die Flügel putzen und wegfliegen.

Warum denn das?
Salz ist hygroskopisch, d.h. es zieht Wasser an. Das trockene Salz hat das Wasser aus den Tracheen, den Atemorganen der Fliege, herausgesogen. Nun sind die Atemröhren wasserfrei, das Tier kann wieder atmen, sich säubern und wegfliegen.

Wenn du mehr wissen willst:
Tracheen sind dünne, immer mit Luft gefüllte röhren- oder sackförmige Einstülpungen der Körperhaut, die der Atmung dienen. Sie beginnen an der Körperoberfläche mit besonderen Öffnungen, den Stigmen. Bei den Insekten sind sie mit einem Verschlussmechanismus versehen. Im Körperinneren verzweigen sich die Tracheen als Röhrentracheen und Tracheenäste. Die feinen Endverzweigungen, die Tracheolen, münden in feinste Tracheenkapillare. Die in den Tracheen und Tracheolen mitgeführte Atemluft geht durch Diffusion in das umgebende Gewebe bzw. ins „Insektenblut", die Hämolymphe, über.

174. Faltervergleich

Du brauchst:
- Papier
- Bleistift
- 1 Wiese mit vielen bunten Blumen
- 1 kurz geschnittenen Rasen im Park (ohne Blumen und Kräuter)
- sonniges Wetter

Und so wird's gemacht:
1. Setze dich an einem sonnigen, windstillen und nicht zu schwülen Tag ungefähr eine halbe Stunde lang zuerst auf eine bunte Blumenwiese, dann auf einen Rasen. Schreibe auf, wie viele Schmetterlinge und wie viele unterschiedliche Arten du auf beiden Flächen beobachten kannst.
2. Vergleiche die Zahl der Schmetterlinge.

Was wird geschehen?
Auf der Blumenwiese tummeln sich im Unterschied zum Parkrasen viele verschiedene Arten von Schmetterlingen. Die Gesamtzahl der Einzeltiere ist erheblich höher als auf dem Parkrasen.

Warum denn das?
Der Parkrasen ist als Lebensraum für Schmetterlinge nicht geeignet. Hier fehlen nämlich sowohl Raupenfutterpflanzen für die Eiablage als auch Blüten, an denen die Falter Nektar saugen können.

175. Verlockend!

IM FREIEN

Du brauchst:
- Papier in verschiedenen Farben
- Zirkel
- Wasser
- mehrere Glasschälchen
- Zucker
- Wasser
- sonniges Wetter ab April

Und so wird's gemacht:
1. Ziehe auf den verschieden farbigen Papieren mit dem Zirkel einen Kreis (Durchmesser ca. 15 cm) und schneide diesen aus.
2. Fülle in jedes deiner Glasschälchen Zucker und gieße Wasser darauf. Die Lösung soll süß schmecken.
3. Lege die bunten Papierkreise im Garten (oder auf dem Balkon) auf einen Tisch und stelle auf jeden Farbkreis ein Glasschälchen mit Zuckerwasser.

Was wird geschehen?
Einzelne Bienen werden herbeifliegen und das Zuckerwasser entdecken. Nach und nach kommen immer mehr Bienen.

Warum denn das?
Bienen können mit ihren hochentwickelten Komplex- bzw. Facettenaugen viele Farben wahrnehmen, die Menschen nicht sehen können. Ihr Sehvermögen erstreckt sich bis in den Bereich des UV-Lichts. Vom Duft und den bunten Farben angelockt, lassen sich die Bienen auf einer Blüte oder wie in unserem Fall, auf dem Zuckerwasser nieder. Mit ihren Geschmackshärchen an den Füßen erkennen sie, dass es sich um eine brauchbare Futterquelle handelt. Sie fliegen zurück zu ihrem Bienenstock und melden den anderen Arbeiterinnen durch Tänze, wo sich die Nahrungsquelle befindet. Von welchen Farben werden die Bienen am meisten angezogen, was meinst du?

Wenn du mehr wissen willst:
Bienen sind Insekten mit vollkommener Verwandlung. Aus dem Ei schlüpft eine Larve, die sich im Lauf ihrer Entwicklung mehrmals häutet. Das letzte Larvenstadium entwickelt sich zur so genannten freien Puppe, die weichhäutig und farblos ist. Aus ihr schlüpft das ausgewachsene Insekt (Imago), die Biene. Das Bienenvolk umfasst über 50.000 Tiere. Die Königin ist das einzige fruchtbare weibliche Tier im Bienenstaat. Die Drohnen werden nach der Begattung der Königin aus dem Bienenstaat vertrieben. Die Königin legt nach dem Hochzeitsflug in den Sommermonaten täglich 500-2.000 Eier. Aus unbefruchteten Eiern entwickeln sich Drohnen, aus befruchteten Eiern Arbeiterinnen. Den größten Teil bilden dabei die Arbeiterinnen, die im Staat für die Aufzucht der Brut, das Eintragen von Nahrung und Baumaterial und die Errichtung der aus sechseckigen Zellen bestehenden Waben zuständig sind. Bei starker Vermehrung eines Volkes schwärmt die alte Königin kurz vor dem Ausschlüpfen der Jungköniginnen mit einem Teil der Arbeiterinnen aus, um ein neues Nest zu suchen.

176. Eine Wohnung für Hummeln

IM FREIEN

Du brauchst:
- 1 kleinen Blumentopf mit Loch am Boden
- Sägespäne
- 4 kleine Steine oder Korken
- 1 Platte aus Holz oder Plastik

Und so wird's gemacht:
1. Grabe (im Frühling oder Frühsommer) an einem sonnigen Platz im Garten, am besten in der Nähe blühender Pflanzen, ein Loch in die Erde und bedecke den Boden des Lochs mit Sägespänen.
2. Stelle den Blumentopf mit der Öffnung nach unten in das Loch.
3. Bedecke den Blumentopf seitlich wieder mit Erde, sodass der Blumentopf ebenerdig eingegraben ist, wie in der Abbildung gezeigt.
4. Lege vier Steine um den Blumentopf oder grabe vier Korken ein. Lege die Holzplatte auf die Steine bzw. Korken, sodass das Loch des Blumentopfs vor Regen geschützt ist.
5. Beobachte deinen „Nistplatz" regelmäßig.

Was wird geschehen?
In wenigen Tagen oder Wochen werden Hummeln oder andere bodenbrütende Wildbienen herbeifliegen und sich in dem Erdloch ein Nest bauen.

Wenn du mehr wissen willst:
Hummeln zählen wie die Honigbiene zur Familie der Echten Bienen (Apidae). Die im Herbst begatteten großen Weibchen überwintern in Schlupfwinkeln und suchen an warmen Frühlingstagen nach einem geeigneten Nistplatz. Viele Hummeln fliegen dunkle Stellen und Löcher im Erdreich an und legen dort am Boden im Bewuchs oder in unterirdischen Löchern im Boden ein Nest an. Das innere Dach der ersten Brutanlage wird von der Nestgründerin mit einer wasserundurchlässigen Wachsschicht versehen. Auf einen Klumpen „Bienenbrot" (Pollen und Nektar) werden dann mehrere Eier abgelegt und das Ganze mit einer Wachshaube zugedeckt. Wenn die Larven geschlüpft sind, werden sie mit Bienenbrot und einer Flüssigkeit versorgt. Die Larven verpuppen sich in einem selbstgesponnenen Kokon, aus dem nach einer gewissen Zeit die ausgewachsenen Hummeln (Imagines) schlüpfen.

177. Ameisenstraße

Du brauchst:
- Würfelzucker
- Wasser
- 1 Bogen Pappe
- 4 Steine
- 1 Lupe

Und so wird's gemacht:
1. Befeuchte den Würfelzucker mit Wasser und male mit ihm eine Zuckerspur auf die Pappe.
2. Stelle die Pappe auf ein Waldstück in die Nähe eines Ameisenhaufens und beschwere die Ecken mit Steinen.

Was wird geschehen?
Die Ameisen versammeln sich auf deiner „Duftstraße". Mit der Lupe kannst du noch genauer beobachten, was sie machen.

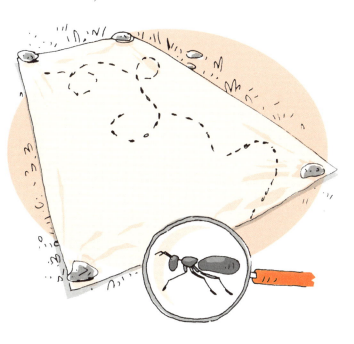

Warum denn das?
Ameisen haben mit ihren Fühlern ein sehr gutes Geruchs-, Tast-, Spür- und „Sprach"-Organ. Auch der Geschmackssinn ist bei ihnen sehr gut entwickelt. Ständig auf der Suche nach Nahrung, transportieren die Ameisen deinen Zucker ab.

Wenn du mehr wissen willst:
Die meisten Ameisenarten leben, wie die Honigbiene, in einem Staat mit einer eierlegenden Königin. Der Hauptteil des Ameisenstaats besteht aus den ungeflügelten Arbeiterinnen. Sie übernehmen die Pflege der Brut, füttern die Königin, bauen das Nest aus und bewachen es. Männchen, die sich aus unbefruchteten Eiern entwickeln, spielen nur kurze Zeit für die Begattung der Königin eine Rolle. Nach dem Hochzeitsflug sterben die Männchen. Ihre Samen speichert die Königin, sie reichen für ein ganzes Leben. Nach dem Hochzeitsflug verliert die Königin ihre Flügel und beginnt mit der Eiablage. Die ersten aus den Eiern schlüpfenden Larven füttert sie selbst, später übernehmen die aus den Puppen schlüpfenden Arbeiterinnen diese Aufgabe.

Obwohl nur die Königin und die Männchen geflügelt und die Flügel der Arbeiterinnen vollständig rückgebildet sind, gehören die Ameisen wie die Bienen und die Hummeln zu den Hautflüglern.

178. Raupenheim

Hier brauchst du die Hilfe eines Erwachsenen!

VORSICHT!

Du brauchst:
- 1 Plastikgefäß mit Deckel
- 1 Wassersprühflasche
- Küchenpapier
- Musselin (luftdurchlässiger Stoff)
- Schere und Messer
- Raupen mit den Pflanzen, auf denen du sie gefunden hast

Und so wird's gemacht:
1. Lass dir von einem Erwachsenen den Rand des Deckels ausschneiden.
2. Schneide den Musselin so zu, dass er den Plastikbehälter gut bedeckt, wenn man ihn über diesen legt.
3. Lege den Plastikbehälter mit Küchenpapier aus und befeuchte ihn mit Wasser aus der Sprühflasche.
4. Lege Zweige in den Behälter und setze die Raupen vorsichtig auf die Blätter.
5. Lege den luftdurchlässigen Stoff über den Behälter und drücke ihn mit dem Plastikrahmen fest.
6. Wenn die Blätter verwelkt sind, musst du sie unbedingt durch frische ersetzen. Denke immer daran, denn du hast hier kleine Lebewesen.

Was wird geschehen?
Die Raupen werden, wenn sie sich sicher in der neuen, ungewohnten Umgebung fühlen, herumkrabbeln, die Blätter fressen, wachsen und sich verwandeln.

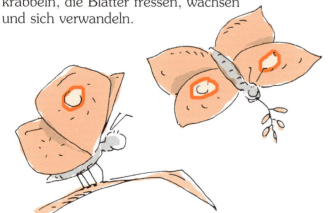

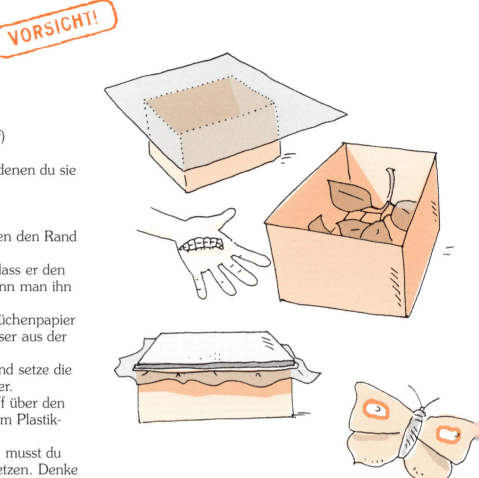

Warum denn das?
Raupen, die sich von Blättern ernähren, können wachsen, sich verpuppen und schließlich in Schmetterlinge verwandeln.

Wenn du mehr wissen willst:
Schmetterlinge sind Insekten mit vollkommener Verwandlung. Aus den Eiern, die ein Schmetterlingsweibchen auf einer Futterpflanze abgelegt hat, entwickeln sich kleine Raupen. Diese ernähren sich von der Futterpflanze, wachsen und häuten sich mehrmals und bauen schließlich einen Kokon oder ein Gespinst, in dem die Verpuppung stattfindet. Im Kokon verwandelt sich die Puppe in das ausgewachsene Insekt (Imago), den Schmetterling, der ausschlüpft, herumflattert, Nektar sucht und sich irgendwann mit einem anderen Schmetterling derselben Art paart.

179. Die Mückenplage

Du brauchst:
- 1 kleines Stillgewässer (Tümpel, Teich)

Wenn du mehr wissen willst:
Wie Bienen, Schmetterlinge und Ameisen sind auch Zweiflügler Insekten mit vollkommener Verwandlung, d. h. sie durchlaufen eine Entwicklung vom Ei- über das Larven- und Puppenstadium bis zur Imago. Die Imagines aller Zweiflügler haben nur zwei Vorderflügel, die meist häutig, durchsichtig und stark geädert sind. Die Hinterflügel sind zu Schwingkölbchen zurückgebildet und dienen zur Steuerung beim Flug. Man unterscheidet zwei große Gruppen: die zarten, schlanken Mückenartigen (Nematocera) mit vielgliedrigen, gleichartigen Fühlern und die Fliegenartigen (Brachycera) mit breiterem, gröberem Körperbau. Die Larven der Zweiflügler entwickeln sich in sehr unterschiedlichen Lebensräumen wie z. B. in Still- und Fließgewässern, in der Humusschicht von Böden, in Blättern von Bäumen, in Früchten, Dung und sich zersetzendem Fleisch.

Und so wird's gemacht:
Beobachte den Teich und achte darauf, welche Wasserinsekten du erkennen kannst.

Was wird geschehen?
Du erkennst winzige, in Schwärmen fliegende Mücken, aber auch größere, häufig einzeln oder paarweise fliegende Insekten.

Warum denn das?
Die Benthosfauna (vgl. S. 128/Exp. 182) von Teichen und anderen Stillgewässern kann sehr vielfältig sein. Unter anderem leben hier die Larven von Wasserinsekten. Nach Ende ihrer Entwicklungszeit fliegen die ausgewachsenen Insekten (Imagines) aus und paaren sich an Land. Nach der Befruchtung legen die Weibchen Eier ins Wasser ab, aus denen Larven schlüpfen. Bei den winzigen in der Luft in Schwärmen herumschwirrenden Mücken handelt es sich meist um Zuckmücken (Chironomiden) und Stechmücken (Culiciden). Zuck- und Stechmücken gehören zu den Zweiflüglern. Außer den Zweiflüglern gibt es noch eine ganze Reihe weiterer Wasserinsekten, die in Stillgewässern leben, wie z. B. Libellen, Wasserkäfer, Eintags- und Köcherfliegen.

180. Steinbewohner

Hier brauchst du die Hilfe eines Erwachsenen!

VORSICHT!

Du brauchst:
- 1 Lupe
- 1 Bach mit steinigem Grund

Und so wird's gemacht:
1. Drehe am Ufer eines Baches große Steine (Durchmesser mindestens 15 cm) um und schaue nach, welche Tierchen sich dort angesiedelt haben.
2. Betrachte die Tierchen unter der Lupe.

Was wird geschehen?
Du wirst viele kleine Tierchen entdecken, die da wohnen.

Warum denn das?
In naturnahen Bächen mit steinigem Grund leben viele verschiedene Tierchen, die an Fließgewässer angepasst sind. Damit sie von der Strömung nicht fortgeschwemmt werden, heften sich einige an der Unterseite von Steinen fest. Hier findet man vor allem die Larven und Puppengehäuse der Köcherfliegen.

Wenn du mehr wissen willst:
Stein-, Eintags- und Köcherfliegen sind keine Fliegen (Zweiflügler), denn sie haben vier Flügel. Ihre Larven lassen sich leicht an den Schwanzanhängen unterscheiden. Steinfliegenlarven haben zwei lange dünne Schwanzanhänge und Eintagsfliegenlarven drei (eine Gattung mit zwei Anhängen ausgenommen). Die meisten Köcherfliegenlarven tragen einen Köcher, d.h. eine selbstgebaute Röhre, die den Hinterleib schützt. Der Köcher wird von der Larve selbst aus Seidengespinst, Pflanzenteilchen, Sandkörnchen, Holzstückchen und Muschel- und Schneckenschalen hergestellt. Kleinlibellenlarven tragen am Hinterleibsende drei Schwanzblättchen, Großlibellenlarven eine aus fünf Stacheln bestehende Pyramide. Wasserinsekten atmen übrigens mit Tracheenkiemen, die bei manchen Vertretern im Brust- oder Kopfbereich, bei anderen am Hinterleib ansetzen.

181. Wer tummelt sich wo?

Hier brauchst du die Hilfe eines Erwachsenen!

VORSICHT!

Du brauchst:
- 1 Küchensieb
- 1 Lupe
- 1 flache Plastikwanne
- 1 Bach mit steinigem Grund und naturnahem Ufer
- 1 ausgebauten Bach mit betoniertem Bachbett

Warum denn das?
Jedes Gewässer weist eine spezifische Besiedlung auf. Die Benthosfauna (vgl. S. 128/Exp. 182) setzt sich aus verschiedenen Tierchen zusammen, die an den betreffenden Lebensraum angepasst sind. In naturfernen, ausgebauten Bächen findest du nur wenige Tiere. Da das Wasser oft sehr schnell fließt, finden hier Insektenlarven, Wasserkäfer, Flohkrebse, Würmer und andere Wirbellose keinen Unterschlupf (z.B. Steine, Nischen, Wasserpflanzen) und werden von der Strömung weggeschwemmt. In naturnahen Bächen mit lichtem Gehölzsaum, ins Wasser hängenden Wurzeln, steinigem Grund und sauberem Wasser leben dagegen viele verschiedene Fließwasserarten. Sie sind wichtig für die Selbstreinigung des Bachs, denn sie fressen abgestorbene Pflanzenreste und anderes sich im Wasser zersetzende organische Material. Mangel an Unterschlupfmöglichkeiten (Strukturarmut) durch Uferbegradigung oder Sohlausbau, aber auch Schadstoffbelastung (Einleitung von Abwässern) kann die Besiedlung von Fließgewässern verändern. Aus der Zusammensetzung der Benthosfauna kann man daher auf die Lebensraumqualität und die biologische Gewässergüte schließen. Benthosorganismen sind damit Bioindikatoren und Zeigerorganismen.

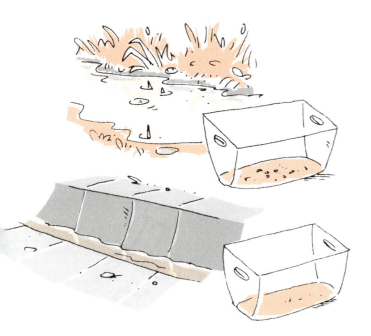

Und so wird's gemacht:
1. Versuche in jedem Bachtyp durch Umdrehen von Steinen möglichst viele Tierchen zu sammeln.
2. Vergleiche die Zahl der gesammelten Tierchen.

Was wird geschehen?
Im naturfernen, ausgebauten Bach entdeckst du nicht so viele und ganz andere Tierchen als im naturnahen Bach.

182. Wer krabbelt denn da?

VORSICHT!

Hier brauchst du die Hilfe eines Erwachsenen!

Du brauchst:
- 1 feinmaschiges Küchensieb
- 1 flachen weißen Plastikteller
- 1 Lupe
- 1 Bachufer mit naturnaher Bachsohle
- 1 Teich oder Tümpel

Und so wird's gemacht:
1. Stelle dich am Ufer eines Bachs ins Wasser und wirble mit den Füßen den Gewässergrund auf.
2. Versuche die aufgewirbelten, im Wasser schwimmenden Sand-, Schlamm- und Pflanzenteilchen im Sieb aufzufangen.
3. Kippe den Inhalt des Siebs auf den Teller und benetze ihn mit Wasser.

Was wird geschehen?
Mit etwas Glück kannst du Larven von Wasserinsekten unter der Lupe beobachten.

Warum denn das?
Im Gewässergrund leben kleine Tiere. Die Lebensgemeinschaft dieser Tiere nennt man Benthos. Jeder Gewässertyp hat seine spezifische Benthosfauna. Bachbewohner sind meist an fließendes, sauerstoffreiches Wasser und steinigen Bodengrund angepasst. Teichbewohner leben dagegen meist in Wasserpflanzen und auf schlammigem Bodengrund. Sie bevorzugen stehendes Wasser.

183. Fruchtfliegenfalle

ZEITINTENSIV

Du brauchst:
- reife Bananen- oder Pflaumenstücke
- 1 Marmeladenglas
- Küchenpapier
- 1 Gummiring

Und so wird's gemacht:
1. Lege die Fruchtstücke in ein Glas und lasse es einige Tage offen an einem hellen, warmen Ort stehen.
2. Lege das Küchenpapier über das Glas und befestige es mit dem Gummiring.
3. Kontrolliere das Glas regelmäßig, mindestens 10 Tage lang.

Was wird geschehen?
Nach zehn Tagen fliegen jede Menge Fruchtfliegen im Glas herum.

Warum denn das?
Als das Glas offen stand, wurden Fruchtfliegen vom Geruch der Früchte angelockt und haben in die Früchte ihre Eier abgelegt. In den Früchten, im abgedeckten Glas, haben sich aus den Eiern Larven und aus den Larven Fruchtfliegen entwickelt.

Wenn du mehr wissen willst:
Die Larven der Frucht- und Taufliegen (Drosophilidae) leben in alkoholischen und sauren Flüssigkeiten, in gärenden Säften, in zerfallenden Früchten, in faulen Kartoffeln, Käse und Toiletten. Schon kurze Zeit nach der Eiablage schlüpfen die Imagines, ca. 1-6 mm große Mücken. Fruchtfliegen sind übrigens Zweiflügler wie die Zuck- und die Stechmücken.

Blätter, Früchte, Kräuterdüfte

184. „Fliegende-Blätter"-Sammlung

Du brauchst:
- Blätter verschiedener Laubbäume (z. B. Eiche, Ahorn, Buche, Ulme, Robinie)
- mehrere dicke Bücher
- Zeitungspapier
- Kleber, Locher, Ringordner

Und so wird's gemacht:
1. Sammle grüne und bunte Blätter und versuche sie zu bestimmen.
2. Presse die schönsten Blätter zwischen Zeitungspapier und dicken Büchern.
3. Klebe die gepressten Blätter auf Tonpapier und beschrifte sie. Loche die beklebten Papierseiten und bewahre sie in einem Ringordner auf.

Was wird geschehen:
Jetzt hast du ein eigenes Biologiebuch über Blätter verschiedener Bäume. Wenn die Blätter richtig gepresst und getrocknet wurden, bleiben sie dir lange erhalten und du kannst immer wieder nachschauen.

Wenn du mehr wissen willst:
Laubbäume sind echte Blütenpflanzen mit richtigen Früchten. Sie gehören zu den Bedecksamern, d. h. ihre Samenanlagen sind von einem Fruchtknoten umschlossen (vgl. S. 131/ Exp. 185). Die verschiedenen Baumarten unterscheiden sich unter anderem in ihrer Gestalt, Rinde, Blattform, im Bau der Blüten und Früchte.

185. Früchterätsel

Du brauchst:
- Früchte verschiedener Pflanzen (z. B. Kastanien, Bucheckern, Eicheln, Walnüsse, Haselnüsse, Erdnüsse, Ahornfrüchte, Äpfel, Pflaumen, Bohnen etc.)
- 1 scharfes Messer

Und so wird's gemacht:
Betrachte die Früchte von außen und schneide sie auf.

Was wird geschehen?
Du siehst, dass jede Frucht mindestens einen Samen hat, der durch die Schale geschützt wird.

Warum denn das?
Früchte sind Organe von höheren Pflanzen, die den Samen umschließen. Man könnte Früchte auch „Blüten im Zustand der Samenreife" nennen. Kron- und Staubblätter sowie der Griffel sind im Fruchtstadium allerdings abgefallen.

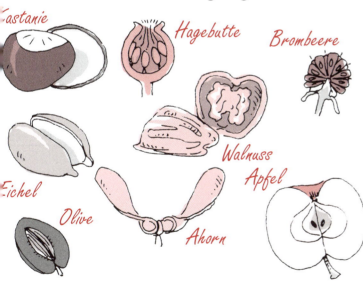

Wenn du mehr wissen willst:
Man unterscheidet zwei große Hauptgruppen:
1. Einzelfrüchte, die aus einem einzigen Fruchtknoten entstehen (z. B. Steinfrüchte, Beeren und Nüsse).
2. Zusammengesetzte Früchte, die aus mehreren Fruchtknoten entstehen (z. B. Erdbeeren, Äpfel und Ananas).

Einzelfrüchte teilt man nach der Samenverbreitung weiter ein in:
1. Spring- und Streufrüchte: Die Früchte öffnen sich nach dem Reifen und lassen dann die Samen frei. Zu dieser Gruppe gehören die Hülsenfrüchte von Bohne und Erbse oder die Kapselfrüchte des Mohn.
2. Schließfrüchte: Die Früchte öffnen sich nach dem Reifen nicht, der Samen wird von einer Fruchtwand umschlossen. Trockene Schließfrüchte sind Nüsse wie z. B. Haselnuss, Eichel und Buchecker. Ihr Samen wird von einer holzigen, ledrigen oder häutigen Fruchtwand umschlossen. Beeren (z. B. Weinbeeren) sind saftige Schließfrüchte. Das saftige Fruchtfleisch umschließt zahlreiche Samen. Nicht nur Weinbeeren, sondern auch die Früchte von Gurken, Tomaten, Paprika und Kürbis bezeichnet der Biologe als Beeren.
3. Bei den Steinfrüchten (z. B. Kirsche, Pfirsich, Aprikose, Walnuss) wird nur der äußere Teil der Fruchtwand fleischig, der innere hart.

Zusammengesetzte Früchte, die aus mehreren Fruchtknoten hervorgehen, kann man weiter untergliedern in:
1. Scheinfrüchte: Die essbare Frucht geht nicht aus dem Fruchtknoten, sondern aus dem Blütenboden hervor. Bei den Scheinfrüchten sind die Blütenstandsachse und andere außerhalb des Fruchtknotens liegende Blütenteile verdickt und fleischig. Beispiele für Scheinfrüchte sind Erdbeeren, Äpfel, Feigen und Ananas. Bei der Erdbeere entwickelt sich der Blütenboden zu einem fleischigen, roten, aufgewölbten Gebilde, auf dem zahlreiche Nüsschen sitzen.
2. Sammelfrüchte: Die einzelnen Fruchtknoten entwickeln sich bei der Reife zu Steinfrüchten wie z. B. bei Brombeeren und Himbeeren.

186. Zapfenkönig

Du brauchst:
- Zapfen von Nadelbäumen (z. B. Fichte, Tanne, Kiefer)
- 1 Lupe

Und so wird's gemacht:
1. Sammle Zapfen.
2. Betrachte sie mit der Lupe und versuche möglichst viele Einzelheiten zu erkennen.

Fichtenzapfen
Kiefernzapfen
Zedernzapfen
Schuppen mit 2 Samen
Lärchenzapfen

Was wird geschehen?
Du wirst feststellen, dass manche Zapfen fest geschlossen und manche leicht geöffnet sind. Das hängt mit der Feuchtigkeit zusammen.

Warum denn das?
Nadelgehölze wie Kiefer, Tanne, Fichte, Zypresse, Mammutbaum und Eibe haben nadelförmige Blätter. Sie sind immergrün. Eine wasserdichte äußere Umhüllung, die Kutikula, schützt sie vor Austrocknung. Im Unterschied zu den Laubgehölzen, die Blüten und Früchte tragen, haben Nadelgehölze „Zapfenblüten". Aus diesem Grund werden die Nadelgehölze Nacktsamer genannt. Der Wind trägt den Blütenstaub vom männlichen zum weiblichen Zapfen, in dem die Befruchtung stattfindet.

187. Gemeines Juckpulver

Du brauchst:
- reife Hagebutten
- 1 Messer
- 1 Teelöffel
- jemanden zum Ärgern

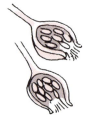

Und so wird's gemacht:
1. Schneide die Hagebutten mit dem Messer in der Mitte durch und kratze mit dem Teelöffel die Kerne heraus.
2. Streue die Kerne dem, den du ärgern willst, unauffällig in den Kragen.

Was wird geschehen?
Die Person wird sich kratzen, denn die Kerne (Nüsschen) jucken. Aber Vorsicht! Die Person wird dich zurückärgern wollen!

Warum denn das?
Die Kerne (Nüsse) der Hagebutte jucken, da sie viele kleine und feine Härchen habe.

Wenn du mehr wissen willst:
Hagebutten sind die Früchte der Rosen. Es sind Sammelnussfrüchte. Die Nüsschen sind in einen fleischigen Blütenboden eingebettet.

188. Lecker!

Du brauchst:
- reife Brombeeren
- 1 Biojoghurt
- etwas Vanillezucker
- 1 Schale
- 1 Löffel

Und so wird's gemacht:
1. Wasche die Brombeeren gründlich.
2. Rühre die Brombeeren unter den Joghurt und mische den Vanillezucker darunter.

Was wird geschehen?
Du bekommst großen Hunger auf deinen Brombeerjoghurt und er wird viel zu schnell leer sein!

Warum denn das?
Brombeeren enthalten viel Vitamin C und Provitamin A, die die Abwehrkräfte des Körpers gegen Krankheiten steigern.

> **Wenn du mehr wissen willst:**
> Brombeeren sind die Früchte des Brombeerstrauchs. Die Brombeerblüte wird von Insekten bestäubt. Nach der Befruchtung welken die Blütenblätter und fallen ab. Reste von Narbe, Griffel und der Fruchtknoten bilden zusammen ein Fruchtblatt. Jedes Fruchtblatt entwickelt sich zu einer Steinfrucht, die als Sammelsteinfrucht auf einem erhöhten Blütengrund sitzt. Aus den Blättern des Brombeerstrauchs kannst du übrigens Tee kochen. Er hilft bei Magen-Darm-Erkrankungen und Verschleimung der Atemwege.

189. Wurzelbärte

Du brauchst:
- 1 Zwiebel
- 1 leeres Marmeladenglas, mit Wasser gefüllt

Und so wird's gemacht:
1. Lege die Zwiebel so auf die Glasöffnung, dass ihre Unterseite ins Wasser reicht.
2. Warte einige Wochen ab und fülle in dieser Zeit ab und zu das verdunstete Wasser nach.

Was wird geschehen?
An dem ins Wasser ragenden Teil der Zwiebel bilden sich Wurzeln aus.

Warum denn das?
Die unterhalb der Zwiebelknospe ansetzenden Wurzeln der Zwiebelpflanze nehmen Wasser auf und wachsen.

> **Wenn du mehr wissen willst:**
> Die Zwiebel ist eine große Knospe der Zwiebelpflanze. Sie besteht aus einer sehr stark verkürzten, kegelförmigen Sprossachse mit schuppenförmigen Blättern. In den essbaren Blättern werden Nährstoffe gespeichert.

190. Grüne Triebe

Du brauchst:
- Radieschen, Rettiche, Karotten, Petersilienwurzeln und anderes frisches Wurzelgemüse
- 1 großen Untersetzer oder Teller
- Küchenpapier, Papierservietten oder Watte
- 1 Wassersprühflasche

Und so wird's gemacht:
1. Lege Küchenpapier, Watte oder eine Papierserviette auf den Untersetzer bzw. Teller.
2. Befeuchte das Küchenpapier gleichmäßig mit der Wassersprühflasche.
3. Schneide vom Wurzelgemüse die Kappen ab.
4. Lege die Gemüsekappen auf das befeuchtete Küchenpapier.
5. Stelle den Teller an einen sonnigen Platz und befeuchte ihn regelmäßig mit der Wassersprühflasche.

Warum denn das?
Die grünen Kappen sind der untere Teil des abgeschnittenen Sprosses der Karottenpflanze. Dieser treibt aus, wenn ausreichend Wasser zur Verfügung steht. Als Energiequelle für das Wachstum nutzt er die in den Wurzelresten gespeicherte Stärke, die unter Sauerstoffverbrauch abgebaut wird. Sind noch genügend grüne Blätter ausgebildet, kann die Pflanze Fotosynthese (vgl. S. 58/Exp. 80+81) betreiben, d. h. aus Kohlendioxid und Wasser unter Lichteinwirkung selbst Zuckerverbindungen herstellen.

Was wird geschehen?
Nach zwei bis drei Tagen haben sich an den Kappen grüne Triebe mit kleinen Blättchen gebildet. Ging schnell, oder?

191. Kartoffellabyrinth

Du brauchst:
- 1 Schuhkarton mit Deckel
- Pappe
- 1 kleines, flaches Plastikgefäß, mit Erde gefüllt
- 1 alte Kartoffel mit Trieben
- Klebeband

Und so wird's gemacht:
1. Lege eine Kartoffel so in das mit Erde gefüllte Plastikgefäß, dass der Trieb nach oben zeigt. Stelle das Gefäß dann in eine Ecke des Schuhkartons.
2. Baue im Schuhkarton aus Pappe und Klebeband ein „Labyrinth", so wie in der Abbildung gezeigt.
3. Bohre an die vom Gefäß am weitesten entfernte Längswand des Schuhkartons ein Loch mit einem Durchmesser von ca. drei Zentimeter.
4. Schließe den Deckel des Schuhkartons und stelle ihn an einen sonnigen Ort.

Was wird geschehen?
Nach einigen Tagen schlängeln sich die weißen Triebe der Kartoffel durch das Labyrinth bis zum Loch und von dort nach draußen. Hier, im Licht, färben sich die Triebe grün und bilden Blätter aus. Es macht auch Spaß, einen „Kartoffellabyrinthwettbewerb" auszurufen. Welche Kartoffel schafft es als erste durch das Loch? Deine oder die deiner Freunde?

Warum denn das?
Ein Spross wächst immer dem Licht entgegen, denn nur durch absorbiertes Licht kann sich der für die Ernährung der Pflanze wichtige Fotosyntheseapparat (Chlorophyll und andere Pigmente) ausbilden.

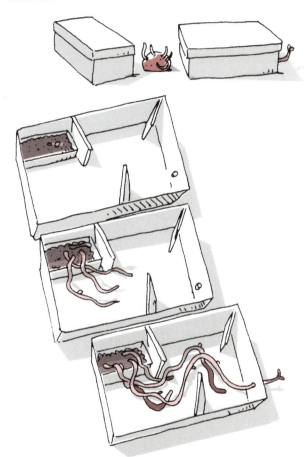

Wenn du mehr wissen willst:
Die wohlschmeckenden Kartoffelknollen sind nicht die Früchte und auch nicht die Wurzelknollen der Kartoffelpflanze, sondern ihre Sprossknollen. Sie dienen der Speicherung von Nährstoffen. Die Sprossachse der Kartoffel ist also in ein Speicherorgan, die Knolle, umgebildet. Die grünen Blätter und Früchte der oberirdisch wachsenden Kartoffelpflanze enthalten das giftige Solanin und sind daher nicht essbar.

192. Karottenschaukel

Du brauchst:
- 1 dicke Karotte mit Krautansatz
- Bindfaden
- 1 Schaschlikspieß
- 1 Küchenmesser
- 1 Löffel

Und so wird's gemacht:
1. Schneide die Karotte einige Zentimeter unterhalb ihres dicken Endes ab und höhle sie aus, sodass eine kleine Schale entsteht.
2. Stecke einen Schaschlikspieß durch die Karotte und befestige an seinen beiden Enden die Schnur, so wie in der Abbildung gezeigt.
3. Hänge das „Karottengefäß" an ein sonniges Fenster und fülle es regelmäßig mit Wasser.

Was wird geschehen?
Obwohl die Karotte mit dem „Kopf" nach unten hängt, wachsen nach einigen Tagen Triebe nach oben.

Warum denn das?
Alle Sprossen wachsen vom Erdmittelpunkt weg (Geotropismus). Da die Karotte mit dem Spross nach unten gehängt wurde, muss er sich krümmen, um wieder aufrecht wachsen zu können.

193. Zitronenschimmel

Du brauchst:
- 1 unbehandelte Zitrone
- Wasser
- Gefrierbeutel

Und so wird's gemacht:
1. Wasche die Zitrone ab und stecke die noch nasse Frucht in einen Gefrierbeutel.
2. Bewahre sie mindestens eine Woche lang an einem warmen, dunklen Ort auf.

Was wird geschehen?
Nicht ekeln! Auf der Zitrone bildet sich eine grüne Schimmelschicht.

Warum denn das?
Schimmelpilze sind winzige Fäulnisbewohner, die feste, manchmal auch flüssige Substrate mit einem Belag überziehen, den man Schimmel nennt.

194. Schnell vermehrt!

ZEITINTENSIV

Du brauchst:
- 2 alte (verschrumpelte) Kartoffeln
- 1 Schüssel mit Wasser gefüllt
- 2 Untersetzer bzw. Untertassen
- Küchenpapier oder Papierservietten
- 1 Wassersprühflasche

Und so wird's gemacht:
1. Lasse die beiden Kartoffeln für einige Stunden im Wasser quellen.
2. Bedecke den Boden jedes Untersetzers mit Küchenpapier und befeuchte ihn mit der Wassersprühflasche.
3. Lege auf jeden Untersetzer eine Kartoffel.
4. Stelle einen Untersetzer mit Kartoffel an einen sonnigen, den anderen an einen dunklen Ort (z. B. Keller).

Warum denn das?
Die im Dunkeln gehaltene Kartoffel bildet lange Triebe aus, um schneller ans Licht zu gelangen. Das Sonnenlicht regt die Bildung des Pflanzenfarbstoffs Chlorophyll an, das die Pflanze zur Fotosynthese (vgl. S. 58/Exp. 80+81) und damit zur Herstellung ihrer eigenen Nahrung braucht.

Wenn du mehr wissen willst:
Pflanzen können sich nicht nur geschlechtlich (d.h. durch Bestäubung, Befruchtung, Samenbildung) vermehren. Manche Pflanzen vermehren sich auch durch Rhizome (Erdsprosse) oder Ausläufer, d. h. durch Sprosse, die entlang der Erdoberfläche wachsen. Bei der Erdbeere z. B. bildet jeder zweite Knoten des Ausläufers Wurzeln und danach einen neuen Spross. Zwiebeln und Knollen sind unterirdische Sprosse, die Nährstoffe speichern. Kartoffeln können künstlich durch Knollensegmente mit einem oder mehreren „Augen" vermehrt werden. Aus diesen Augen entstehen neue Pflanzen.

Was wird geschehen?
Nach ca. ein bis drei Tagen keimen die Kartoffeln aus. Die Kartoffel, die im Dunkeln gehalten wurde, bildet lange, dünne, farblose Triebe aus. Die dem Sonnenlicht ausgesetzte Kartoffel bildet kräftige, kurze Triebe, die sich grün verfärben und bald Blätter tragen. Das passiert auch manchmal mit Kartoffeln, die zu lange in eurer Kartoffelkiste in der Küche stehen. Keine Angst, sieht zwar gefährlich aus, aber wenn die Kartoffel noch gut ist, kannst du sie trotzdem kochen.

195. „Flauschiger" Apfel

Du brauchst:
- 1 reifen Apfel
- 1 Messer
- 2 Untersetzer
- 1 Gefrierbeutel oder eine Glasschale

Und so wird's gemacht:
1. Halbiere den Apfel mit dem Messer und lege eine Hälfte auf je einen Untersetzer.
2. Schiebe einen Untersetzer in einen Gefrierbeutel oder stülpe eine Glasschale darüber, damit das Wasser nicht so schnell verdunstet.

Was wird geschehen?
Oh nein, schon wieder! In dem von der Plastikfolie bzw. von der Glasschale bedeckten Apfelhälfte haben sich Beläge von Schimmelpilzen entwickelt. Das ist ein bisschen eklig, aber das mit dem Schimmel wolltest du doch gerade ausprobieren, oder? Der andere (unbedeckte) Apfel ist vertrocknet, aber schimmelfrei.

Warum denn das?
Schimmelpilze gedeihen nur bei Wärme und Feuchtigkeit. Im geschlossenen Gefäß können sie sich gut entwickeln, da das Wasser des Fruchtfleischs nicht verdunsten kann.

196. Das Reifezeugnis

Du brauchst:
- 1 Tüte unreifes Obst (z. B. Birnen, Pfirsiche, Pflaumen)
- 1 verschimmelte Zitrone

Und so wird's gemacht:
Lege die verschimmelte Zitrone in die Obsttüte.

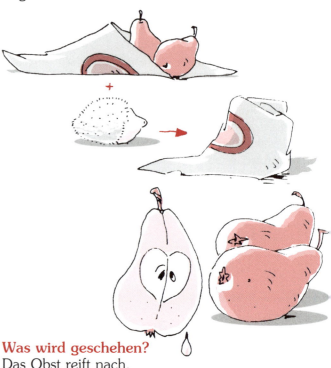

Was wird geschehen?
Das Obst reift nach.

Warum denn das?
Die Schimmelpilze, die auf der Zitronenschale wachsen, geben ein Gas ab, das Ethylen. Es beschleunigt die Reife der anderen Früchte. Bevor du sie isst, wasche sie gründlich unter fließendem Wasser ab!

:::
Wenn du mehr wissen willst:
Ethylen ist ein farbloses, süßlich riechendes, ungiftiges, brennbares Gas. Man findet es in reifenden Früchten, kann es aber auch künstlich herstellen. Es wird zum Nachreifen vorzeitig geernteter Orangen, Zitronen und Bananen genutzt.
:::

197. Kräuterparfüm

Du brauchst:
- 1 Bund stark duftender Kräuter (z. B. Basilikum, Thymian, Pfefferminze)
- 1 Gefrierbeutel
- 1 Versuchsperson

Und so wird's gemacht:
1. Stecke die Kräuter in den Beutel und knote ihn fest zu.
2. Gehe mit dem Beutel und einer Versuchsperson in ein anderes Zimmer. Bitte die Versuchsperson, sich ca. zwei Meter von dir zu entfernen.
3. Schüttle den Beutel und frage deine Versuchsperson, ob sie etwas riecht (sie wird nichts riechen).
4. Nimm die Kräuter aus dem Beutel heraus und schüttle sie noch einmal.

Was wird geschehen?
Die Versuchsperson wird den Duft der Kräuter wahrnehmen und wahrscheinlich so etwas wie „Ah, riecht das lecker!" seufzen.

Warum denn das?
Die Kräuter enthalten Duftstoffe, die an der Luft einige Moleküle freisetzen. Beim Atmen gelangen die Duftmoleküle in den oberen Nasenbereich und werden dort im Gehirn wahrgenommen.

198. Ein bewegender Duft

Du brauchst:
- 1/2 Zwiebel
- Wasser
- 1 Messer
- 1 Suppenteller
- feinen losen Puder (z. B. Babypuder)

Und so wird's gemacht:
1. Gieße Wasser in den Suppenteller.
2. Streue eine Prise Puder dünn auf die ruhige Wasseroberfläche.
3. Schneide mit dem Messer ein Stück frische Zwiebel ab und halte es über die Puderoberfläche.

Was wird geschehen?
Der Puder scheint sich zu bewegen, denn es entstehen Löcher an der Puderoberfläche.

Warum denn das?
Du wirst es dir bereits gedacht haben – nicht deine gerade entstandenen Zauberkräfte haben den Puder bewegt – die Duftmoleküle der Zwiebel waren es!

199. Nase zu!

Kleine Küchenchemie

Du brauchst:
- 1 weitere Versuchsperson
- 1 Stück geschälten Apfel
- 1 gekochte geschälte Kartoffel
- 1 gekochte Karotte
- 1 Teelöffel
- 1 Halstuch
- 3 Unterteller
- 1 Gabel

Und so wird's gemacht:
1. Lege auf den ersten Teller den Apfel, auf den zweiten die Kartoffel, auf den dritten die Karotte und zermatsche die Frucht bzw. das Wurzelgemüse mit der Gabel.
2. Verbinde der Versuchsperson mit dem Tuch die Augen und bitte sie, sich die Nase zuzuhalten.
3. Lasse die Versuchsperson von jedem Teller kosten und frage sie nach jedem Löffelchen, mit dem du sie gerade gefüttert hast.

Was wird geschehen?
Die Versuchsperson erkennt nicht oder nur mit großer Mühe, was sie gerade isst.

Warum denn das?
Die Zunge schmeckt nur süß, salzig, bitter und sauer. Feinere Geschmacksrichtungen unterscheiden wir über den Geruchssinn. Bei zugehaltener Nase kann die Versuchsperson nicht riechen und erkennt darum auch nicht, welche Lebensmittel sie gerade isst.

200. Karamellbonbons

Hier brauchst du die Hilfe eines Erwachsenen!

Du brauchst:
- 3 Esslöffel Zucker
- 1 Pfanne
- 1-2 Esslöffel Butter
- Backpapier
- 1 Kochlöffel
- einige Tropfen Wasser

Und so wird's gemacht:
1. Breite ein Stück Backpapier auf dem Tisch aus.
2. Schütte den Zucker in eine Pfanne, spritze etwas Wasser darauf und füge die Butter dazu.
3. Erwärme alles langsam und vorsichtig und rühre gut um, damit nichts anbrennt.
4. Wenn Butter und Zucker zu einer gelblichen Masse geschmolzen sind, schütte diese auf das Backpapier.

Was wird geschehen?
Nach einigen Minuten erstarrt die Masse. Du kannst sie auseinanderbrechen oder Bonbons schneiden und wahrscheinlich wirst du sie ziemlich lecker finden – aber iss nicht alle auf einmal!

Warum denn das?
Aus den Einzelzutaten Zucker, Butter und Wasser ist durch Wärmezufuhr eine neue Verbindung, das Karamell, entstanden. Die neue Verbindung hat andere Eigenschaften als die Einzelbestandteile. Auch Zucker, Wasser und Butter, die Ausgangsstoffe unserer neuen Verbindung Karamell, sind Verbindungen, denn sie lassen sich chemisch zerlegen. Zerlegt man Wasser in seine Einzelbestandteile, entstehen die Elemente Wasserstoff und Sauerstoff. Zucker und Butter sind aus bestimmten Anteilen der Elemente Kohlenstoff, Sauerstoff und Wasserstoff in einer bestimmten Form zusammengesetzt.

Wenn du mehr wissen willst:
Für angehende Chemiker hier ein paar grundsätzliche Informationen: Elemente sind Stoffe, die chemisch nicht weiter zerlegt werden können. Man unterscheidet zwei große Gruppen: die Metalle und die Nichtmetalle. Alle Metalle sind (mit Ausnahme des flüssigen Quecksilbers) fest, alle Nichtmetalle (mit Ausnahme des flüssigen Broms) fest oder gasförmig. Die kleinste Einheit, in der ein Element auftreten kann, ist das Atom. Das Element Wasserstoff besteht also aus Wasserstoffatomen, das Element Sauerstoff aus Sauerstoffatomen. Atome sind winzig und lassen sich mit keinem Mikroskop der Welt sichtbar machen. Trotzdem weiß man aus der Atomphysik, dass sie aus noch winzigeren Teilchen bestehen, den Protonen, den Elektronen und den Neutronen. Protonen und Elektronen sind elektrisch geladen. Protonen tragen eine positive, Elektronen eine negative Ladung. Neutronen sind elektrisch neutral. Sie befinden sich zusammen mit den Protonen im Kern, in der Mitte des Atoms. Um den Kern herum sind die Elektronen auf so genannten Elektronenschalen angeordnet, wo sie sich in bestimmten Räumen, den Orbitalen, bewegen. In jedem Atom eines Elements entspricht die Zahl der Protonen im Kern der Zahl der Elektronen in den Schalen. Nach außen hin ist das Atom elektrisch neutral, denn die entgegengesetzten Ladungen von Protonen (+) und Elektronen (-) heben sich gegenseitig auf.

201. „Einen Toast auf den Toaster!"

ECHT EASY!

Du brauchst:
- 1 Toaster
- 1 Scheibe Weißbrot

Und so wird's gemacht:
1. Stecke das Weißbrot in den eingeschalteten Toaster.
2. Wenn die getoastete Weißbrotscheibe hochspringt, nimm sie heraus.

Was wird geschehen?
Das Weißbrot ist gebräunt, an manchen Stellen vielleicht sogar ganz schwarz.

Warum denn das?
Brot besteht aus Kohlehydraten. Das Kohlehydrat im Brot ist eine Verbindung aus den Elementen Kohlenstoff, Wasserstoff und Sauerstoff. Wenn man das Brot ganz stark erhitzt, verwandelt sich das Kohlehydrat in schwarzen Ruß. Dabei entsteht Wasser (Wasserstoffoxid), das als Dampf in die Luft entweicht.

202. Selbst gemachter Kandiszucker

ZEITINTENS

Du brauchst:
- ungefähr 125 ml heißes Wasser
- 2 Tassen Zucker
- 1 Einmachglas
- 1 Esslöffel
- 1 Bleistift
- Baumwollfäden

Und so wird's gemacht:
1. Gieße das heiße Wasser in das Einmachglas und fülle mit dem Löffel so viel Zucker hinein, bis er sich vollständig aufgelöst hat, ohne sich am Boden des Gefäßes abzusetzen.
2. Befestige am horizontal gehaltenen Bleistift mehrere Stücke Baumwollfaden.
3. Lege den Bleistift so über das Glas, dass die Fäden ins Wasser tauchen.
4. Lasse das Glas an einem warmen Ort zwei Tage oder länger stehen.

Was wird geschehen?
An dem Faden bilden sich Zuckerkristalle. Fertig ist der Kandiszucker!

Warum denn das?
Die Zuckerlösung dringt in den Baumwollfaden ein. Das Wasser verdunstet am Faden und lässt Zuckerkristalle zurück.

Wenn du mehr wissen willst:
Kohlehydrate sind Verbindungen, die aus Kohlenstoff-, Wasserstoff- und Sauerstoffatomen bestehen. Süße, lösliche Kohlehydrate nennt man Zucker. Den weißen Haushaltszucker nennt der Chemiker Rohrzucker oder Saccharose. Er ist ein Zweifachzucker, denn er besteht aus einem Molekül Traubenzucker (Glucose) und einem Molekül Fruchtzucker (Fructose).

203. Brennender Zucker

Hier brauchst du die Hilfe eines Erwachsenen!

VORSICHT!

Du brauchst:
- 2 Zuckerwürfel
- 1 Untertasse
- Streichhölzer
- Asche (z. B. von einer Zigarette)

Und so wird's gemacht:
1. Lege einen der beiden Zuckerwürfel auf die Untertasse und versuche ihn anzuzünden. (Es gelingt nicht, denn der Zucker schmilzt sofort zu braunem Karamell).
2. Lege den zweiten Zuckerwürfel auf die Untertasse, bestreue ihn mit einer Prise Asche und verreibe sie auf dem Zucker.
3. Zünde den zweiten Zuckerwürfel an.

Was wird geschehen?
Der Zucker fängt Feuer und brennt mit blassblauer Flamme.

Warum denn das?
Die Asche unterhält die Verbrennung des Zuckers, ohne sich selbst dabei zu verändern. Die Asche wirkt also dabei als Katalysator.

Wenn du mehr wissen willst:
Ein Katalysator ist ein Stoff, der eine chemische Reaktion beschleunigt. Der Katalysator selbst nimmt an dieser Reaktion nicht teil. Autos haben z. B. einen Auspuff, der einen Katalysator enthalten kann. Er beschleunigt die chemische Reaktion, die Autoabgase in weniger schädliche Gase umzuwandeln.

204. Das süße Brot

Du brauchst:
- 1 Stück Brot

Und so wird's gemacht:
Beiße vom Brot ab und kaue sehr lange und gründlich, bevor du es herunterschluckst. Achte darauf, wie es vor und nach langem Kauen schmeckt.

Was wird geschehen?
Zuerst schmeckt das Brot eher salzig, nach langem Kauen süß.

Warum denn das?
Das im Speichel enthaltene Enzym Ptyalin hat die im Brot enthaltene Stärke in Zucker (Maltose) umgewandelt. Deshalb schmeckt das Brot nach langem Kauen süß.

Wenn du mehr wissen willst:
Enzyme sind Katalysatoren, die aus Eiweißstoffen bestehen. Enzyme, die Stärke abbauen können, bezeichnet man als Amylasen.

205. Blaues Mehl

VORSICHT!

Hier brauchst du die Hilfe eines Erwachsenen!

Du brauchst:
- Jodkalium-Lösung (auch Lugol'sche Lösung genannt)
- Mehl
- warmes und kaltes Wasser
- 1 Esslöffel
- 1 Tasse
- 1 Teller

Und so wird's gemacht:
1. Verrühre in der Tasse einen Esslöffel Mehl mit etwas kaltem Wasser.
2. Schütte heißes Wasser darauf.
3. Lasse die Mischung abkühlen, gib einen Esslöffel davon auf einen Teller und füge einige Tropfen Jodlösung dazu.

Was wird geschehen?
Du kannst deinen Augen ruhig trauen, die Mischung verfärbt sich blau.

Warum denn das?
Mehl enthält Stärke, die sich durch Jodlösung blau färbt und so nachgewiesen werden kann.

Wenn du mehr wissen willst:
Stärke ist aus Zuckermolekülen aufgebaut. Man findet Stärke vor allem in den Speicherorganen der grünen Pflanze (Wurzel, Spross), in Früchten und Samen. Sie ist eines der wichtigsten Nahrungsmittel und vor allem in Getreide bzw. Mehl enthalten. Stärke wird zur Herstellung von Kleister und Wäschestärke verwendet und zu Alkohol vergoren. Jod ist ein lebensnotwendiges Spurenelement, das in der Schilddrüse zur Bildung des Hormons Trijodthyronin gebraucht wird. Es kommt in geringen Mengen im Meerwasser in Form von Salzen (Jodiden und Jodaten) vor. Beim Stärkenachweis mit Jod-Jodkalium lagern sich die Jodatome in die Stärkemoleküle ein und verursachen so die blauviolette Färbung. Reines Jod ist ein Feststoff mit dunkelgrau-violettem Metallglanz, der bei 113,5° C schmilzt. In flüssigem Zustand zeigt es eine bräunliche Färbung und ist in Wasser nur schwer, in Ether, Alkohol und Benzol dagegen leicht löslich. Joddämpfe reizen in höheren Konzentrationen Augen und Schleimhäute.

206. Hefeteig und Luftballon

Du brauchst:
- 1 Plastikflasche
- warmes Wasser
- 3 Teelöffel Hefe
- 2 Teelöffel Zucker
- 1 Luftballon

Und so wird's gemacht:
1. Schütte Hefe und Zucker in die Flasche und gieße langsam das warme Wasser dazu.
2. Stülpe den Luftballon über den Flaschenhals und warte eine Stunde.

Was wird geschehen?
Die Flüssigkeit schäumt, der Luftballon bläst sich wie von selbst auf.

Warum denn das?
Hefe besteht aus winzigen Pilzen, die sich von Zucker ernähren und dabei ein Gas, das Kohlendioxid, produzieren. Das Gas bildet in der Flüssigkeit Bläschen, die nach oben steigen und an der Luft freigesetzt werden. Dadurch wird der Luftballon aufgeblasen.

Wenn du mehr wissen willst:
Brot und alkoholische Getränke entstehen durch Gärung. Hefe dient beim Gärungsprozess als biologischer Katalysator. Sie spaltet im Brot die Stärke, verwandelt sie zuerst in Zucker und dann in Kohlendioxid um. Wenn der Teig gärt, „geht er auf", d.h. er vergrößert sein Volumen durch die Bildung von Kohlendioxid. Wenn du mit deiner Mama oder deinem Papa Hefekuchen bäckst, kannst du dieses „Aufgehen" des Teigs gut beobachten.

207. Geheimschrift aus Mehl

Hier brauchst du die Hilfe eines Erwachsenen!

VORSICHT!

Du brauchst:
- 1 Esslöffel Mehl
- Messbecher
- Wasser
- Jodlösung mit Tropfenzähler (aus der Apotheke)
- 1 Löffel
- Küchenpapier
- 2 Wattestäbchen
- Zitronensaft

Und so wird's gemacht:
1. Fülle 60 ml Wasser in den Messbecher.
2. Schütte einen Esslöffel Mehl in die Schale, gieße das Wasser dazu und rühre alles mit dem Löffel gut um.
3. Tauche ein Wattestäbchen in die Mehl-Wasser-Mischung hinein und schreibe damit einen Satz auf Küchenpapier. (Nach dem Trocknen ist die Schrift unsichtbar.)
4. Tupfe mit dem zweiten Wattestäbchen Jodtropfen auf die Stelle, auf die du den Text geschrieben hast.
5. Warte kurz ab, dann träufle einige Tropfen Zitronensaft darauf.

Was wird geschehen?
Die Schriftzeichen aus Mehl verfärben sich durch Jod blau-schwarz und die Schrift wird sichtbar. Träufelt man Zitronensaft darauf, verschwindet sie wieder. Was diese Entdeckung für dich als möglichen kleinen Sherlock Holmes bedeutet, muss ich dir wohl nicht extra sagen, oder?

Warum denn das?
Das Jod reagiert mit der im Mehl enthaltenen Stärke. Träufelt man Zitronensaft darauf, verbindet sich die im Zitronensaft enthaltene Ascorbinsäure mit dem Jod. Es entsteht eine neue, farblose Verbindung, die Schrift ist wieder unsichtbar.

208. Geistertinte

Du brauchst:
- 1 Zitrone
- 1 Zitronenpresse
- 1 kleine Schale oder 1 Untersetzer
- Wasser
- 1 Löffel
- Wattestäbchen
- weißes Papier
- Lampe

Und so wird's gemacht:
1. Presse die Zitrone aus und gieße den Saft in ein Schälchen. Verdünne den Saft mit etwas Wasser und rühre die Flüssigkeit mit dem Löffel um.
2. Tauche das Wattestäbchen ein und schreibe damit einen Satz auf weißes Papier. (Nach dem Trocknen wird das Geschriebene unsichtbar.)
3. Erwärme das Papier an der Glühbirne einer Lampe.

Wenn du mehr wissen willst:
Organische Verbindungen nennt man Verbindungen, die – wie alle lebenden Organismen – Kohlenstoff enthalten. Zucker (Dextrose), Butter, Honig (Fruktose), Speiseessig (Essigsäure) sind z. B. organische Verbindungen. Anorganische Verbindungen nennt man Verbindungen, die keinen Kohlenstoff enthalten. Tonerde (Aluminiumoxid) oder Kochsalz (Natriumchlorid) sind zum Beispiel anorganische Verbindungen.

Was wird geschehen?
Man kann die Schrift wieder erkennen und nun kannst du getrost einen Detektivclub gründen.

Warum denn das?
Zitronensaft enthält Kohlenstoffverbindungen. Diese Verbindungen sind in Wasser gelöst farblos. Bei Erwärmung brechen die Kohlenstoffverbindungen auf und es entsteht Kohle.

209. Welcher Ballon fliegt?

Du brauchst:
- 1 aufgeblasenen Luftballon von der Kirmes
- 1 von dir selbst aufgeblasenen Ballon

Und so wird's gemacht:
Lasse zu Hause bei dir im Zimmer beide Luftballons los.

Wenn du mehr wissen willst:
Mit zwei Elektronen ist die äußere Schale des Heliums komplett aufgefüllt und sehr stabil in diesem Zustand. Außerdem ist Helium reaktionsträge, untrennbar und daher gefahrlos in Luftballons einsetzbar. Edelgase können mit anderen Elementen nur unter extremen Bedingungen reagieren.

Was wird geschehen?
Der Luftballon von der Kirmes wird an die Decke steigen und dort hängen bleiben. Der von dir selbst aufgeblasene Ballon bleibt am Boden liegen.

Warum denn das?
Der Luftballon von der Kirmes enthält Helium. Das ist ein Edelgas, das leichter als Luft ist und deshalb nach oben steigt.

210. Rostfrei!

Du brauchst:
- 3 Marmeladengläser
- kaltes und heißes Wasser
- Öl
- 3 Eisennägel
- feines Schmirgelpapier

Und so wird's gemacht:
1. Reibe die Nägel mit feinem Schmirgelpapier ab, um mögliche industrielle Rostschutzmittel zu entfernen.
2. Schütte in zwei Gläser kaltes, in das dritte heißes Wasser.
3. Träufle einige Tropfen Öl in das heiße Wasser.
4. Setze einen Nagel in das Glas mit kaltem Wasser, einen in das heiße Öl-Wasser-Gemisch. Reibe den dritten Nagel mit Öl ein und setze ihn dann in das letzte Glas mit kaltem Wasser.

Was wird geschehen?
Der in reinem Wasser liegende Nagel ist nach einigen Tagen verrostet. Die Nägel in den beiden übrigen Gläsern bleiben unverändert. Sie rosten nicht.

Warum denn das?
Rost entsteht durch Reaktion des im Wasser enthaltenen Sauerstoffs mit Eisen. Die Ölschicht auf dem Nagel schützt das Eisen direkt vor dem Sauerstoff. Das Glas mit heißem Wasser enthält keinen Sauerstoff mehr, da dieser beim Erhitzen freigesetzt wird. Um zu verhindern, das sich das Wasser nach einiger Zeit durch Diffusionsvorgänge wieder mit Sauerstoff anreichert, wurde Öl auf das Wasser geschüttet. Es schwimmt auf dem Wasser und verhindert die Luftzufuhr. Deshalb rostet der Nagel auch in diesem Glas nicht.

Wenn du mehr wissen willst:
Eine Oxidation ist eine chemische Vereinigung mit Sauerstoff. Ein chemischer Vorgang, bei dem einer Verbindung Sauerstoff entzogen wird, ist eine Reduktion. Ein Oxidationsmittel ist ein Stoff, der Sauerstoff für eine Oxidation bereitstellt.

Die Chemiker nennen heute jede Elektronenabgabe aus einem Teilchen (Atom, Molekül, Ion) Oxidation, Elektronenaufnahme nennen sie Reduktion.

211. Deine eigene Salzproduktion

Du brauchst:
- Salz
- 2 Gläser oder Tassen
- 1 Baumwollfaden
- warmes Wasser
- 1 Untertasse
- 1 Löffel

Und so wird's gemacht:
1. Gieße das warme Wasser in beide Gefäße und stelle sie nebeneinander auf eine sonnige Fensterbank.
2. Schütte in beide Gläser so viel Salz, bis sich nichts mehr auflöst.
3. Tauche in jedes Gefäß ein Fadenende ein und stelle dazwischen die Untertasse auf, so wie in der Abbildung gezeigt.

Wenn du mehr wissen willst:
Kochsalz ist eine Verbindung zwischen dem weichen Metall Natrium und dem giftigen Gas Chlor, aus dem ein weißes Pulver, das Kochsalz entsteht. Kochsalz besteht aus positiv geladenen Natrium- und negativ geladenen Chlorid-Ionen. Das Natriumatom hat ein Elektron seiner Außenschale abgegeben, das sich nun zusammen mit einem Elektron des Chloratoms als Elektronenpaar beim Chloratom befindet. Dadurch fehlt in der Elektronenhülle des Natriumatoms ein Elektron, es ist nun nicht mehr elektrisch neutral, sondern positiv geladen, d. h. die Zahl seiner Elektronen ist um eins größer als die Zahl seiner Protonen. Das Chloratom ist ebenfalls nicht mehr neutral, denn die Zahl seiner Elektronen ist höher als die der Protonen, es ist negativ geladen und damit zum Ion geworden. Die Natrium- und die Chloridionen sind in einem so genannten Ionengitter, d.h. in einem riesigen Netzwerk, einem Salzkristall, verbunden.

Was wird geschehen?
Schon am nächsten Tag bilden sich an dem Faden Salzkristalle.

Warum denn das?
Die Salzwasserlösung dringt in den Baumwollfaden ein. Das Wasser verdunstet am Faden und lässt Salzkristalle zurück.

212. Ölwasser

Du brauchst:
- 2 Esslöffel Wasser
- 2 Esslöffel Öl
- Lebensmittelfarbe oder Rotkohlsaft
- 1 verschließbare Flasche

Und so wird's gemacht:
1. Färbe Wasser mit Lebensmittelfarbe oder Rotkohlsaft.
2. Fülle zwei Esslöffel gefärbtes Wasser und zwei Esslöffel Speiseöl in die Flasche, verschließe sie und schüttle alles gut durch.
3. Stelle das Gefäß auf den Tisch.

Was wird geschehen?
Öl und Wasser haben sich beim Schütteln zwar vermischt, im Ruhezustand trennen sie sich aber wieder. Das Öl schwimmt oben auf dem Wasser.

Warum denn das?
Öl und Wasser vermischen sich zwar, bilden aber keine echte Lösung. Öl und Wasser bleiben getrennt, da die Ölmoleküle sich gegenseitig stärker anziehen als die Öl- und Wassermoleküle. Das Öl schwimmt auf dem Wasser, weil es leichter ist. Du kennst das eigentlich schon von der Suppe. Da schwimmen die öligen Fettaugen auch auf der Suppenbrühe, weil die beiden sich einfach nicht vermischen lassen.

Wenn du mehr wissen willst:
Fette sind Substanzen, die bei 37° C schmelzen. Talge schmelzen bei 30-45° C. Die fetten Öle sind schon bei Raumtemperatur flüssig. Alle drei Fettarten stammen von Pflanzen und Tieren, sie sind natürliche Fette. Natürliche Fette sind keine reinen Stoffe, sondern Gemische aus verschiedenen Fettverbindungen. Butter besteht z. B. aus Ölsäure, Palmitinsäure, Stearinsäure, Myristinsäure, Buttersäure und anderen Fettsäuren. Jede dieser verschiedenen Säuremoleküle enthält in einer bestimmten Anordnung und Zahl Kohlenstoff-, Wasserstoff- und Sauerstoffatome. Moleküle, die sich leicht in Wasser lösen, nennt man hydrophil (wasserliebend). Sie haben Regionen mit relativ positiver und relativ negativer Ladung, die die Wassermoleküle anziehen und so mit der Anziehung der Wassermoleküle untereinander in Konkurrenz treten. Hydrophile Substanzen können fest (z. B. Kochsalz, Zucker), flüssig (z. B. Alkohol) oder gasförmig (z. B. Kohlendioxid im Mineralwasser) sein. Fett-, Öl- und Talgmoleküle sind nicht positiv oder schwach negativ geladen und aus diesem Grund in Wasser unlöslich. Sie verhalten sich hydrophob (wasserfeindlich). Da sich die Wassermoleküle untereinander anziehen und Wasserstoffbrücken bilden, werden die Ölmoleküle ausgeschlossen. Sie ballen sich im Wasser zusammen wie Fetttröpfchen auf einer Hühnerbrühe.

213. Geschmacksache

Du brauchst:
- 5 Gläser
- Zitronensaft
- Essig
- Salz
- Zucker
- Wasser

Und so wird's gemacht:
1. Fülle in ein Glas einen Esslöffel Zucker, in ein anderes einen Esslöffel Salz und fülle beide mit Wasser auf.
2. Fülle in das dritte Glas etwas Zitronensaft, in das vierte Essig und verdünne die Flüssigkeiten mit wenig Wasser.
3. In das fünfte Glas füllst du nur Wasser.
4. Probiere von jeder Flüssigkeit einen halben Teelöffel und achte darauf, welche sauer schmecken.

Was wird geschehen?
Die Zuckerlösung schmeckt süß, die Salzlösung salzig, Essig und Zitronensaft schmecken sauer, das Wasser schmeckt nach gar nichts, es schmeckt neutral.

> **Wenn du mehr wissen willst:**
> Zitronensaft und Essig schmecken sauer, man bezeichnet sie deshalb als Säuren. Auch wenn man süße Nahrungsmittel kaut, entstehen im Mund schwache Säuren, die den Zahnschmelz angreifen können. Speichel ist dagegen eine schwache Base. Sie kann die Säure im Mund neutralisieren.
>
> Basen sind Verbindungen, die Säuren neutralisieren. Dabei entstehen neutrale Wassermoleküle. Eine Lauge ist die wässrige Lösung einer Base. Ein Gemisch von Basen und Säuren ist eine neutrale Salzlösung.

214. Wo ist das Salz?

Du brauchst:
- 1 Esslöffel Salz
- 1 Esslöffel weißes Mehl
- Wasser
- 2 Schälchen

Und so wird's gemacht:
1. Gieße in jedes Schälchen Wasser.
2. Fülle in ein Schälchen Salz, in das andere Mehl.

Was wird geschehen?
Das Mehl sammelt sich am Boden des Schälchens, das Salz verschwindet, es wird unsichtbar.

Warum denn das?
Mehl löst sich in Wasser nicht, es trennt sich und setzt sich am Boden ab. Das Salz löst sich in Wasser auf.

215. Vornehme Blässe

Du brauchst:
- 1 Tasse Schwarztee
- 1/2 Zitrone
- 1 Zitronenpresse

Und so wird's gemacht:
Presse die Zitrone aus und gieße den Saft in den Tee.

Was wird geschehen?
Die Zitrone macht den Tee (fast) farblos.

Warum denn das?
Zitronensäure ist ein Bleichmittel, das mit dem im Tee enthaltenen Farbstoff chemisch reagiert und den Tee damit aufhellt, „entfärbt".

216. Verkohlt!

Du brauchst:
- 1 Glas Rotkohl
- Küchenpapier
- 1 großes Einmachglas mit weiter Öffnung
- 1 Teller
- 1 Sieb

Und so wird's gemacht:
1. Gieße den Rotkohlsaft mit Hilfe des Siebs in das leere Einmachglas ab.
2. Schneide zwei ca. 5 cm breite Streifen aus Küchenpapier.
3. Lege die Küchenpapierstreifen in den Rotkohlsaft und lasse sie dort ungefähr eine Minute liegen.
4. Nimm die Küchenpapierstreifen heraus, lege sie auf einen flachen Teller und lasse sie trocknen.

Was wird geschehen?
Die Küchenpapierstreifen saugen den Rotkohlsaft auf und können nun als Säure-Base-Indikator oder pH-Indikator eingesetzt werden, d.h. du kannst ab jetzt mit deinen Küchenpapierstreifen feststellen, ob eine Flüssigkeit sauer oder basisch ist. Farbstoffe, die ihre Farbe bei Einwirkung von Säuren oder Laugen ändern, nennt man Indikatoren.

Warum denn das?
Rotkohl enthält einen Farbstoff, der bei Einwirkung von Säuren oder Laugen seine Farbe ändert. Deshalb kann er als pH-Indikator eingesetzt werden.

Wenn du mehr wissen willst:
Der pH-Wert ist die Konzentration von Wasserstoffionen in einer Lösung. Die pH-Skala reicht von 0-14. Ein neutraler Stoff hat den Wert 7. Säuren haben pH-Werte unter, Basen pH-Werte über 7.

217. Grüne Milch?

Du brauchst:
- mehrere Pappbecher
- Rotkohlsaft
- Essig
- verschiedene (gelbe) Fruchtsäfte
- Seifen- bzw. Spülwasser
- Milch

Und so wird's gemacht:
1. Stelle für jede Flüssigkeit, die du testen willst, einen Pappbecher bereit.
2. Fülle in jeden Pappbecher jeweils einen Teelöffel Rotkohlsaft.
3. Füge 1-2 Esslöffel von jeder Testflüssigkeit hinzu.

Was wird geschehen?
Saure Flüssigkeiten werden sich rosa verfärben, basische Flüssigkeiten grün. Manchmal sieht Experimentieren richtig schön aus!

Warum denn das?
Rotkohlsaft enthält einen Farbstoff, der bei Einwirkung von Säuren oder Laugen seine Farbe ändert. Bei pH-Werten unter sieben färbt er sich rosa, bei pH-Werten über sieben grün. Im sauren Milieu reagiert der Farbstoff des Rotkohls mit den positiven Wasserstoffionen. Sie verursachen die Rosa-Färbung.

218. Indisch gewürzt

VORSICHT!

Du brauchst:
- 1 Esslöffel Kurkuma (indisches Gewürz)
- 1 Tasse Wasser
- 1 Löffel
- Küchenpapier

Und so wird's gemacht:
1. Gib das Kurkuma-Gewürz ins Wasser und rühre die Flüssigkeit gut um.
2. Lege die Küchenpapierstreifen in die goldbraune Flüssigkeit und lasse sie dort ungefähr eine Minute liegen.
3. Nimm die Küchenpapierstreifen heraus, lege sie auf einen flachen Teller und lasse sie trocknen.

Was wird geschehen?
Die Küchenpapierstreifen nehmen den Saft auf und können nun als Säure-Base-Indikator (vgl. S. 152/Exp. 216) eingesetzt werden.

Warum denn das?
Die Kurkuma-Lösung enthält einen Farbstoff, der bei Einwirkung von Säuren oder Laugen seine Farbe ändert. In sehr sauren Lösungen färbt er sich gelb, in basischen rötlich-braun. Im sauren Milieu reagiert der Farbstoff der Kurkuma-Lösung mit den positiven Wasserstoffionen. Sie verursachen die Gelb-Färbung.

219. Wasserspiele

Du brauchst:
- mehrere Pappbecher
- Teichwasser
- Regenwasser
- Leitungswasser
- Pfützenwasser
- Spülwasser
- Backpulver, in Wasser aufgelöst
- Zitronensaft
- Indikatorpapier (Kurkuma- oder Rotkohl-Papier)

Und so wird's gemacht:
1. Gieße in jeden Pappbecher eine Flüssigkeit, die du testen willst.
2. Tunke in jeden Pappbecher einen Streifen Indikatorpapier.

Was wird geschehen?
Die Indikator-Papierstreifen verfärben sich sehr unterschiedlich.

Warum denn das?
Das Rotkohl-Papier verfärbt sich in sauren Flüssigkeiten rosa, in basischen Flüssigkeiten grün. Das Kurkuma-Papier färbt sich in sehr sauren Lösungen gelb, in basischen rötlich-braun. Backpulverlösung ist eine Lauge, Zitronensaft eine Säure. Auch Wasser kann sauer oder basisch reagieren – das muss man manchmal testen, um die Wasserqualität eines Flusses oder Sees festzustellen.

220. Geisterballon

ECHT EASY!

Du brauchst:
- 1 leere Flasche
- 1 Luftballon
- Messbecher
- 30 ml Wasser
- 1 Teelöffel Backpulver
- 1 Strohhalm
- 1/2 Zitrone
- Zitronenpresse

Und so wird's gemacht:
1. Blase den Luftballon auf, um ihn zu dehnen, lasse die Luft aber wieder heraus.
2. Presse eine halbe Zitrone aus.
3. Messe mit dem Messbecher ca. 30 ml Wasser ab und gieße es in die Flasche.
4. Fülle einen Teelöffel Backpulver dazu und rühre mit dem Strohhalm gut um.
5. Gieße den Zitronensaft in die Flasche und ziehe den Luftballon ganz schnell über den Flaschenhals.

Was wird geschehen?
Der Ballon bläst sich von allein auf und du kannst Puste sparen und schwindelig wird dir davon auch nicht.

Warum denn das?
Zitronensaft ist eine Säure, in Wasser aufgelöstes Backpulver eine Lauge. Wenn die Säure mit einem Hydrogencarbonat (saure Salze der Kohlensäure) reagiert, entsteht Kohlendioxid. Es steigt auf und dehnt den Luftballon aus.

221. Super-Limo

Du brauchst:
- 1 Zitrone
- 1 Zitronenpresse
- 1 Messbecher
- Wasser
- 1 Trinkglas
- 1 Teelöffel Backpulver
- 1 Löffel oder Strohhalm
- 1-2 Teelöffel Zucker

Und so wird's gemacht:
1. Presse eine Zitrone aus und fülle den Saft in den Messbecher.
2. Gieße dieselbe Menge Wasser dazu und fülle die Mischung in das Trinkglas.
3. Fülle einen Teelöffel Backpulver dazu und rühre gut um.

Was wird geschehen?
Das Getränk sprudelt und macht dich gleich durstig, oder?

Warum denn das?
Zitronensaft ist eine Säure, in Wasser aufgelöstes Backpulver eine Base. Wenn diese Säure und diese Base sich vermischen, entsteht ein Gas, das Kohlendioxid. Die Gasbläschen steigen in die Luft und sprudeln. Wenn du dein Getränk noch mit Zucker süßt, schmeckt es wie Limonade.

222. „In den sauren Apfel beißen"

ZEITINTENSIV

Du brauchst:
- 1 Zitrone
- 1 Zitronenpresse
- 1 Apfel
- 2 Teller
- 1 Messer

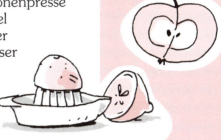

Und so wird's gemacht:
1. Presse die Zitrone aus.
2. Schneide einige Apfelstücke ab und verteile sie auf den beiden Tellern.
3. Beträufle die Apfelstücke auf einem Teller mit Zitronensaft und lasse die Äpfel einige Stunden stehen.

Was wird geschehen?
Das Fruchtfleisch der sauren Apfelstücke behält seine Farbe. Die unbehandelten Apfelstücke verfärben sich braun.

Warum denn das?
Wenn unbehandeltes Fruchtfleisch mit Luft in Berührung kommt, reagiert es mit dem Sauerstoff aus der Luft und verfärbt sich dabei braun. Diesen Vorgang nennt man Oxidation (vgl. S. 148/Exp. 210). Der Zitronensaft verhindert die Oxidation. Dadurch bleibt die Farbe des Fruchtfleischs erhalten.

223. Geldputzer

Du brauchst:
- 1 Zitrone
- 1 Zitronenpresse
- 1 Schälchen
- alte Cent-, Pfennigstücke oder andere Kupfermünzen

Und so wird's gemacht:
1. Presse die Zitrone aus und gieße den Saft in ein Schälchen.
2. Lasse eine Kupfermünze in das Schälchen fallen und im Zitronensaft mindestens fünf Minuten liegen.

Was wird geschehen?
Die Münze glänzt und sieht wieder nagelneu aus.

Warum denn das?
Die Säure der Zitrone entfernt den stumpfen Belag alter Kupfermünzen, das Kupferoxid. Essig und verdünnte Schwefelsäure wirken übrigens genauso wie Zitronensaft.

224. Nagellack

Du brauchst:
- 2 Zitronen
- 1 Prise Salz
- 1 Zitronenpresse
- 1 Schälchen
- 10-20 alte Cent-, Pfennigstücke oder andere Kupfermünzen
- 1 großen, „nagelneuen" Nagel aus Eisen
- Schmirgelpapier

Und so wird's gemacht:
1. Presse die Zitronen aus, gieße den Saft in ein Schälchen und gib eine Prise Salz dazu.
2. Lasse die Kupfermünzen in das Schälchen fallen und im Zitronensaft mindestens fünf Minuten liegen.
3. Reibe den Nagel mit Schmirgelpapier ab, spüle ihn mit Wasser, trockne ihn ab und lege ihn zu den Münzen in das Schälchen und lasse ihn dort für mindestens 20 Minuten liegen.

Was wird geschehen?
Auf dem Nagel hat sich eine Kupferschicht gebildet und du kannst deinen Freunden erzählen, wie „alt" er bereits ist!

Warum denn das?
Das Kupfer der Münzen reagiert mit der Zitronensäure und bildet dabei eine neue Verbindung, das Kupferzitrat. Diese Verbindung bedeckt den Nagel mit einer dünnen Kupferschicht.

225. Durchsichtiges Gummi-Ei

ZEITINTENSIV

Du brauchst:
- 1 rohes Hühnerei
- 1 Glas mit Haushaltsessig

Und so wird's gemacht:
1. Lege das Ei in das Glas mit Essig.
2. Lasse das Ei einige Stunden darin liegen.
3. Nimm nun das Ei aus dem Essig und spüle es mit klarem Leitungswasser ab.
4. Halte das Ei gegen das Licht.

Was wird geschehen?
Was ist das denn? Das Ei fühlt sich nicht mehr hart, sondern gummiartig an. Die harte Eierschale hat sich aufgelöst. Wenn man das Ei gegen das Licht hält, kann man durch die Haut sogar Eiweiß und Eidotter erkennen.

Warum denn das?
Die harte Eierschale besteht aus Kalk, Essig löst Kalk auf. Deshalb hat sich die Eierschale im Essig nach 3-12 Stunden aufgelöst. Nur das darunter liegende Eihäutchen bleibt erhalten.

> **Wenn du mehr wissen willst:**
> Kalk löst sich in Säuren auf. Dabei entsteht ein Kalziumsalz und ein Gas, das Kohlendioxid.

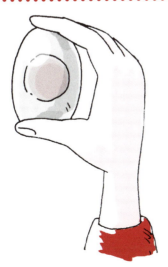

226. Batik-Ei

ZEITINTENSIV

Du brauchst:
- 1 hart gekochtes Ei
- 1 Buntstift
- 1 Glas
- weißen Essig

Und so wird's gemacht:
1. Bemale das Ei mit dem Buntstift.
2. Lege es in das Glas und gieße so viel weißen Essig darüber, bis das Ei von der Flüssigkeit bedeckt ist.
3. Gieße den Essig nach zwei Stunden ab, gieße frischen Essig dazu und lasse das Glas weitere zwei Stunden stehen.
4. Wasche die Farbreste des Buntstifts mit Wasser ab.

Was wird geschehen?
Die Muster bzw. Schriftzüge, die du auf das Ei gemalt hast, sind weiterhin sichtbar und jeder wird sich über ein von dir handgebatiktes Ei sicherlich freuen.

Warum denn das?
Die Säure des Essigs verbindet sich mit dem Kalziumkarbonat der Eierschale und löst einen Teil davon auf. Nur an den mit dem Buntstift bemalten Stellen ist die Eierschale vor dem Essig geschützt und bleibt erhalten.

227. Quark im Nu

Du brauchst:
- 1 Messbecher
- 1/4 l Milch
- ca. 80 ml Essig
- 1 Einmachglas
- 1 Löffel

Und so wird's gemacht:
1. Messe 1/4 Milch ab und gieße sie ins Einmachglas. Spüle den Messbecher sauber.
2. Messe ca. 80 ml Essig ab und gieße ihn zu der Milch.
3. Rühre die Flüssigkeit mit dem Löffel um.

Was wird geschehen?
Am Boden des Einmachglases hat sich eine dicke Substanz, Quark, abgesetzt. Ob du deinen Quark jetzt immer selbst machst oder doch weiterhin im Supermarkt kaufst, bleibt natürlich dir überlassen.

Warum denn das?
Wenn man Essig in Milch schüttet, wird die Milch sauer und gerinnt. Am Boden setzt sich Quark, eine Mischung aus Fett, Mineralien und einem Eiweiß, Kasein genannt, ab. Die wässrige Flüssigkeit darüber nennt man Molke.

228. So ein Quark!

Hier brauchst du die Hilfe eines Erwachsenen!

Du brauchst:
- 1 Messbecher
- 1/8 l Milch
- 1 Teelöffel Essig
- 1 Sieb
- 1 Trinkglas
- 1 kleinen Topf
- 1 Tasse

Und so wird's gemacht:
1. Messe 1/8 l Milch ab, gieße sie in den Topf und erhitze sie, bis sich Klümpchen bilden.
2. Gieße die heiße Milch durch ein Sieb in die Tasse und gebe die im Sieb zurückgehaltenen Klümpchen in das Glas.
3. Schütte zu den Klümpchen einen Teelöffel Essig und lasse alles ungefähr eine Stunde stehen.

Was wird geschehen?
Im Glas bildet sich eine gummiartige Masse, die sich kneten lässt.

Warum denn das?
Wenn man Essig in Milchklümpchen schüttet, setzt sich eine feste Masse aus Fett, Mineralien und einem Eiweiß (das Kasein) ab. Das Kasein besteht aus langen Molekülketten, die sich, bevor sie hart werden, wie Gummi dehnen lassen. Die Figur, die du aus dem Quarkplastillin geformt hast, kannst du einige Tage auf einem Stück Küchenpapier trocknen und aushärten lassen. Danach kannst du sie bemalen oder lackieren.

229. Härtetest

VORSICHT!

Hier brauchst du die Hilfe eines Erwachsenen!

Du brauchst:
- Leitungswasser
- 2 leere Marmeladengläser mit Deckel
- destilliertes Wasser
- Spülmittel

Wenn du mehr wissen willst:
Seifen sind Alkalisalze höherer Fettsäuren. Sie werden aus Fetten und fetten Ölen tierischer und pflanzlicher Herkunft (Talg, Fischöl, Sojaöl, Olivenöl etc.) durch „Verseifung" mit Natronlauge oder Kalilauge gewonnen. Kaliseifen sind weich und glycerinhaltig (Schmierseife). Natronseifen sind fest, sie enthalten bis zu 60 % Fettsäuren.

Wäscht man Textilien mit Seife und hartem Wasser, können sich aus den Kalziumverbindungen des Wassers Kalkseifen bilden. Sie besitzen keine Waschkraft, schäumen nicht und setzen sich am Waschgut fest. Die modernen Waschpulver enthalten deshalb Tenside, die die Oberflächenspannung des Wassers herabsetzen und auch in hartem Wasser wirksam sind. Die früher in Waschmitteln enthaltenen Tenside waren allerdings biologisch schwer abbaubar. Heute sind nur noch solche Tenside zugelassen, die wenigstens zu 80 % biologisch abbaubar sind. Das früher in Waschmitteln enthaltene Pentanatriumtriphosphat (NTP) wird inzwischen ebenfalls durch umweltfreundlichere Stoffe ersetzt. Aber noch immer gilt: Sparsamer Umgang mit Waschmitteln hilft der Umwelt!

Und so wird's gemacht:
1. Fülle in eines der beiden Gläser Leitungswasser, in das andere destilliertes Wasser.
2. Gib einen Tropfen Spülmittel in das destillierte und einen in das Leitungswasser. Schraube bei beiden Gläsern den Deckel darauf und schüttle die Flüssigkeiten kräftig.

Was wird geschehen?
Das destillierte Wasser schäumt schon mit wenig Spülmittel. Um das Leitungswasser zum Schäumen zu bringen, braucht man mehr Seife.

Warum denn das?
Destilliertes Wasser enthält keinen Kalk. Hartes Leitungswasser braucht zum Schäumen mehr Spülmittel als destilliertes Wasser, da es mehr Kalk enthält.

230. Schiffbruch durch Seife

Du brauchst:
- 1 Glas Leitungswasser
- 1 Nadel
- 1 Pinzette
- Seife oder Spülmittel

Und so wird's gemacht:
1. Lass die Nadel vorsichtig auf der Wasseroberfläche schwimmen.
2. Tropfe vorsichtig etwas Spülmittel ins Wasser.

Was wird geschehen?
Die Nadel geht unter, sie versinkt im Wasser.

Warum denn das?
Seife im Wasser treibt die Wassermoleküle auseinander, die Oberflächenspannung verringert sich und reicht nicht mehr aus, die Nadel zu tragen.

231. Der verhexte Bindfaden

Du brauchst:
- 1 Schüssel, mit Wasser gefüllt
- 1 Stück angefeuchtete Seife
- 1 Wollfaden, ca. 30 cm lang

Und so wird's gemacht:
1. Lege ein Ende des Fadens so über das andere, dass sich eine Schlaufe (kein Knoten!) bildet.
2. Lege den Faden vorsichtig auf die Wasseroberfläche.
3. Berühre das Wasser in der Mitte der Schlaufe mit dem feuchten Stück Seife.

Was wird geschehen?
Die Schlaufe verformt sich zu einem Kreis.

Warum denn das?
Die Seife hat die Oberflächenspannung des Wassers innerhalb der Schlaufe zerstört. Außerhalb der Schlaufe kann sich die Seife nicht ausbreiten, da der Faden wie eine Barriere wirkt. Deshalb bleibt die Oberflächenspannung des Wassers außerhalb des Kreises erhalten und zieht in Richtung des Schüsselrandes. Da der Faden mitgezogen wird, entsteht aus der Schlaufe ein Kreis.

232. Fix gereinigt

Du brauchst:
- 1 Glas ohne Deckel
- 1 Glas mit Deckel
- Wollfäden
- 1 Esslöffel Flüssigwaschmittel
- Stoffreste
- einige Tropfen Orangensaft, Ketchup, Senf, Marmelade, Öl

Was wird geschehen?
Die Streifen in der Waschlauge lassen sich leichter reinigen als in klarem Wasser. Deswegen verwendest du in der Wasch- und Spülmaschine gleichzeitig auch immer eine Art von Waschlauge.

Warum denn das?
Die Seifenmoleküle setzen die Oberflächenspannung des Wassers herab und sorgen dafür, dass sich die Schmutzpartikel im Wasser lösen.

Wenn du mehr wissen willst:
Wasser allein hat keine Reinigungskraft. Seine Oberflächenspannung macht nämlich den Zutritt der Wassermoleküle zu den Schmutzteilchen praktisch unmöglich.

Seifenmoleküle haben sowohl einen „fettfreundlichen" (wasserfeindlichen = hydrophoben), als auch einen „fettfeindlichen" (wasserfreundlichen = hydrophilen) Teil. Löst man Seife in Wasser, zerstören die Seifenmoleküle die Oberflächenspannung und richten ihr wasserfreundliches Ende ins Wasser, das nun Zutritt zum Schmutz hat. Fett, Öl und sonstige wasserunlösliche (hydrophoben) Verunreinigungen lassen sich nun von den Textilien oder der Haut lösen.

Und so wird's gemacht:
1. Fülle beide Gläser mit Wasser.
2. Schütte in das Glas mit Deckel Waschpulver, schraube es zu und schüttle es kräftig, damit sich das Waschmittel auflöst.
3. Beflecke zwei alte Stoffstreifen mit einigen Tropfen Orangensaft, Ketchup, Senf, Marmelade und Öl.
4. Tauche einen beschmutzten Stoffstreifen in klares Wasser, den anderen in die Waschlauge.

233. Super-Seifenblasenlauge

Du brauchst:
- 1 Esslöffel Spülmittel
- 1/2 Tasse Wasser
- 1 Prise Zucker
- 1 Strohhalm

Und so wird's gemacht:
1. Fülle das Spülmittel in die Tasse und mische das Wasser gut durch.
2. Füge eine Prise Zucker dazu.
3. Tauche das untere Ende des Strohhalms in die Seifenlauge und puste in das obere hinein.

Was wird geschehen?
Es entsteht eine kleine Seifenblase.

Warum denn das?
Beim Pusten umschließt die Seifenlauge die Luft und bildet eine Blase. Der Zucker in der Seifenlauge macht die Blase haltbarer, denn er verhindert das schnelle Verdunsten des Wassers und damit das vorzeitige Platzen der Seifenblase.

Erde, Matsch und Wasser-spielchen

234. Erdmantel

Du brauchst:
- zähflüssigen Honig oder Sirup
- Wasser
- 2 hohe Schälchen
- 2 Korken

Und so wird's gemacht:
1. Fülle in ein Schälchen Wasser, in das andere Honig oder unverdünnten Sirup.
2. Tauche in jedes Schälchen einen Korken und lasse ihn dann wieder los.

Was wird geschehen?
Der in Honig oder Sirup eingetauchte Korken taucht wesentlich langsamer auf als der Korken im Wasser.

Warum denn das?
Wasser fließt leicht, es hat eine geringe Viskosität. Wenn Wasser auf den Boden gegossen wird, breitet es sich als Pfütze aus. Honig und Sirup sind zähflüssig, sie fließen langsam, haben eine hohe Viskosität. Der eingetauchte Korken übt einen Druck auf die Flüssigkeiten aus, er verschiebt die Flüssigkeitsmoleküle. Lässt man den Korken los, taucht er infolge des Auftriebs wieder auf. Bei Flüssigkeiten mit hohen Viskositäten ist der Auftrieb verzögert, der Korken taucht langsamer auf.

Wenn du mehr wissen willst:
So ähnlich wie zähflüssigen Honig kann man sich auch den äußeren geschmolzenen Teil des Erdmantels vorstellen, auf dem die Kontinente „schwimmen". Das Gewicht der Erdkruste drückt auf den Mantel. Dort wo sich riesige Gesteinsmassen (Gebirge) oder Inlandeismassen befinden, lastet ein höheres Gewicht auf dem Erdmantel. Zum so genannten isostatischen Ausgleich entwickelt sich unterhalb der Gebirge eine „Wurzel". Die Erde ist eine Gesteinskugel mit einem heißen, festen Metallkern aus Eisen und Nickel. Der innere, feste Kern, dessen äußere Schicht geschmolzen ist, wird umhüllt von einem Erdmantel, der aus festem Silikat besteht. Auch der äußere Teil des Erdmantels ist teilweise geschmolzen. Von dort stammt das meiste Magma, das bei einem Vulkanausbruch an die Erdoberfläche gelangt. Die äußere Schicht, die Erdkruste, ist zwischen 6 und 40 km dick. Die feste Erdkruste ist in riesige, bewegliche Platten zerbrochen, die wie eine runzelige Haut auf dem zähflüssigen Erdinneren „schwimmen". Ganz langsam und für uns damit unmerklich weichen sie auseinander, stoßen zusammen oder gleiten aneinander vorbei. Unsere fünf Kontinente (Amerika, Asien, Australien, Afrika, Europa) sind als dicke Krustenteile in diese so genannten tektonischen Platten eingebettet. Wenn sich die Platten bewegen, werden Kontinente auseinander gerissen oder zusammengeschoben, Gesteinsschichten türmen sich zu riesigen Gebirgen auf, Erdbeben und neue Meere entstehen.

235. Erdbeben

Du brauchst:
- Bauklötze
- 1 Stuhl

Und so wird's gemacht:
1. Baue auf dem Sitz des Stuhls einige Türme aus Bauklötzen.
2. Rüttle fest an den Stuhlbeinen.

Was wird geschehen?
Die Türme aus Bauklötzen fallen zusammen.

Warum denn das?
Das Rütteln an den Stuhlbeinen hat den Sitz des Stuhles und damit den Untergrund deiner Türme in Schwingung versetzt. Die Erschütterungen haben sie zum Einsturz gebracht. Auch bei einem Erdbeben gerät die feste Erdkruste in Schwingungen.

Wenn du mehr wissen willst:
Erdbeben sind Erschütterungen bzw. Schwingungen des Untergrunds. Ein Erdbeben tritt auf, wenn die tektonischen Platten aneinander vorbei schrammen und sich dadurch Schockwellen im Boden ausbreiten.

236. Selbst gemachte Erde

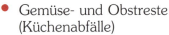

Du brauchst:
- Gemüse- und Obstreste (Küchenabfälle)
- 1 Holzkiste

Und so wird's gemacht:
1. Stelle die Kiste in den Garten oder in den Hinterhof.
2. Fülle die Kiste nach und nach mit organischem Material (Gemüse-, Obstreste). Lasse mit Pestiziden behandelte Orangen- und Bananenschalen dabei weg.

Was wird geschehen?
Die Abfälle faulen und nach vielen Wochen hat sich Humus gebildet.

Warum denn das?
Die Abfälle werden von Insekten und anderen wirbellosen Tieren zerkleinert. Fäulnis- und Schimmelpilze und andere Mikroorganismen bauen die Pflanzenreste gleichzeitig weiter ab. Es entsteht Humus. In ihm sind viele Nährstoffe enthalten, die die Pflanze zum Wachsen braucht. Humus ist deshalb ein guter Dünger, der das Wachstum von Pflanzen begünstigt.

237. Vulkanausbruch

VORSICHT!

Du brauchst:
- 1 große, flache Schale
- Sand
- Kies
- Essig
- Natron
- 1 Trichter
- Lebensmittelfarbe
- 2 kleine Plastik- oder Glasflaschen

Und so wird's gemacht:
1. Vermische in einer Flasche das Essig mit etwas Lebensmittelfarbe.
2. Fülle mit Hilfe eines Trichters die andere Plastikflasche bis zur Hälfte mit Natron.
3. Stelle die mit Natron halb gefüllte Flasche in die Mitte der Schale.
4. Schichte um die Flasche zuerst Kies und dann feuchten Sand auf, sodass das Ganze wie ein Vulkankegel aussieht und nur die Öffnung der Flasche frei bleibt.
5. Gieße vorsichtig etwas Farbessig in die Flasche.

Was wird geschehen?
Aus der Flaschenöffnung strömt eine farbige Flüssigkeit, der „Vulkan" bricht aus.

Warum denn das?
Wenn Essig und Natronlauge zusammengeschüttet werden, entsteht Kohlendioxid. Dieses Gas presst die rote Flüssigkeit aus der Flasche.

Wenn du mehr wissen willst:
Fast 80 % der Erdoberfläche bestehen aus geschmolzenem Gestein, das aus dem Erdinneren aufstieg, sich abkühlte und zu vulkanischem Gestein erhärtete. Die wichtigsten Vulkanzonen liegen entlang der tektonischen Plattenränder. Überall da, wo Platten zusammenstoßen und auseinander driften oder sich aneinander vorbeischieben. Tief unter einem Vulkankegel liegt eine unterirdische Kammer, die Magma (flüssiges Gestein) und heiße Gase enthält. Von ihr führt ein langer Gang, ein Schlot, zur Krateröffnung an der Erdoberfläche. Bei einem Vulkanausbruch drückt der Druck des heißen Gases die heiße Flüssigkeit nach oben und schleudert sie aus der Krateröffnung.

238. Steinsammler

Du brauchst:
- viele Steine aus unterschiedlichen Gegenden

Und so wird's gemacht:
1. Nimm aus deiner Steinsammlung der Reihe nach jeden Stein in die Hand.
2. Versuche mit einem Stein in den anderen zu ritzen.

Was wird geschehen?
Die Steine sind nicht alle gleich hart. Mit einem besonders harten Stein kannst du in weichere ritzen.

Warum denn das?
Steine bestehen aus Mineralien. Manche Mineralien enthalten nur ein Element, die meisten bestehen aber aus Verbindungen mehrerer Elemente. In die weichsten Mineralien, Talk und Gips, kann man sogar mit dem Fingernagel ritzen. Das härteste Gestein, das es gibt, ist der Diamant. In ihn kann man mit anderen Mineralien nicht ritzen, aber er selbst ritzt alle anderen Mineralien.

Wenn du mehr wissen willst:
Geologen unterscheiden drei Hauptgruppen von Gesteinen:
1. Magmatische Gesteine entstehen, wenn Magma (geschmolzenes Gestein aus dem Erdmantel), das z. B. über Vulkanausbrüche aus dem Erdinneren nach oben transportiert wurde, abkühlt und erstarrt. Granit ist z. B. ein magmatisches Gestein. Es enthält viel Quarz, das aus kieselsäurehaltigem Magma stammt. Quarz (Siliciumoxid) ist der Hauptbestandteil von Sand, der als Rohstoff bei der Glasherstellung dient.
2. Sedimentgesteine bilden sich durch Ablagerung von Teilchen, die an der Erdoberfläche verwittern. Muschelkalk ist z. B. ein Sedimentgestein, das aus zusammengepressten Schalen urzeitlicher Meeresweichtiere besteht.
3. Metamorphes Gestein entsteht durch Hitze und Druck der tektonischen Plattenbewegungen. Gneis ist z. B. ein metamorphes Gestein, das durch Verformung und Einschmelzen von Granit entstand.

239. Projekt Erde

Du brauchst:
- 1 Spaten
- 2 Plastiktüten
- Erde von zwei verschiedenen Standorten (z. B. Wald und Acker)
- Zeitungspapier
- 1 Lupe

Und so wird's gemacht:
1. Grabe an zwei Standorten tief in den Boden und fülle von jedem Bodentyp etwas Erde in je eine Plastiktüte.
2. Schütte die Erdproben getrennt voneinander auf Zeitungspapier und vergleiche ihre Zusammensetzung.

Was wird geschehen?
Du erkennst in beiden Erdproben wenige Millimeter bis Zentimeter große Partikel, die man mit den Fingern zerdrücken kann. Wenn du genau hinschaust, entdeckst du kleine Pflanzenwurzeln, zersetzte Pflanzenteile, Steine, Kies und Sand. Auch kleine Tierchen, wie z. B. Regenwürmer und viele Insekten, leben im Boden. Außerdem gibt es Hohlräume zwischen den festen Bestandteilen, die mit Luft oder Wasser gefüllt sind. Es ist dir bestimmt auch aufgefallen, dass sich deine beiden Bodentypen ganz schön unterscheiden.

Warum denn das?
Die Zusammensetzung von Böden ist vom Untergrundgestein, vom Klima, vom Pflanzenwuchs und von der Nutzung abhängig.

Wenn du mehr wissen willst:
Der Boden bildet die oberste Schicht der Erdkruste. Er enthält mineralisches und organisches Material (d. h. Stoffe aus Kohlenstoffverbindungen), Luft, Wasser und Lebewesen. Das organische Material nennt man „Humus". Es setzt sich zusammen aus verwittertem Laub, Pflanzenteilen, Rückständen und Abbauprodukten von Tieren und Mikroorganismen (Bakterien, Pilze etc.), die im Boden leben. Die Eigenschaften einer bestimmten Bodenart hängen von Anteil und Zusammensetzung dieser Bestandteile und von ihren Wechselwirkungen ab. Bodeneigenschaften können sich ändern, weil die Böden der Sonne, dem Regen und dem Wind ausgesetzt sind, weil Pflanzen auf ihnen wachsen, weil Tiere ihn zertreten oder der Mensch Nutzpflanzen auf ihnen anbaut. Auf sehr steilen Hängen und dort, wo eine sehr große Höhenlage und ein sehr kaltes Klima den Pflanzenwuchs verhindern, gibt es keine Böden.

240. Ganz schön schlammig!

ZEITINTENSIV

Du brauchst:
- 2 leere, saubere Marmeladengläser mit Deckel
- 2 Bodenproben
- Wasser

Warum denn das?
Im Erde-Wasser-Gemisch sinken die Bodenteilchen in Abhängigkeit von ihrem Gewicht schneller oder langsamer ab. Schwere Teilchen (z. B. Sand) setzen sich deshalb ganz unten ab, leichtere (z. B. Humus) schwimmen oben an der Oberfläche.

Wenn du mehr wissen willst:
Die Körnung einer Bodenprobe bezieht sich auf die Mengenanteile von Ton, Schluff und Sand. Bodenmaterial besteht aus Partikeln unterschiedlicher Korngröße.
Bodenpartikel mit einem Durchmesser von
größer als 2 mm bezeichnet man als Kies,
0,2-2 mm als Grobsand
0,02-0,2 mm als Feinsand
0,002-0,02 mm als Schluff
kleiner als 0,002 mm als Ton

Und so wird's gemacht:
1. Fülle in jedes der beiden Marmeladengläser eine Bodenprobe. (Das Glas sollte etwa halbvoll sein.)
2. Eines der beiden Gläser füllst du mit Wasser (fast randvoll) auf.
3. Verschließe beide Gläser fest mit dem Deckel und schüttle sie danach gut durch.
4. Lass die Gläser einige Stunden stehen.

Was wird geschehen?
In einem Glas tut sich gar nichts. In dem mit Wasser aufgefüllten Glas entsteht eine Schichtung der Bodenbestandteile: Ganz unten haben sich grobe Sandkörner abgesetzt, dann folgt eine Schicht aus feineren Bodenteilchen wie Lehm. Ganz oben an der Oberfläche schwimmt der Humus, die oberste Bodenschicht.

241. Verwittert

ZEITINTENSIV

Du brauchst:
- 1 Zeitung

Und so wird's gemacht:
1. Lege eine Zeitung eine Zeit lang ungeschützt ins Freie.
2. Schaue nach einigen Monaten nach, wie sie sich verändert hat.

Was wird geschehen?
Die Zeitung ist in Fetzen gerissen, vergilbt, brüchig und unleserlich.

Warum denn das?
Alle Materialien, selbst die härtesten Gesteine, verwittern und zerfallen irgendwann, wenn sie dem Wasser und den Gasen der Atmosphäre über lange Zeiträume ausgesetzt sind. Auch deine Zeitung wird irgendwann ganz verrottet sein.

Wenn du mehr wissen willst:
Wenn Gesteine über längere Zeiträume dem Wetter ausgesetzt sind, werden sie mechanisch aufgelockert, zerrieben, zerkleinert oder chemisch verändert und teilweise aufgelöst. Wenn Gesteine verwittert sind, können ihre zerkleinerten Bruchstücke verfrachtet werden. Lose Bruchstücke an einem Berghang rutschen hangabwärts. Regen, Bäche, Flüsse, Wind und Gletschereis verfrachten sie weiter und lagern sie an einer anderen Stelle wieder ab. Diesen Abtransport des Gesteins nennt man Erosion.

242. Luft im Boden

Du brauchst:
- 1 leeres sauber gewaschenes Marmeladenglas
- 1/2 Tasse Erde (Bodenprobe oder Blumenerde)
- 1 Tasse abgekochtes Wasser, abgekühlt
- 1 Lupe

Und so wird's gemacht:
1. Fülle die Erde in das Marmeladenglas.
2. Gieße das Wasser darüber.

Was wird geschehen?
Oben auf der Erdschicht bilden sich kleine Bläschen, die man mit der Lupe erkennen kann.

Warum denn das?
Die in der trockenen Erde enthaltenen Gase aus der Luft steigen ins Wasser auf. Beim Abkochen entweichen die im Wasser gelösten Gase aus der Luft. Die Luftbläschen im Glas stammen daher eindeutig aus der Erde.

Wenn du mehr wissen willst:
Bodenluft enthält mehr Kohlendioxid und weniger Sauerstoff als die Luft über dem Boden. Zwischen der Atmosphäre und der Bodenluft finden Diffusionsvorgänge statt. Wie viel Luft im Boden enthalten ist, ist vom Wassergehalt abhängig. Je größer der Wassergehalt des Bodens ist, desto weniger Bodenluft enthält er und desto schneller wird der Sauerstoff durch die Atmung der Bodenlebewesen und Pflanzenwurzeln verbraucht. Die meisten Pflanzenarten erleiden Schäden, wenn ihre Wurzeln in einer sauerstofffreien Umgebung gehalten werden.

243. Gründlich nass

Du brauchst:
- 1 Reagenzglas
- feinen Sand
- groben Sand
- Gartenerde
- Watte
- 1 Suppenteller, mit Wasser gefüllt

Und so wird's gemacht:
1. Fülle das Reagenzglas zu einem Drittel mit feinem Sand, zu einem Drittel mit grobem Sand und das restliche Drittel mit Gartenerde. Stopfe dann Watte hinein, damit die Erde nicht herausfällt.
2. Stelle das Reagenzglas mit der Öffnung nach unten in den wassergefüllten Suppenteller.

Was wird geschehen?
Das Wasser steigt langsam nach oben. Es steigt umso weiter, je feinkörniger das Material ist.

Warum denn das?
Wasser hat aufgrund der Adhäsions- und Kohäsionskräfte das Bestreben, auch gegen die Gravitationskraft in feinen Spalten hochzusteigen. Auf diese Art erreicht das Grundwasser die Wurzeln der Pflanzen. In engen Spalten steigt das Wasser höher als in weiten. Auch in körnigem Material mit engen Poren (z. B. Feinsand) wandert es höher als in Material mit weiten Poren (z. B. Grobsand).

Wenn du mehr wissen willst:
Das Grundwasser ist unser unter der Erdoberfläche liegender Wasservorrat. Grundwasser entsteht, wenn Niederschläge in den Boden sickern oder auch in Risse und Spalten des Gesteins eindringen. Grundwasser kann in Quellen zutage treten. Man kann es auch gewinnen, indem man Brunnen baut oder bohrt und das Wasser an die Oberfläche pumpt. Bodenschichten, die Grundwasser enthalten und es auch weiterleiten, werden als Grundwasserleiter oder Grundwasserspeicher bezeichnet.

244. Sprudelsteine

Du brauchst:
- Tonscherben oder andere poröse Steine
- 1 flache Schale
- Wasser
- 1 Lupe

Und so wird's gemacht:
1. Fülle die Schale mit Wasser und lege die Tonscherben hinein.
2. Beobachte mit der Lupe, was passiert.

Was wird geschehen?
Auf den Tonscherben bilden sich Bläschen unter Wasser.

Warum denn das?
In den Tonscherben befindet sich ein Gas, der Sauerstoff. Im Wasser wird der aus den Scherben entweichende Sauerstoff in Form von Gasbläschen sichtbar. Auch in porösem Gestein, in den winzigen Räumen zwischen den Mineralien, kann sich Sauerstoff befinden.

245. Wasserbremse

Du brauchst:
- 3 verschiedene Bodenproben (z. B. Sand, Lehm, Blumenerde)
- 3 kleine Blumentöpfe (Durchmesser ca. 10 cm)
- 3 leere, saubere Marmeladengläser
- 1 Messbecher

Und so wird's gemacht:
1. Fülle die trockenen Bodenproben in jeweils einen Blumentopf.
2. Stelle jeden Blumentopf auf jeweils ein Marmeladenglas.
3. Miss mit dem Messbecher drei mal hintereinander 100 ml Wasser ab und schütte es jeweils in einen Blumentopf.

Was wird geschehen?
Das Wasser, das vom Bodenmaterial in den Blumentöpfen nicht festgehalten wird, läuft durch das Abflussloch des Blumentopfs und sammelt sich im Marmeladenglas. Dabei speichern die verschiedenen Böden unterschiedlich gut Wasser.

Warum denn das?
Boden, der vor allem aus Grobsand besteht, kann nur wenig Wasser halten. Schluffböden verlieren ihr Wasser dagegen nur langsam, denn ihre Bodenporen sind so eng, dass ihre Wasserleitfähigkeit gering ist.

246. Wasser in der Wüste?

IM FREIEN

Du brauchst:
- 1 leeres Marmeladenglas
- durchsichtige Plastikfolie
- mehrere große Steine
- 1 Schaufel

Und so wird's gemacht:
1. Grabe an einer sonnigen Stelle ein tiefes Loch in den Erd- oder Sandboden.
2. Stelle das Glas in das Loch.
3. Spanne die Plastikfolie über das Loch und beschwere sie am Rand mit mehreren Steinen und dichte außerdem ihre Außenränder mit Erde ab.
4. Lege in die Mitte der Folie einen kleinen Stein, sodass sie etwas durchhängt.

Was wird geschehen?
Scheint die Sonne auf die Folie, werden sich nach ein paar Stunden an der Innenseite Wassertröpfchen bilden, die zusammenlaufen und schließlich in das Glas tropfen.

Warum denn das?
Selbst scheinbar trockene Erde kann Wasser enthalten. Die Sonnenstrahlen erwärmen durch die Folie hindurch die Erde. Das in der Erde enthaltene Wasser verdunstet und schlägt sich innen an der Folie nieder.

247. Wasserfall

Du brauchst:
- 1 leere Plastikflasche
- 1 spitzen Nagel
- Wasser
- Klebestreifen (Tesafilm)

Und so wird's gemacht:
1. Steche mit dem Nagel Löcher in vier verschiedenen Höhen in die Flasche, wie in der Abbildung gezeigt.
2. Verschließe die Löcher sorgfältig mit Tesafilm.
3. Stelle die Flasche ins Waschbecken und fülle sie mit Wasser.
4. Entferne die Tesafilmstreifen.

Was wird geschehen?
Aus jedem Loch strömt Wasser, aber in unterschiedlicher Stärke. Am weitesten spritzt das Wasser aus dem unteren Loch, das aus dem oberen am kürzesten.

Warum denn das?
In den unteren Wasserschichten ist der Wasserdruck höher als in den oberen. Das Wasser schießt deshalb unten mit höherer Geschwindigkeit weit heraus.

248. Superspringbrunnen

ÜBUNG UND GEDULD

Du brauchst:
- 2 Marmeladengläser ohne Deckel
- 1 Marmeladenglas mit Deckel
- 2 Strohhalme
- Wasser, mit Wasserfarben gefärbt
- Knetmasse oder Kaugummi
- 1 Hammer
- 1 Nagel
- 1 Schachtel

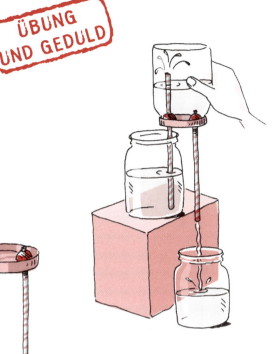

Und so wird's gemacht:
1. Klopfe am Rand des Deckels mit Hilfe von Hammer und Nagel ein Loch und ein weiteres am gegenüberliegenden Rand.
2. Stecke die Strohhalme durch die Löcher, fixiere sie so wie auf der Abbildung und befestige sie mit Knetmasse oder Kaugummi.
3. Fülle zwei Gläser bis zur Hälfte mit gefärbtem Wasser. Verschließe eines davon mit dem vorbereiteten Deckel, sodass ein Strohhalm aus dem Glas heraus und der andere ins Wasser ragt.
4. Stelle das offene, mit Wasser gefüllte Glas auf, das andere neben die stabile Schachtel.
5. Drehe das mit dem Deckel verschlossene Glas um und installiere es wie in der Abbildung beschrieben.

Was wird geschehen?
In dem geschlossenen Glas sprudelt ein Springbrunnen.

Warum denn das?
Beim Umdrehen des geschlossenen Glases konnten durch die beiden Strohhalme Luft bzw. Wasser abfließen. Oberhalb der Wasserfläche ist nun ein Vakuum (ein luftleerer Raum) entstanden. Das Wasser aus dem auf der Schachtel stehenden Glas kann über den Strohhalm aufsteigen.

249. Aluboote

Du brauchst:
- 1 Waschbecken, mit Wasser gefüllt
- 2 Stück Alufolie (gleich groß)
- 2 10-Cent-Münzen

Und so wird's gemacht:
1. Forme aus einem Stück Alufolie ein mindestens 7 cm langes Boot und lasse es im Wasser schwimmen.
2. Lege das 10-Cent-Stück flach in das Boot.
3. Umwickle das zweite 10-Cent-Stück dicht mit dem zweiten Stück Alufolie und lege es flach auf das Wasser.

Was wird geschehen?
Das eingewickelte 10-Cent-Stück geht unter, das Boot mit dem 10-Cent-Stück nicht.

Warum denn das?
Unser Aluboot mit dem 10-Cent-Stück und die umwickelte 10-Cent-Münze sind gleich schwer. Wenn zwei Gegenstände das gleiche Gewicht haben, schwimmt der Gegenstand besser, der mehr Wasser verdrängt. Im Aluboot entstand ein luftgefüllter Hohlraum, der aufgrund seiner Form erheblich mehr Wasser verdrängt als die umwickelte Münze mit ihrem kleineren Volumen. Gegenstände, die (wie z.B. die umwickelte Münze) schwerer sind als das verdrängte Wasser, sinken.

250. Rettungsinsel

Du brauchst:
- 1 Puppenteller aus Plastik
- 1 Waschbecken, mit Wasser gefüllt

Und so wird's gemacht:
1. Lege den Puppenteller waagerecht aufs Wasser. (Er schwimmt.)
2. Nimm den Teller heraus und lege ihn senkrecht ins Wasser.

Was wird geschehen?
Der Puppenteller geht unter.

Warum denn das?
Der Auftrieb, den ein Körper erhält, ist umso größer, je mehr Wasser er beim Eintauchen verdrängt. Der waagerechte (horizontal liegende) Puppenteller nimmt eine große Fläche ein und verdrängt deshalb viel Wasser. Der Auftrieb ist groß genug, um den flach liegenden Puppenteller schwimmen zu lassen. Der senkrecht gehaltene Puppenteller verdrängt dagegen nur wenig Wasser, denn der Teil, der ins Wasser eintaucht, ist klein. Der Auftrieb reicht deshalb nicht aus, ihn schwimmen zu lassen.

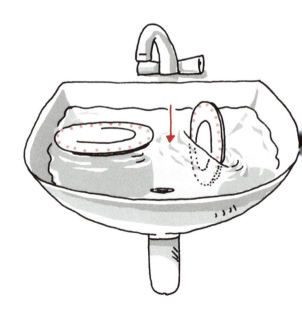

251. Öl „on ice"

Du brauchst:
- 2 Eiswürfel
- 1 Glas, mit kaltem Wasser gefüllt
- 1 Glas, mit Öl gefüllt

Und so wird's gemacht:
Lasse einen Eiswürfel in das Wasserglas, den anderen in das mit Öl gefüllte Glas fallen.

Was wird geschehen?
Der Eiswürfel schwimmt im Wasser, geht aber in Öl unter.

Warum denn das?
Die Dichte von Eis ist kleiner als die von Wasser, deshalb schwimmt der Eiswürfel im Wasser. Die Dichte des Eiswürfels ist größer als die des Öls, deshalb geht der Eiswürfel im Öl unter.

252. Sinkende Kugeln

Du brauchst:
- Knetmasse
- 1 Holzkugel
- 1 Glasmurmel von gleichem Durchmesser wie die Holzkugel
- 1 Waschbecken, mit Wasser gefüllt

Und so wird's gemacht:
1. Forme aus Knetmasse ein kleines Boot und lege es auf das Wasser. (Es schwimmt.)
2. Knete das Boot zu einer Kugel.
3. Lasse die Holzkugel, die Knetkugel und die Glasmurmel ins Wasser fallen.

Was wird geschehen?
Die Knetkugel und die Glasmurmel sinken, die Holzkugel schwimmt.

Warum denn das?
Die Glasmurmel hat eine größere Dichte als Holz und Wasser. Sie sinkt, weil der Auftrieb des Wassers nicht ausreicht, sie schwimmen zu lassen. Auch die Knetkugel sinkt, weil ihre Dichte größer ist als die von Holz und Wasser. Das Knetboot ging nur deshalb nicht unter, weil durch die Umformung in ihm – im Gegensatz zur Knetkugel – ein luftgefüllter Hohlraum entstanden ist, dessen Dichte geringer ist als die des Wassers.

253. Überladenes Boot

Du brauchst:
- Knetmasse
- 1 Gabel
- kleine Steinchen und Minispielzeug (z. B. Murmeln, Plastikfiguren etc.)
- 1 Waschbecken, mit Wasser gefüllt

Und so wird's gemacht:
1. Forme aus Knetmasse eine kleine viereckige Schale mit relativ hohen Außenwänden, wie in der Abbildung gezeigt.
2. Lege die Schale ins Wasser und sieh dir genau an, wie tief sie ins Wasser einsinkt. Kerbe die Knetmasse an dieser Stelle mit einer Gabel ein.
3. Belade die Schale langsam mit Steinchen oder Spielzeug. Achte darauf, ob die Kerbe über dem Wasser bleibt.

Was wird geschehen?
Je voller die Schale beladen ist, desto tiefer taucht sie ins Wasser ein. Ist sie überladen, sinkt das „Boot".

Warum denn das?
Die Schale ist konkav und enthält Luft. Wenn sie gefüllt wird, wiegt sie mehr und hat deshalb eine höhere Dichte. Wenn das Gewicht der Schale größer ist als das des verdrängten Wassers, geht sie unter. Nur solange das verdrängte Wasser ein größeres Gewicht hat, kann sie noch schwimmen.

254. Doppeldecker

Du brauchst:
- 5 Esslöffel Öl
- 5 Esslöffel Wasser
- 5 Esslöffel Honig (oder Sirup)
- 1 sauberes Glas mit Schraubverschluss

Und so wird's gemacht:
1. Schütte Öl, Wasser und Sirup in das Glas, schraube es zu und schüttle alles gut durch.
2. Lasse das Glas einige Minuten stehen.

Was wird geschehen?
Das Öl schwimmt oben, der Honig sinkt nach unten und dazwischen befindet sich eine Schicht Wasser.

Warum denn das?
Der Honig sinkt ab, weil er eine höhere Dichte als Wasser hat. Höhere Dichte heißt, dieselbe Menge Honig enthält eng zusammengepackt mehr Moleküle als dieselbe Menge Wasser. Das Öl schwimmt oben, da es leichter ist, d. h. eine geringere Dichte hat als Wasser.

255. Magisches Ei

Du brauchst:
- 1 rohes Ei
- 1 Glas, mit Leitungswasser gefüllt
- Kochsalz

Elektrizität und Magnetismus

Und so wird's gemacht:
1. Lege das Ei in das Wasserglas. Es geht unter.
2. Schütte viel Salz in das Glas und rühre es mit dem Löffel um.

Was wird geschehen?
Das Ei beginnt zu schweben und steigt an die Oberfläche.

Warum denn das?
Das Ei hat eine größere Dichte als Leitungswasser und geht deshalb darin unter. Das Salzwasser hat eine höhere Dichte als das Leitungswasser und das Ei. Deshalb schwimmt das Ei in Salzwasser an der Oberfläche. Vielleicht warst du schon einmal in einem Solebad (ein Schwimmbad, in dem das Wasser einen extrem hohen Salzgehalt hat)? Dann hast du ja die Erfahrung gemacht, dass du in diesem speziellen Wasser garantiert nicht untergehst, oder?

256. Der hüpfende Puffreis

Du brauchst:
- Puffreis (Popcorn)
- 1 Plastiklöffel
- 1 Wolltuch
- 1 Schüssel

Und so wird's gemacht:
1. Reibe den Plastiklöffel am Wolltuch.
2. Halte ihn über die Schüssel mit Puffreis.

Was wird geschehen?
Der Puffreis springt hoch und haftet am Plastiklöffel. Dann fangen die Körner an zu hüpfen und in alle Richtungen davonzuschießen.

Warum denn das?
Der Plastiklöffel ist elektrisch geladen und zieht den Puffreis an. Die Ladung springt auf den Puffreis über und lädt ihn ebenfalls auf. Da sich gleiche Ladungen abstoßen, hüpfen die Puffreisteilchen wild durcheinander.

Wenn du mehr wissen willst:
Ein Gegenstand wird negativ geladen, wenn seine Atome Elektronen aufnehmen. Er wird positiv geladen, wenn seine Atome Elektronen abgeben. Entgegengesetzte Ladungen ziehen sich an, gleiche Ladungen stoßen sich ab. Ein Gegenstand ohne elektrische Ladung ist elektrisch neutral.

257. Magischer Kamm

Du brauchst:
- 1 Plastikkamm
- 1 Wollpullover oder Wollschal
- Schere
- Papier

Und so wird's gemacht:
1. Schneide dünne Papierstreifen.
2. Streiche mit dem Kamm mehrmals über den Wollschal bzw. -pullover und halte ihn dann sofort auf die Papierstreifen.

Was wird geschehen?
Der Kamm scheint Anziehungskräfte zu besitzen, denn die Papierstreifen haften für kurze Zeit an ihm.

Warum denn das?
Der Kamm hat durch das Reiben am Wollpullover eine elektrische Ladung bekommen. Er zieht die Papierstreifen an. Dieser elektrostatische Effekt verschwindet, sobald die Elektronen den Kamm verlassen haben. Wenn man einen elektrisch geladenen Gegenstand an einen anderen hält, werden die Ladungen in dessen Molekülen abgestoßen bzw. angezogen, d. h. leicht gegeneinander verschoben. Der negativ geladene Gegenstand stößt die Elektronen im Papier ab. Weil er nun den positiven Ladungen näher ist, zieht er die leichten Papierstreifen an.

Wenn du mehr wissen willst:
Statische Elektrizität kann einen leichten elektrischen Schlag verursachen. Sie entsteht, wenn Ladungen (Elektronen) nicht fließen, sondern an einem Ort bleiben. Das Gebiet, in dem elektrostatische Kräfte wirken, ist von einem elektrischen Feld umgeben. Die elektrischen Feldlinien ähneln den magnetischen Feldlinien.

258. Echt anziehend

Du brauchst:
- 1 Hufeisenmagnet
- 1 Löffel aus Stahl
- 1 Löffel aus Plastik
- 1 Pinzette
- 1 Glasscherbe
- 1 Streichholzschachtel
- 1 Luftballon

Und so wird's gemacht:
Lege alles auf den Tisch und halte den Hufeisenmagneten mit der Öffnung nach unten über die einzelnen Gegenstände.

Was wird geschehen?
Der Hufeisenmagnet zieht den Löffel aus Stahl und die Pinzette an. Die übrigen Gegenstände bleiben liegen.

Warum denn das?
Ein Magnet hat die Eigenschaft, andere Dinge mit magnetischen Eigenschaften, d. h. Gegenstände aus Eisen, Stahl, Nickel, Kobalt und Chrom, anzuziehen.

Wenn du mehr wissen willst:
Magnete sind Gegenstände aus bestimmten Materialien (wie Eisen, Nickel, Kobalt), die magnetische Eigenschaften haben, d. h. die sich gegenseitig anziehen oder abstoßen. Jeder Magnet hat zwei Pole, den Nord- und den Südpol. Ein Südpol zieht einen Nordpol an, aber die Südpole zweier Magneten stoßen sich ab. Das Gebiet um den Magneten, in dem er Kräfte ausübt, nennt man Magnetfeld. An jedem Punkt im Magnetfeld übt der Magnet eine Kraft in eine bestimmte Richtung aus. Die Richtung ergibt sich aus den Feldlinien, die um den Magnet von einem Pol zum anderen ziehen.

Ein Kompass enthält eine magnetisierte Nadel, die drehbar gelagert ist. Das Magnetfeld der Erde wirkt auf diese Nadel und zieht ein Ende zum magnetischen Nordpol der Erde, das andere zum magnetischen Südpol. Ein Kompass zeigt daher immer die Nord-Süd-Richtung an. Der Nordpol eines Magneten zeigt immer zum geografischen Norden.

259. Salz und Pfeffer trennen

Du brauchst:
- 1 Plastiklöffel
- Salz
- schwarzen Pfeffer (fein gemahlen)
- 1 Wollpullover oder Wollschal

Und so wird's gemacht:
1. Schütte etwas Salz und gemahlenen Pfeffer auf den Tisch und vermische beides.
2. Reibe einen Plastiklöffel kräftig an Wolle und nähere ihn ganz langsam von oben dem Salz-Pfeffer-Gemisch.

Was wird geschehen?
Die schwarzen Pfefferkörner springen am Löffel hoch.

Warum denn das?
Der Plastiklöffel lädt sich durch Reibung an Wolle elektrisch auf. Die Pfefferkörnchen werden durch die elektrische Ladung angezogen. Da sie leichter sind als die Salzkörnchen, überwinden sie schon in größerem Abstand zum Löffel ihre Schwerkraft.

260. Abgelenkt!

Du brauchst:
- 3 große, schwere Bücher
- 1 Stabmagnet
- 4 verschiedene Münzen
- flache, dünne, runde Plättchen aus Eisen (z. B. Unterlegscheiben)

Und so wird's gemacht:
1. Staple zwei Bücher übereinander und lehne das dritte gegen den Stapel, sodass eine schiefe Ebene entsteht.
2. Halte den Magneten in der Mitte des Buchs fest und lasse die verschiedenen Münzen neben ihm den „Abhang" hinuntergleiten.

Was wird geschehen?
Die Metallplättchen bleiben am Magneten hängen, die Münzen nicht.

Warum denn das?
Die Münzen bestehen nicht aus Eisen, sondern aus anderen Metallen wie z. B. Kupfer. Kupfer wird von einem Magneten nicht angezogen. Auch in Münzautomaten sind Magneten eingebaut, die eisenhaltiges Falschgeld oder Unterlegscheiben abfangen.

261. Nadelsammler

Du brauchst:
- 1 Hufeisenmagnet
- 1 Stabmagnet
- viele Stecknadeln

Und so wird's gemacht:
1. Teile die Stecknadeln in zwei Häufchen.
2. Halte über ein Stecknadelhäufchen den Stabmagneten, über das andere den Hufeisenmagneten.
3. Zähle nach, wie viele Stecknadeln an beiden Magneten hängen bleiben.

Was wird geschehen?
Am Hufeisenmagneten bleiben mehr Nadeln hängen als am Stabmagneten.

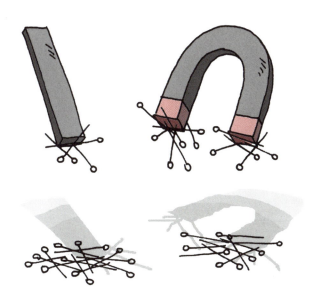

Warum denn das?
Die Kraft eines Magneten wird nicht nur durch die Größe, sondern auch durch die Form beeinflusst. Hufeisenförmige Magneten sind immer stärker als Stabmagneten. Haben zwei Magneten die gleiche Form, ist der größere stärker.

262. Unterwassermagnet

Du brauchst:
- 1 Magnet
- 1 Büroklammer oder eine Sicherheitsnadel
- 1 Glas, mit Wasser gefüllt

Und so wird's gemacht:
1. Lass die Büroklammer bzw. die Sicherheitsnadel in das Wasserglas fallen.
2. Halte den Magneten an die Außenwand des Glases dorthin, wo der Metallgegenstand liegt.
3. Bewege den Magneten am Glas entlang.

Was wird geschehen?
Die Metallgegenstände (Büroklammer, Sicherheitsnadel) werden vom Magneten angezogen und folgen der Bewegung des Magneten bis über die Wasseroberfläche hinaus.

Warum denn das?
Die Anziehungskraft des Magneten wirkt auch durch Glas und das Wasser hindurch.

263. Versteckte Kräfte

Du brauchst:
- 1 Magneten
- 1 Gegenstand aus Eisen (z. B. ein Teelöffel)
- 1 dicken Wollhandschuh
- 1 Seidentuch
- Zeitungspapier

Und so wird's gemacht:
1. Wickle den Magneten zuerst in einen Wollhandschuh und nähere ihn dann dem Löffel.
2. Wiederhole den Versuch mit dem in Seidentuch, dann mit dem in Zeitungspapier eingewickelten Magneten.

Was wird geschehen?
Ein dünn eingewickelter Magnet (Seide, Zeitungspapier) zieht den Löffel an. Bei dicker Umhüllung des Magneten (Wollhandschuh) nimmt die Anziehungskraft ab.

Warum denn das?
Die Magnetkraft kann dicke Materialschichten nicht durchdringen.

264. Schwerelos!

Du brauchst:
- 2 längliche Magneten
- 1 Stück Holz
- festes Klebeband

Und so wird's gemacht:
1. Lege auf einen Magneten ein Stück Holz und auf das Holz einen zweiten Magneten. Die Pole der beiden Magneten sollten dabei in dieselbe Richtung zeigen.
2. Verbinde die beiden Magneten an ihren Enden mit mehreren Lagen Klebeband.
3. Entferne das Holz und versuche die beiden Magneten gegeneinander zu drücken.

Was wird geschehen?
Man spürt einen Gegendruck.

Warum denn das?
Gleichnamige Pole stoßen sich ab. Da Nord- und Südpol der Magneten direkt übereinander liegen, stoßen sie sich ab, sodass der obere Magnet über dem unteren schwebt.

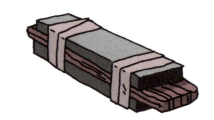

265. Die magnetische Nadel

Du brauchst:
- mehrere Nadeln
- 1 Stabmagnet

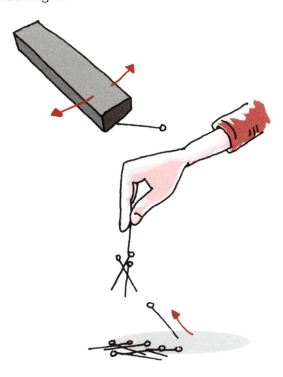

Und so wird's gemacht:
1. Streiche mehrmals mit dem Ende eines Magneten an einer Nadel entlang.
2. Nähere dann die magnetisierte Nadel den anderen Nadeln.

Was wird geschehen?
Die Nadel zieht die anderen Nadeln an.

Warum denn das?
Die Nadel wurde durch Reibung am Magneten magnetisiert, das heißt, sie verhält sich nun auch wie ein Magnet.

266. Halbierte Magnetkraft

Du brauchst:
- 1 große Nähnadel
- 1 Stabmagnet
- 1 Zange
- Stecknadeln

Und so wird's gemacht:
1. Magnetisiere die große Nadel.
2. Halbiere die Nadel mit der Zange.
3. Halte den Magneten an die Nadelspitze und an das abgeschnittene Nadelteil, wie in der Abbildung gezeigt.

Was wird geschehen?
Die beiden Nadelteile verhalten sich wie zwei Magnete mit Nord- und Südpol. Das eine Ende des Stabmagneten wirkt anziehend, das andere abstoßend.

Warum denn das?
Ein Magnet besteht aus vielen winzig kleinen Magneten, die alle einen positiven und einen negativen Pol haben. Sie behalten ihre Polarität bei, auch wenn der Magnet zerteilt wird.

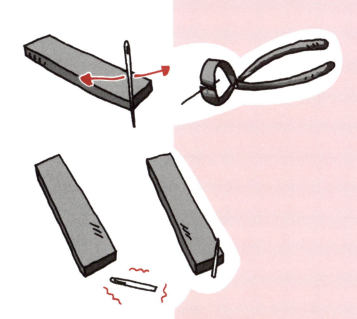

267. Entmagnetisiert

Du brauchst:
- mehrere Nadeln
- 1 Stabmagnet

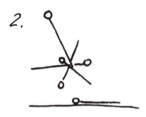

Und so wird's gemacht:
1. Streiche mehrmals mit dem Ende eines Magneten an einer Nadel entlang und prüfe, ob sie magnetisiert ist.
2. Magnetisiere die Nadel noch einmal und lasse sie dann mehrmals auf eine harte Unterlage fallen.
3. Nähere diese Nadel noch einmal den anderen Nadeln.

Was wird geschehen?
Die Nadel wirkt nicht mehr magnetisch, durch den Aufprall hat sie ihre Magnetkraft verloren.

Warum denn das?
Streicht man mit dem Magneten am Metall entlang, richten sich die Elementarbezirke alle gleich aus. D. h. aus dem Metallgegenstand wird nun ein Magnet. Durch Stöße zerstört man diese Ordnung der Elementarmagnete, der Gegenstand wird entmagnetisiert.

268. Kettenreaktion

Du brauchst:
- 2 Nägel aus Eisen
- 1 Stabmagnet

Und so wird's gemacht:
Nähere den Stabmagneten einem Nagel und nähere diesen Nagel dann dem zweiten.

Was wird geschehen?
Der erste Nagel zieht wie ein Magnet den zweiten Nagel an.

Warum denn das?
Der erste Nagel wurde magnetisiert und wirkt nun auf den zweiten wie ein Magnet.

269. Elektrisch und magnetisch

Du brauchst:
- 1 Batterie (4,5 Volt)
- 1 Stück Holz
- 2 Reißnägel aus Metall
- 1 Büroklammer aus Metall
- Kupferdraht
- 1 Schere
- 1 Eisennagel
- Stecknadeln in einer flachen Schachtel

Und so wird's gemacht:
1. Stecke die Reißnägel im Abstand von ungefähr 2 cm in das Holz, biege die Büroklammer auf und stecke ein Ende unter den Nagelkopf, wie in der Abbildung gezeigt.
2. Verbinde das Ende eines Kupferdrahts mit einem Pol der Batterie, das andere mit dem Nagelkopf.
3. Wickle ein langes Kupferdrahtstück ganz eng, ungefähr 20 mal um den Eisennagel und fixiere es mit Klebeband. Befestige ein freies Ende des gewickelten Kupferdrahts am zweiten Pol der Batterie und schiebe das andere unter den Nagelkopf seines „Schalters".
4. Schließe den Stromkreis, indem du die Büroklammer auf den Reißnagelkopf drückst.
5. Halte die Nagelspitze über die Stecknadeln.

Was wird geschehen?
Die Nadel zieht die Stecknadeln an, sie ist magnetisiert.

Warum denn das?
Das Umwickeln des Eisennagels mit Kupferdraht erzeugt ein Magnetfeld, das umso stärker ist, je öfter der Draht um den Nagel gewickelt ist.

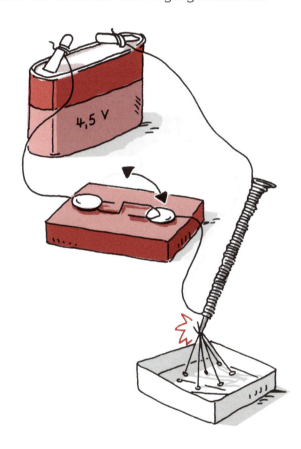

Wenn du mehr wissen willst:
Ein Elektromagnet ist ein elektrisch betriebener Magnet. Er besteht aus einer Drahtspule mit einem Eisenkern. Fließt elektrischer Strom durch die Spule, wird das Eisen zum Magneten. Schaltet man den Strom ab, verliert er seine magnetische Wirkung.

270. Stromkreis

Du brauchst:
- 1 Batterie
- 1 Glühlämpchen (3,5 Volt, mit Fassung)
- 1 isolierten Schaltdraht
- 1 Zange

Und so wird's gemacht:
1. Schneide zwei Kabel mit der Zange auf ca. 20 cm zu.
2. Schließe die Kabel, wie in der Abbildung gezeigt, an die Lampenfassung an und befestige sie an der Batterie.

Was wird geschehen?
Das Lämpchen leuchtet auf.

Warum denn das?
Der Stromkreis ist geschlossen. Der Strom fließt von einer Anschlussklemme der Batterie über den Draht zum Lämpchen und von dort zur zweiten Klemme zurück. Steckt man einen Draht aus, ist der Stromkreis unterbrochen, das Lämpchen geht aus.

Wenn du mehr wissen willst:
Elektrischer Strom ist das Fließen elektrischer Ladung in einem elektrisch leitenden Stoff (z. B. in einem Kupferdraht). Die Ladung kann nur dann fließen, wenn eine elektromotorische Kraft Elektronen in den Leiter bringt. Die Elektronen bewegen sich im Leiter von Atom zu Atom. Die Ladung wird also transportiert. Der elektrische Strom fließt immer im Kreis. D. h. er geht von einer Energiequelle (Stromquelle) aus, verbreitet sich über verbindende Drähte aus leitendem Material und über Bauelemente wie Lampen oder Schalter und fließt dann so lange zur Stromquelle zurück, bis der Stromkreis unterbrochen wird.

271. Lichtschalter

Du brauchst:
- 1 kleines Holzbrett
- 2 Reißnägel aus Metall
- 1 Büroklammer aus Metall
- 3 Stück isolierten Schaltdraht
- 1 Glühlämpchen (3,5 Volt, mit Fassung)
- 3 Stück isolierter Schaltdraht
- 1 Zange

Und so wird's gemacht:
1. Drücke die beiden Reißnägel im Abstand von ca. 4 cm in das Holzbrett und stecke unter jeden Nagel das freigelegte Ende eines Schaltdrahts.
2. Biege die Büroklammer auf und stecke jeweils ein Ende unter einen der beiden Reißnägel.
3. Verbinde die Enden der beiden Drähte mit Batterie und Glühlämpchen und verbinde das dritte Stück Draht mit Lämpchen und Batterie, wie in der Abbildung gezeigt.
4. Drücke das zweite Ende der Büroklammer an den zweiten Reißnagel.

Was wird geschehen?
Das Lämpchen brennt.

Warum denn das?
Die Büroklammer dient als Schalter. Sie besteht aus leitendem Material, aus Metall. Wenn sie beide Reißnägel berührt, ist der Stromkreis geschlossen. Wird sie von einem Nagel entfernt, fließt kein Strom mehr, das Lämpchen geht aus.

272. Zitronenbatterie

Du brauchst:
- 1 Metallblättchen
- 1 Zinkblättchen
- 1/2 Zitrone
- 2 Metalldrähte
- Tesafilm

Und so wird's gemacht:
1. Stecke die beiden Metallblättchen in die Zitrone. Sie dürfen sich aber nicht berühren!
2. Verbinde jedes Metallblättchen mit dem Kupferdraht durch ein Stück Tesafilm.
3. Halte die beiden anderen Drahtenden gleichzeitig an deine Zunge.

Was wird geschehen?
Deine Zunge kribbelt.

Warum denn das?
Die elektrochemischen Reaktionen zwischen den Metallblättchen und der Zitrone verursachen einen Elektronenfluss von einem Metall zum anderen. Du nimmst den Elektronenfluss als Kribbeln wahr. Auf deiner Zunge entlädt sich Strom.

273. Kartoffelpower

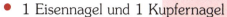

Du brauchst:
- 1 rohe Kartoffel
- 1 Eisennagel und 1 Kupfernagel
- 2 kurze Drahtstücke (aus Metall, z.B. Büroklammern)
- 1 Kopfhörer (z.B. vom Walkman)

Und so wird's gemacht:
1. Wickle ein Stück Metalldraht um jeden Nagel und lasse die Drahtenden frei abstehen.
2. Stecke in ein Ende der Kartoffel den Eisennagel, in das andere den Kupfernagel. Die Nägel (mit ihren Drahtanhängen) sind nun deine Elektroden (Plus- und Minuspol).
3. Setze nun den Kopfhörer auf und schließe die Drahtenden an jeweils einen Pol des Kopfhörersteckers an. Dazu hältst du einfach das eine Drahtende an die Spitze des Steckers, das andere an die so genannte Masse (hinter dem Ring, siehe Abbildung).

Was wird geschehen?
Du hörst ein schwaches Knistern im Ohr.

Warum denn das?
Die Kartoffel mit den Nägeln funktioniert wie eine Batterie. Der Kartoffelsaft wirkt dabei als Elektrolyt, als Flüssigkeit, die Strom leitet. Wenn die Drähte mit den Polen des Kopfhörersteckers verbunden werden, laufen im Elektrolyt chemische Reaktionen ab. Weil Eisenatome ihre Elektronen weniger fest an sich binden als Kupferatome, gibt das Eisen Elektronen an das Kupfer ab. Der Elektronenfluss von einem Metall zum anderen ist nichts anderes als elektrischer Strom, der im Kopfhörer in Schall umgewandelt wird.

274. Essigbatterie

Du brauchst:
- 1 Glasschale
- 1 Kupferblättchen
- 1 Zinkblättchen
- 2 Büroklammern
- 2 Elektrodrähte, an den Enden freigelegt
- 1 Glühlämpchen mit Fassung
- Essig (keine Essigessenz!)

Und so wird's gemacht:
1. Gieße Essig in das Schälchen.
2. Befestige das Ende eines Drahtes an der Büroklammer und diese an ein Kupferblättchen.
3. Befestige das Ende des anderen Drahtes an der anderen Büroklammer und diese an dem Zinkblättchen.
4. Verbinde die beiden freien Drahtenden an der Fassung des Glühlämpchens.
5. Stecke die beiden Metallblättchen in das Schälchen mit Essig.

Was wird geschehen?
Das Lämpchen leuchtet.

Warum denn das?
Wenn man die beiden Metallblättchen in Essig taucht, liegt eine Spannung zwischen ihnen. Verbindet man die Metallblättchen mit Kabeln und schaltet eine Glühbirne dazwischen, entsteht ein Stromkreis. Elektrische Ladungen werden transportiert, somit fließt Strom, der dann das Lämpchen zum Leuchten bringt.

Wenn du mehr wissen willst:
Spannung nennt man die elektrostatische Kraft, die den Elektronenfluss hervorruft. Sie wird in Volt (V) angegeben. Die elektrische Spannung ist die elektromotorische Kraft einer Stromquelle, die die Elektronen bewegt. Die Differenz der elektromotorischen Kraft, d. h. die Spannungsunterschiede zwischen zwei Punkten, nennt man Potentialdifferenz. Elektronen bewegen sich immer von einem Punkt hoher zu einem Punkt niederer Spannung. Die Bewegung der elektrischen Ladung heißt elektrischer Strom. Die Stromstärke wird in Ampère (A) gemessen. Sie ist umso größer, je höher die Spannung ist. Die Stromstärke hängt aber auch von der Dicke, Länge, Temperatur und Beschaffenheit des leitenden Materials ab. Der Leiter setzt nämlich dem Stromfluss einen Widerstand entgegen. Der Widerstand wird in Ohm (Ω) angegeben.

275. Warmer Strom

Du brauchst:
- 3 Batterien (4,5 Volt)
- 1 kleines Holzbrett
- 2 Reißnägel aus Metall
- Alufolie
- 1 Zange

Und so wird's gemacht:
1. Drücke die beiden Reißnägel im Abstand von ca. 4 cm in das Holzbrett.
2. Verbinde die freigelegten Enden der Schaltdrähte mit den Batterien und den Reißnägeln, wie in der Abbildung gezeigt. (Bei den Batterien müssen sich die positiven und die negativen Pole abwechseln.)
3. Lege einen dünnen Streifen Alufolie auf die beiden Reißnägel.

Was wird geschehen?
Der Aluminiumstreifen wird heiß.

Warum denn das?
Der Alustreifen stellt für den Strom einen Widerstand dar und wandelt einen Teil des elektrischen Stroms in Wärme um. Je schmaler der Streifen ist, desto mehr wird der Stromfluss erschwert und desto stärker erhitzt sich der Streifen. Ein Teil der elektrischen Energie, die durch ein leitendes Material fließt, wird immer in Wärme umgewandelt. Wenn eine Glühbirne eine Zeit lang brennt, kannst du sie nicht mehr anfassen, ohne dir die Finger zu verbrennen.

276. Glühdraht

Du brauchst:
- 1 Stück dünnen Eisendraht
- 1 Wäscheklammer
- 1 Zange
- 1 Kerze

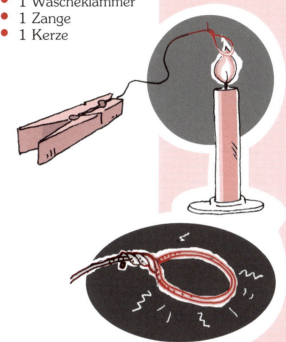

Und so wird's gemacht:
1. Zwicke mit der Zange vom Eisendraht ein ca. 15 cm langes Stück ab und biege ein Ende zu einer Schlaufe.
2. Zünde die Kerze an.
3. Klemme das Drahtende zwischen die Wäscheklammer und halte die Drahtschleife in die Flamme.

Was wird geschehen?
Der Eisendraht glüht, wird hellrot und sendet Licht und Wärme aus. Etwas ganz ähnliches passiert in einer Glühlampe.

277. Paralleles Leuchten

Du brauchst:
- 1 Batterie
- 2 Glühlämpchen (3,5 Volt, mit Fassung)
- 5 Stück isolierten Schaltdraht
- 1 Zange

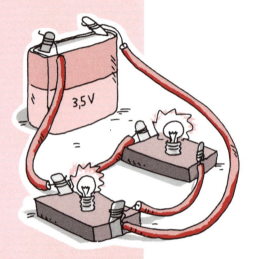

Und so wird's gemacht:
Entferne die Plastikumhüllung an den Enden der Schaltdrähte und verbinde die beiden Lämpchen mit der Batterie, wie in der Abbildung gezeigt.

Was wird geschehen?
Beide Lämpchen leuchten genauso intensiv wie ein einzelnes.

Warum denn das?
Bei der Parallelschaltung hat jedes Lämpchen einen eigenen Stromkreis, d. h. jedes Lämpchen wird direkt von der Batterie mit Strom versorgt. Nimmt man ein Lämpchen weg, leuchtet das andere weiter, da sein Stromkreis ja nicht unterbrochen wurde.

Wenn du mehr wissen willst:
Eine Parallelschaltung ist ein Stromkreis, der sich in Zweige aufteilt. Der elektrische Strom fließt durch alle Zweige, d. h. jeder Zweig erhält die volle Spannung.

278. Geteilte Leuchtkraft

Du brauchst:
- 1 Batterie
- 2 Glühlämpchen (3,5 Volt, mit Fassung)
- 3 Stück isolierten Schaltdraht
- 1 Zange

Und so wird's gemacht:
Entferne die Plastikumhüllung an den Enden des Schaltdrahts und verbinde die beiden Lämpchen mit der Batterie, wie in der Abbildung gezeigt.

Was wird geschehen?
Die Lämpchen leuchten auf. Ihr Licht ist aber nicht so intensiv, wie das Licht einer einzelnen Glühbirne.

Warum denn das?
Die Lämpchen einer Serienschaltung müssen sich sozusagen die elektrische Energie teilen. Der Strom fließt zuerst durch das eine, dann durch das andere Lämpchen. Nimmt man ein Lämpchen weg, leuchtet auch das andere nicht mehr, da dann der Stromkreis unterbrochen ist.

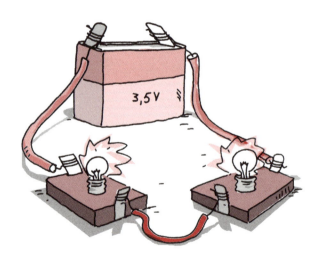

279. Leiter oder Nichtleiter?

ÜBUNG UND GEDULD

Du brauchst:
- 1 Batterie
- 1 Glühlämpchen (3,5 Volt, mit Fassung)
- 1 Holzbrett
- 3 Stücke isolierten Schaltdraht
- 1 Zange
- 1 Schraubenzieher
- 2 kleine Winkel aus Metall mit passenden Schrauben
- 1 Zahnstocher
- 1 Nagel
- 1 Stück Alufolie
- 1 Stück Gummi

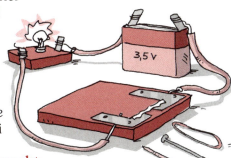

Und so wird's gemacht:
1. Schraube die beiden Winkel auf ein Ende des Holzbretts, wie in der Abbildung gezeigt.
2. Stelle die Lampenfassung ans andere Ende des Holzbretts und verbinde die Batterie, das Glühlämpchen und die beiden Winkel mit Schaltdraht.
3. Lege zuerst den Zahnstocher, dann den Nagel, danach die Alufolie und zum Schluss das Stück Gummi wie eine Brücke über die beiden Winkel.

Was wird geschehen?
Das Lämpchen leuchtet nur dann auf, wenn die beiden Winkel durch Metall (Nagel und Alufolie) verbunden sind.

Warum denn das?
Der Stromkreis ist nur dann geschlossen, wenn auf den Metallwinkeln ein Gegenstand aus einem Material liegt, das elektrische Ladung gut weiterleitet. Metalle sind gute Leiter. Gummi, Plastik, Holz, Glas und Leder sind dagegen Isolatoren, sie halten die Ladungen auf und lassen sie nicht weiterfließen.

280. Stromsalzwasser

VORSICHT!

Hier brauchst du die Hilfe eines Erwachsenen!

Du brauchst:
- 1 Glasgefäß
- 2 Metallklemmen
- 1 Glühlämpchen (3,5 V, mit Fassung)
- 3 Stücke isolierten Schaltdraht
- 1 Batterie (4,5 Volt)
- 1 Zange
- destilliertes Wasser
- Salz
- 1 Schere

Und so wird's gemacht:
1. Fülle destilliertes Wasser in das Gefäß.
2. Verbinde den Schaltdraht an Batterie, Lämpchen und Klemmen, wie in der Abbildung gezeigt.
3. Befestige die Klemmen am Rand des Gefäßes, sodass sie noch ins Wasser reichen.
4. Streue etwas Salz ins Wasser.

Was wird geschehen?
Das Lämpchen leuchtet auf.

Warum denn das?
Destilliertes Wasser leitet den elektrischen Strom nicht, denn es enthält keine im Wasser gelösten Salze. Erst durch das Salz wird Wasser zum elektrischen Leiter. Wenn sich das Salz im Wasser auflöst, trennen sich die elektrisch geladenen Teilchen und bewegen sich zu den Klammern, die mit der Batterie in Verbindung stehen. So wird der Stromkreis geschlossen.

Vorsicht!
Elektrische Geräte, Steckdosen oder Schalter nie mit nassen Händen berühren! Leitungswasser ist ein Elektrolyt. Es enthält gelöste Salze, die den elektrischen Strom leiten.

281. Versichert!

ÜBUNG UND GEDULD

Du brauchst:
- 3 Batterien (4,5 Volt)
- 1 Glühlampe (2,5 Volt, mit Fassung)
- 7 Stücke Elektrokabel (Schaltdraht)
- 1 kleines Holzbrett
- 2 Reißnägel aus Metall
- Alufolie
- 1 Zange
- 1 auf beiden Seiten angespitzten Bleistift
- Isolierklebeband

Was wird geschehen?
Die Birne leuchtet intensiv auf, der Aluminiumstreifen wird heiß, dann geht die Birne wieder aus.

Warum denn das?
Die drei Batterien mit je 4,5 Volt versorgen die Birne (2,5 Volt) mit zu viel Strom. Ihr Glühfaden erhitzt sich zu stark, er schmilzt, der Stromkreis wird unterbrochen.

Wenn du mehr wissen willst:
Elektrische Geräte sind meist mit Sicherungen ausgestattet. Sie weisen in ihrem Inneren einen dünnen Draht auf, der schmilzt, wenn in einem Stromkreis zu viel Strom fließt. Der Stromkreis wird dadurch unterbrochen. So wird übermäßige Hitze und ein möglicher Brand verhindert. Schmelzsicherungen enthalten einen dünnen Draht, der bei Überlastung schmilzt.

Und so wird's gemacht:
1. Drücke die beiden Reißnägel im Abstand von ca. 4 cm in das Holzbrett.
2. Verbinde die freigelegten Enden der Schaltdrähte mit den Batterien, der Glühlampe und den Reißnägeln, wie in der Abbildung gezeigt.
3. Verbinde die Bleistiftenden mit zwei Drähten und den Reißnägeln, wie in der Abbildung gezeigt. (Die Birne brennt schwach.)
4. Lege einen dünnen Streifen Alufolie auf die beiden Reißnägel.

WiNTER

Kältezauber, Eis und Schnee

282. Warm oder kalt?

Du brauchst:
- 3 Schälchen
- heißes, lauwarmes und eiskaltes Wasser

Und so wird's gemacht:
1. Fülle ein Schälchen mit heißem, eins mit warmem und eins mit eiskaltem Wasser.
2. Tauche die rechte Hand in heißes, die linke in kaltes Wasser.
3. Nimm die Hände nach einigen Minuten wieder heraus, schüttle sie ab und tauche beide sofort in das lauwarme Wasser.

Was wird geschehen?
Mit der rechten (aufgeheizten) Hand fühlt sich das Wasser kalt, mit der linken (abgekühlten) Hand warm an.

Warum denn das?
Von der im heißen Wasser gewärmten Hand fließt Wärme in das lauwarme Wasser. Der Wärmeentzug wird als kalt empfunden. Die im eiskalten Wasser abgekühlte Hand entzieht dem lauwarmen Wasser etwas Wärme, die Wärmezufuhr wird als warm empfunden.

283. Warm verpackt

Du brauchst:
- 3 saubere, leere Marmeladengläser mit Schraubverschluss
- 1 Wollschal
- Zeitungspapier
- 1 leere Schuhschachtel (Höhe muss mit den Gläsern etwa übereinstimmen)
- warmes Wasser
- 1 Wasserthermometer (Zoohandlung)

Und so wird's gemacht:
1. Wickle eines der Gläser in den Wollschal, lass das zweite stehen.
2. Stelle das dritte Glas in die Schuhschachtel und stopfe sie rund um das Glas mit Zeitungspapier aus.
3. Gieße in jedes der drei Gläser warmes Wasser und verschließe sie mit dem Schraubdeckel.
4. Stelle die Gläser für 30 Minuten an einen kühlen Ort (z. B. im Keller).
5. Schraube die Deckel auf und miss in jedem Glas mit dem Thermometer die Wassertemperatur.

Warum denn das?
Die in den eingewickelten Gläsern eingeschlossene Luft bildet ein „Wärmeschutzpolster" und verlangsamt die Abkühlung des Wassers in der kalten Außenluft.

Wenn du mehr wissen willst:
Wärme bewegt sich immer vom wärmeren zum kälteren Gegenstand. Mit Wärmedämmung versucht man, den Wärmefluss, der bei einer Temperaturdifferenz (z. B. kalte Außenluft – warme Innenluft) entsteht, gering zu halten. Dazu nutzt man Materialien, die den Wärmefluss behindern. Man nennt diese zur Wärmedämmung (Wärmeisolation) genutzten Materialien Isolatoren. Schlechte Wärmeleiter und damit gute Isolatoren sind Kunststoffe, Holz, Kork und Luft.

Was wird geschehen?
In den eingewickelten Gläsern ist das Wasser nicht so stark abgekühlt wie in dem ungeschützten Glas.

284. Thermosflasche

Du brauchst:
- 1 Trinkglas
- 1 kleines Marmeladenglas mit Deckel
- 1 großes Marmeladenglas mit Deckel
- warmes Wasser
- 1 Stück Korken oder Styropor
- Alufolie
- Tesafilm

Warum denn das?
Luft im großen Marmeladenglas, Kork und Styropor sind schlechte Wärmeleiter, sie isolieren das kleine Trinkglas.

Wenn du mehr mehr wissen willst:
Thermosflaschen enthalten zwei Behälter. Der Außenbehälter aus wärmeisolierendem Material umschließt den inneren Behälter. Dieser enthält eine Glasflasche mit glänzenden, doppelten Wänden, zwischen denen ein luftleerer Raum (Vakuum) liegt. Die glänzenden Wände der Glasflasche reflektieren die Wärmestrahlung. Im luftleeren Raum sind Wärmeleitung und Konvektion nicht möglich. Der Inhalt der Flasche bleibt deshalb heiß.

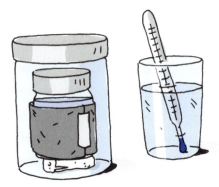

Und so wird's gemacht:
1. Umwickle das kleine Marmeladenglas mit einer doppelten Lage Alufolie. Die glänzende Seite soll dabei zum Glas hin zeigen. Klebe die Alufolie mit Tesafilm fest.
2. Fülle warmes Wasser in das Trinkglas und in das umwickelte Marmeladenglas. Schraube das umwickelte Glas zu.
3. Lege den Korken bzw. das Styropor in das große Glas und stelle das umwickelte Glas darauf. Schraube das große Marmeladenglas zu.
4. Nimm das umwickelte Glas nach ca. zehn Minuten heraus. Überprüfe die Wassertemperatur und vergleiche sie mit der Wassertemperatur im Trinkglas.

Was wird geschehen?
Das Wasser im „Thermosglas" ist erheblich wärmer als das im Trinkglas.

285. Kältelähmung

Du brauchst:
- 1 Schüssel
- Eiswürfel
- Wasser
- mehrere Nähnadeln
- 1 Handtuch

Und so wird's gemacht:
1. Lege die Nähnadeln auf den Tisch, daneben die Schüssel und das Handtuch.
2. Fülle die Schüssel mit Wasser und lasse die Eiswürfel hineinfallen.
3. Tauche deine rechte Hand (Linkshänder ihre linke) 20-30 Sekunden lang ins Eiswasser.
4. Trockne deine Hand mit dem Handtuch rasch ab und versuche sofort, die Nadeln aufzuheben.

Was wird geschehen?
Deine Finger scheinen nicht mehr richtig greifen zu können. Es fühlt sich an, als wären sie eingeschlafen.

Warum denn das?
Kälte schwächt die Sensibilität der Rezeptoren in der Haut. Dadurch können die Finger den Gegenstand, nach dem sie greifen, nicht mehr so gut spüren.

286. Taupunkt

Du brauchst:
- 1 Bleistift
- Papier
- 1 leere Konservendose
- 1 Raumthermometer
- Eiswürfel

Und so wird's gemacht:
1. Miss die Lufttemperatur und schreibe sie auf das Papier.
2. Fülle die Dose mit Wasser und trockne sie an den Außenwänden ab.
3. Stecke das Thermometer ins Wasser und miss erneut die Temperatur.
4. Gib nach und nach die Eiswürfel dazu und beobachte das Thermometer und die Außenwand der Dose.

Was wird geschehen?
Die Temperatur des Wassers in der Dose sinkt und an den Außenwänden der Dose bilden sich winzige Tröpfchen.

Warum denn das?
Die Temperatur hat den Taupunkt erreicht. Der in der Luft enthaltene Wasserdampf kondensiert an der kalten Außenwand. Die Wassermoleküle gehen vom gasförmigen in den flüssigen Zustand über, es bilden sich Tropfen.

Wenn du mehr wissen willst:
Tau entsteht, wenn feuchte Luft an einem Gegenstand kondensiert, Tröpfchen bildet. Der Taupunkt ist der Punkt, an dem die Luft mit Feuchtigkeit gesättigt ist. Die relative Luftfeuchtigkeit liegt nun bei 100 %. Tau bildet sich nachts vor allem auf Pflanzen, die sich abgekühlt haben. Ist der Wassergehalt der Luft niedrig, entsteht der Tau erst bei niedrigen Lufttemperaturen. Ist der Feuchtigkeitsgehalt der Luft hoch, kann sich auch im Sommer bei 20° C Tau bilden.

287. Verhüllter Spiegel

Du brauchst:
- 1 Spiegel im eiskalten Auto

Und so wird's gemacht:
Hauche gegen den Spiegel.

Was wird geschehen?
Der Spiegel wird „blind", er bildet einen Beschlag und du kannst dein Spiegelbild nicht mehr erkennen.

Warum denn das?
Der Wasserdampf aus deinen Lungen kondensiert, d. h. er verwandelt sich beim Abkühlen in kleine Tröpfchen, die sich am Spiegel niederschlagen.

288. Wolkenbildung

Du brauchst:
- 1 Topf
- 1 Kanne mit heißem Wasser
- 1 Schale mit Eiswürfeln

Und so wird's gemacht:
Gieße das heiße Wasser in den Topf und halte über den Wasserdampf die Eiswürfelschale.

Was wird geschehen?
Es entsteht eine Wolke.

Warum denn das?
Der Wasserdampf kondensiert und bildet winzige Wassertropfen, die in der Luft schweben wie in einer Wolke.

289. Schneegestöber

Du brauchst:
- Schneeflocken
- 1 Lupe

Und so wird's gemacht:
1. Versuche bei einem Schneegestöber einzelne Schneeflocken aufzufangen.
2. Betrachte sie unter der Lupe.

Was wird geschehen?
Du erkennst, dass Schneeflocken aus einzelnen Schneekristallen zusammengesetzt sind.

Warum denn das?
Schneeflocken sind gefrorene Regentropfen, die im Eiszustand Kristalle bilden. Frisch gefallener Schnee ist eine pulverartige Masse aus locker gepackten Schneeflocken, die aus einzelnen Schneekristallen zusammengesetzt sind. Man bezeichnet ihn manchmal auch als Pulverschnee. Wenn die gefallenen Schneeflocken altern, bauen sich ihre Kristalle ab. Die Schneeflocken verdichten sich und gehen in eine körnige Form des Schnees über. So verdichtet sich der Schnee in eine immer dichtere Form, die man als Altschnee oder Firn bezeichnet. Durch weitere Überdeckung und Alterung bildet sich schließlich Gletschereis.

290. Eisball

Du brauchst:
- Schnee
- 1 Gefrierfach

Und so wird's gemacht:
1. Forme aus Schnee einen festen, harten Ball.
2. Lasse den Schneeball leicht anschmelzen und lege ihn für 30 Minuten ins Gefrierfach oder bei Frosttemperaturen ins Freie.

Was wird geschehen?
Der Schneeball verwandelt sich in einen Eisball, in einen Minigletscher.

Warum denn das?
Druck und tiefe Temperaturen haben die locker gepressten Schneekristalle zusammengepresst und in eine feste Masse umgewandelt.

Wenn du mehr wissen willst:
Für Geologen ist Eis ein Gestein, eine Masse aus kristallinen Körnern des Materials Eis. Das Gestein Eis entsteht dadurch, dass die locker gepackten Schneekristalle gewissermaßen altern und in eine feste Masse rekristallisieren (noch einmal kristallisieren). Eis ist hart wie die meisten Gesteine, hat aber eine geringere Dichte. Es wird in Schichten an der Erdoberfläche abgelagert und unter Druck in eine feste Masse umgewandelt. Du kennst das sicher noch vom Gehweg vor deinem Haus. Hat es frisch darauf geschneit, und viele Menschen laufen darüber, entsteht durch den Druck, den die Menschen auf den Schnee durch ihr Gewicht ausüben, Eis.

291. Mini-Iglu

Du brauchst:
- Schnee
- 1 Teelicht
- Streichhölzer

Und so wird's gemacht:
1. Forme draußen im Garten oder auf dem Balkon aus Schnee eine kuppelförmige Höhle und setze das Teelicht hinein.
2. Zünde das Teelicht an.

Was wird geschehen?
Es entsteht ein Mini-Iglu, das von der Flamme des Teelichts innen erwärmt und beleuchtet wird. Das Iglu schmilzt nicht, wenn der Abstand zwischen der Flamme und der Höhlendecke groß genug ist.

Warum denn das?
Iglus sind kuppelförmig gebaute Hütten der Eskimos in Grönland und Alaska. Sie werden aus Schneeblöcken gebaut und reflektieren Licht und Wärme zu 75 %. Weil außerdem die Außentemperaturen sehr niedrig sind, schmilzt das Iglu nicht. Im Inneren liefern Lampen mit Tierfett als Brennstoff Licht und Wärme.

292. Deformation durch Eis

Du brauchst:
- zerkleinertes Eis
- 1 Plastikflasche mit Deckel

Und so wird's gemacht:
1. Fülle das zerkleinerte Eis in die Flasche und schraube den Deckel darauf.
2. Schüttle die Flasche kräftig, sodass die Wände abkühlen. Lege sie mit der Bauchseite auf den Tisch.

Was wird geschehen?
Die Flasche zieht sich zusammen und verformt sich.

Warum denn das?
Das Eis kühlt die Luft in der Flasche ab. Dadurch zieht sie sich zusammen und nimmt an Volumen ab. Die Luft von außen drückt auf die Wände der Flasche und verformt sie.

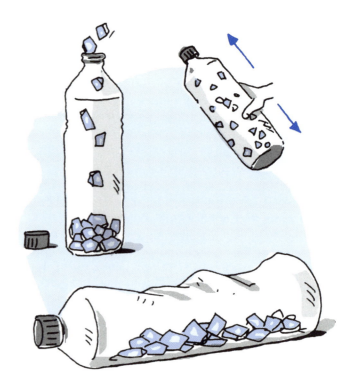

293. Ausdehnung

ZEITINTENSIV

Du brauchst:
- 1 Glas mit Schraubdeckel
- Wasser
- 1 Gefrierfach

Und so wird's gemacht:
1. Fülle das Glas randvoll mit Wasser.
2. Stelle das vollgefüllte Glas ins Gefrierfach oder bei Frosttemperaturen in den Garten.
3. Lege den Deckel auf die Öffnung des Glases, schraube sie aber nicht zu.
4. Hole das Glas am nächsten Tag aus dem Gefrierfach.

Was wird geschehen?
Das Wasser ist gefroren, dabei über den Rand des Glases gestiegen und hat den Deckel angehoben.

Warum denn das?
Wasser dehnt sich beim Gefrieren aus. Die Eismoleküle ordnen sich in hexagonalen Strukturen an und haben so einen größeren Abstand voneinander als im flüssigen Zustand.

294. Sprengkraft

IM FREIEN

Du brauchst:
- 1 kleine Glasflasche, randvoll mit Wasser gefüllt
- eiskaltes Wetter

Und so wird's gemacht:
Stelle die Flasche bei 0° C in eine Gartenecke und lass sie dort über Nacht stehen.

Was wird geschehen?
Am nächsten Tag ist die Flasche zerbrochen.

Warum denn das?
Wasser dehnt sich beim Abkühlen unter 4° C aus. Der Druck des ausgedehnten, gefrorenen Wassers (Eis) ist so groß, dass die Glasflasche platzt.

Wenn du mehr wissen willst:
Nur Wasser hat die Eigenschaft sich bei Kälte auszudehnen. Die meisten Körper ziehen sich bei Abkühlung zusammen. Bei Temperaturen unter 4° C halten Wassermoleküle in einer festen Struktur zusammen. Diese Hexagonalstruktur braucht sehr viel Platz, deshalb dehnt sich Wasser beim Gefrieren aus.

295. Eisberg

Du brauchst:
- 1 kleine Gefrierdose, mit Wasser gefüllt
- 1 Schüssel
- 1 Tiefkühlfach
- warmes Wasser
- 1 Filzstift

Und so wird's gemacht:
1. Setze die Gefrierdose ins Tiefkühlfach oder bei Frosttemperaturen in den Garten und lass das Wasser über Nacht gefrieren.
2. Fülle die Schüssel mit warmem Wasser und markiere den Wasserstand außen auf der Glaswand mit einem Filzstift.
3. Hole die Gefrierdose aus dem Tiefkühlfach, löse den Eisklotz heraus und setze ihn in der Schüssel ab.
4. Markiere den gestiegenen Wasserstand und warte ab.

Was wird geschehen?
Der Eisklotz schwimmt zunächst im Wasser, der größte Teil des Eises liegt jedoch unter Wasser. Wenn der Eisklotz im warmen Wasser geschmolzen ist, schwappt das Wasser nicht über die Schüssel. Der Wasserspiegel bleibt gleich.

Warum denn das?
Eis hat eine geringere Dichte und ein größeres Volumen als Wasser. Nach dem Schmelzen ist die Dichte des Wassers höher, das Volumen geringer als im Eiszustand. Deshalb ändert sich der Wasserspiegel nach dem Schmelzen des Eises nicht. Wenn aber Eis im Gebirge schmilzt, ins Tal fließt und in Bäche und Flüsse mündet, steigt hier jedoch der Wasserspiegel erheblich an.

Wenn du mehr wissen willst:
Auf der Erde sind 25 Millionen Kubikkilometer Wasser als Eis gebunden. Wenn diese Eismassen alle auf einmal schmelzen würden, würden die Meere um 65 m ansteigen. Viele von Menschen bewohnte Regionen (unter anderem auch die Städte London, Los Angeles, Tokio, Hamburg, Berlin) würden in diesem (äußerst unwahrscheinlichen Fall) überflutet werden. Wissenschaftler gehen jedoch davon aus, dass die gesamten Eismassen selbst in den nächsten Millionen Jahren nicht abschmelzen werden. Ein geringer Anstieg des Meeresspiegels ist allerdings gar nicht so unwahrscheinlich. Denn durch Erwärmung des Klimas könnte es nach wissenschaftlichen Berechnungen bereits im nächsten Jahrhundert zum verstärkten Abschmelzen des Gletschereises kommen. Schon eine globale Erwärmung um wenige Grad würde den Meeresspiegel um mehrere Meter ansteigen lassen. In tiefliegenden Küstengebieten (z. B. in Bangladesh) müsste man in diesem Fall mit Überflutungen rechnen.

296. Eiswürfeltrick

Du brauchst:
- 1 Eiswürfel
- 1 Glas, mit kaltem Wasser gefüllt
- 1 Bindfaden
- 1 Prise Salz

Und so wird's gemacht:
1. Lass den Eiswürfel in das Wasserglas fallen. (Er wird auf dem Wasser schwimmen.)
2. Lege das eine Ende des Bindfadens auf den Eiswürfel.
3. Streue Salz über die Stelle, an der der Faden auf dem Eiswürfel liegt.

Was wird geschehen?
Der Faden friert an dem Eiswürfel fest und man kann ihn am Faden aus dem Wasser heben.

Warum denn das?
Das Salz setzt den Gefrierpunkt des Wassers herab. Dadurch schmilzt der Eiswürfel an der Oberfläche leicht an. Wenn das Eis dann wieder gefriert, ist der Faden am Eis festgefroren.

Wenn du mehr wissen willst:
Beim Abkühlen nehmen die Kräfte zwischen den Flüssigkeitsmolekülen zu, bis die Flüssigkeit gefriert und damit vom flüssigen in den festen Zustand übergeht. Im festen Zustand bewegen sich die Teilchen praktisch nicht. Zwischen ihnen wirken starke Kräfte, die sie zusammenhalten. Durch Erwärmung brechen die Bindungen zwischen den Teilchen auf, der Festkörper schmilzt. Die Temperatur in der schmelzenden Masse steigt jedoch erst dann wieder an, wenn sie ganz geschmolzen ist.

297. Salzeis

Du brauchst:
- 1 Metallbecher, zur Hälfte mit kaltem Wasser gefüllt
- 1 große Schüssel mit Wasser
- zerkleinertes Eis
- Salz
- 1 Löffel

Und so wird's gemacht:
1. Stelle den wassergefüllten Becher in die Schüssel.
2. Lege ins Wasser der Schüssel gekörntes Eis und streue Salz dazu.
3. Rühre das Wasser-Eis-Salz-Gemisch um.

Was wird geschehen?
Nach einiger Zeit ist das Wasser im Becher gefroren.

Warum denn das?
Beim Lösen in Wasser drängen sich die Wassermoleküle zwischen die Salzteilchen. Dabei verliert die Salzlösung Energie, sie kühlt ab.

Wenn du mehr wissen willst:
Salz und zerkleinertes Eis sind ein Gemisch zur Kälteerzeugung. Das Salz löst sich auf, wenn das Eis schmilzt. Sowohl beim Schmelzen, als auch beim Auflösen des Salzes wird Wärme verbraucht. Mischt man zerkleinertes Eis mit Salz im Verhältnis 2:1 können bis zu -20° C erreicht werden.

298. Salzsole

Du brauchst:
- 1 leeres Marmeladenglas
- durchsichtige Plastikfolie
- Salz
- Eiswürfel

Und so wird's gemacht:
1. Lege die Plastikfolie auf den Tisch und schütte einen Esslöffel Wasser darauf.
2. Fülle ein paar zerdrückte Eiswürfel ins Glas, gib eine Hand voll Salz dazu und rühre alles gründlich um.
3. Stelle das Glas auf die nasse Stelle der Plastikfolie.

Was wird geschehen?
Das Wasser auf der Plastikfolie gefriert, das Eis im Glas ist geschmolzen.

Warum denn das?
Salzwasser gefriert erst bei sehr viel tieferen Temperaturen als reines Wasser. Deshalb bringt das Salz das Eis zum Schmelzen. Beim Schmelzen wird aber Wärme verbraucht. Daher kühlt sich die entstehende Flüssigkeit stark (auf bis zu -10° C) ab. Diese „Salzsole" ist viel kälter als das ursprüngliche Eis und lässt daher das Wasser auf der Plastikfolie durch das Glas hindurch gefrieren. Mit solchen Kältemischungen aus Eis und Salz wurde früher, vor Erfindung der Tiefkühltruhe, im Sommer Speiseeis hergestellt

299. Eis ohne Kühlschrank

ECHT EASY!

Du brauchst:
- 1 Löffel Kakaopulver
- 2 Esslöffel Milch
- 1 Esslöffel Sahne
- mehrere Eiswürfel aus dem Gefrierfach
- 1 Schüssel
- 1 Glas
- Salz
- 1 Küchenhandtuch

Und so wird's gemacht:
1. Verrühre Kakao, Milch und Sahne im Glas.
2. Lege Eiswürfel in die Schüssel und stelle das Glas mit der Kakaomischung darauf.
3. Verteile eine weitere Schicht Eiswürfel rund um das Glas und bestreue sie kräftig mit Salz.
4. Lege ein Küchenhandtuch über die Schüssel, um zu verhindern, dass Wärme von außen in die Schüssel gelangt.
5. Stelle die Schüssel eine Stunde lang in einen kühlen Raum und rühre alle fünf Minuten das Glas um.

Was wird geschehen?
Deine Milch-Kakao-Sahnemischung ist zu feiner Eiscreme gefroren.

Warum denn das?
Das Salz bringt die Eiswürfel zum Schmelzen. Beim Schmelzvorgang wird aber Wärme verbraucht. Diese Wärme holt sich das Eis aus der Kakaomischung. Dadurch kühlt diese so stark ab, dass sie zu Eis gefriert. Lass es dir schmecken!

300. Streusalz gegen Glatteis

IM FREIEN

Du brauchst:
- 1 Plastikteller mit Schnee
- (Streu-) Salz

Und so wird's gemacht:
1. Drücke den Schnee auf dem Teller platt und lass ihn bei Temperaturen weit unter 0° C über Nacht draußen stehen. (Der Schnee wird zu Eis gefrieren.)
2. Streue (Streu-) Salz auf den gefrorenen Schnee.

Was wird geschehen?
Der Schnee taut an der Oberfläche an und gefriert nicht mehr.

Warum denn das?
Das Salz löst sich in dem kleinen Anteil Wasser, der im Eis und Schnee immer vorhanden ist. Dabei drängen sich die Wassermoleküle zwischen die Salzteilchen, die Salzlösung verliert Energie, sie wird kälter und kann Temperaturen unter -10° C erreichen. Die Salzlösung gefriert aber nicht schon bei 0° C wie reines Wasser oder bei -10° C, sondern erst bei wesentlich tieferen Temperaturen. Durch Salzstreuen kann man somit Glatteisbildung verhindern.

301. Schneezement

IM FREIEN

Du brauchst:
- Schneematsch (schmelzender Schnee)
- 1 Schüssel
- (Streu-) Salz

Und so wird's gemacht:
1. Fülle die Schüssel mit Schneematsch und lass ihn draußen bei Sonnenschein stehen.
2. Streue Salz darauf.

Was wird geschehen?
Der Schnee beginnt nach einiger Zeit zu gefrieren.

Warum denn das?
Wird das Salz auf den Schneematsch gestreut, löst es sich teilweise und entzieht der Umgebung Wärme. Die Salzlösung wird zunächst kälter, kann aber nicht gefrieren, da ihr Gefrierpunkt weit unter 0° C liegt. Da der tauende Schnee aber nach und nach Schmelzwasser bildet, verdünnt sich die kalte Salzlösung. Durch die Verdünnung steigt der Gefrierpunkt des Salz-Wasser-Schnee-Gemisches wieder an. Deshalb beginnt der Schnee nun ab einem bestimmten Punkt wieder zu gefrieren. Ob Schneematsch durch Streusalzzugabe gefriert, ist also eine Frage der Dosierung des Verhältnisses von Salz zu Schnee bzw. Schmelzwasser.

302. Gletscher

ÜBUNG UND GEDULD

Du brauchst:
- 1 Partybecher
- Sand
- kleine Kieselsteine
- Wasser
- 1 Brett
- 1 schweren Stein oder eine andere stabile Unterlage
- 1 Hammer
- 1 dicken Gummiring (z. B. Einmachring)
- 1 Nagel
- 1 Gefrierfach

Und so wird's gemacht:
1. Fülle den Becher ca. 2 cm hoch mit Sand und Kieselsteinen und gieße ihn so mit Wasser auf, dass ungefähr 3/4 des Bechers gefüllt sind.
2. Stelle den Becher über Nacht ins Gefrierfach oder bei Frosttemperaturen draußen in den Garten oder auf den Balkon.
3. Nimm den gefrorenen Becher heraus, fülle ihn bis an den Rand mit Sand, Kieselsteinen und Wasser und stelle ihn erneut ins Gefrierfach.
4. Schlage an einem Ende des Bretts einen Nagel ein.
5. Stelle das Brett auf eine stabile Unterlage, sodass es einen „Abhang" bildet.
6. Hole den gefrorenen Becher aus dem Gefrierfach und stelle ihn kurz in heißes Wasser, bis er etwas schmilzt und der gefrorene Inhalt, dein „Gletscher", aus dem Becher herausgleiten kann.
7. Lege ein Gummiband um den „Gletscher", stelle ihn oben auf das Brett und befestige ihn am Nagel.

Was wird geschehen?
Das Eis schmilzt, Sand und Kies lösen sich in Klumpen und rutschen mit dem Wasser den Abhang hinunter. An manchen Stellen bleibt eine Sand-Kies-Spur zurück, eine „Gletschermoräne".

Warum denn das?
Gletscher nennt man Eismassen im Gebirge, die, wenn sie schmelzen, ins Tal hinabgleiten, dabei Gestein und Erdreich vor sich herschieben und ablagern.

Wenn du mehr wissen willst:
Gletscher entstehen dort, wo das Klima so kalt ist, dass der Schnee in der wärmeren Jahreszeit anstatt abzuschmelzen, durch Umkristallisation zu Eis wird. Sie wachsen auch, wenn sich in ihren oberen Regionen mehr Schnee ansammelt als in ihrem unteren Bereich schmilzt. Das an der Sohle und den Seiten eines Gletschers eingeschlossene, aufgelockerte Gestein wird unter ihm zerkleinert und zermahlen. Wenn Gletscher sich bewegen, führen sie stets Gesteinsmaterial (Blöcke, Geröll, Sand, Ton) mit sich und lagern es schließlich dort ab, wo das Eis schmilzt.

303. Eisgeschenk

Du brauchst:
- 1 Plastikgefäß
- 1 Plastikfigur

Und so wird's gemacht:
1. Lege die Figur in das Gefäß und fülle es mit Wasser auf.
2. Stelle das Gefäß über Nacht ins Gefrierfach oder draußen bei Frosttemperaturen in den Garten.
3. Hole das Gefäß wieder aus dem Gefrierfach, lasse außen etwas warmes Wasser darüber laufen.

Was wird geschehen?
Das gefrorene Eis lässt sich aus der Form lösen, die Plastikfigur befindet sich im Eisblock.

Warum denn das?
Tiere, die lange Zeit im Eis eingefroren waren, sind oft Tausende von Jahren später noch gut erhalten. Entdeckt man diese bei uns inzwischen längst ausgestorbene Tiere (wie z. B. das Mammut) und befreit sie aus dem Eis, können sie wissenschaftlich untersucht werden.

Wenn du mehr wissen willst:
Auch Staub und Luftblasen, die im Eis eingeschlossen sind, lassen sich erforschen und analysieren. Aus den chemischen Analysen der Luftblasen im Eis der Antarktis und Grönlands weiß man, dass der Kohlendioxidgehalt der Luft während der letzten Vereisung niedriger war als seit dem Rückzug der Gletscher. Geologische Altersbestimmungen haben gezeigt, dass die Vereisungen aus mehreren Eiszeiten (Glazialen) und Rückzugsphasen (Interglazialen) bestanden. Bei jeder Eiszeit hat sich der Meeresspiegel abgesenkt. Trocken gefallen sind dabei große Bereiche des Kontinentalschelfs (Festlandsockel, der vom Flachmeer bedeckt ist, an dessen Rand der Meeresboden abfällt und die Tiefsee beginnt.) In den Interglazialzeiten stieg der Meeresspiegel wieder an und die Schelfgebiete (küstennahe Gebiete) wurden wieder überflutet. Über die Ursachen der Vereisung sind sich die Wissenschaftler noch nicht ganz einig. Viele gehen davon aus, dass die periodischen Änderungen der Erdumlaufbahn und die dadurch veränderte Sonneneinstrahlung für den Wechsel von Eiszeiten (Glazialen) und Interglazialen (Rückzugsphasen) verantwortlich sind.

304. Schlittschuhspuren

ECHT EASY!

Du brauchst:
- 1 Paar Schlittschuhe
- 1 sichere Eisfläche

Und so wird's gemacht:
Ziehe deine Schlittschuhe an und bewege dich auf dem Eis.

Was wird geschehen?
Deine Kufen hinterlassen auf dem Eis Spuren.

Warum denn das?
Dein Gewicht auf den schmalen Schlittschuhkufen liefert genügend Druck, um unter der Kufe ein wenig Eis schmelzen zu lassen. Das entstandene Schmelzwasser wirkt als Schmiermittel, sodass die Kufe leicht über der Eisfläche gleiten kann.

Geräusche, Lärm, Musik und Töne

305. Pendeluhr

ÜBUNG UND GEDULD

Du brauchst:
- 4 Stück Bindfaden unterschiedlicher Länge (25, 50, 97,5 und 120 cm)
- 1 Schraubenmutter
- 1 Deckenhaken
- 1 Uhr mit Sekundenzeiger
- Papier
- 1 Bleistift

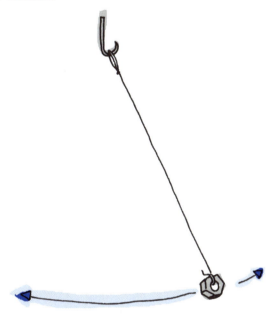

Warum denn das?
Je länger das Pendel ist, desto länger benötigt es für einen Ausschlag, unabhängig davon, wie schwer das Gewicht ist und wie weit das Pendel ausschlägt. Wenn ein 97,5 cm langer Bindfaden 60 mal pro Minute hin- und herschwingt, verstreicht mit jedem Ausschlag eine Sekunde.

Und so wird's gemacht:
1. Binde die Schraubenmutter an ein Ende der 120 cm langen Schnur, das andere befestigst du an dem an der Decke befestigten Haken.
2. Ziehe die Schnur etwas zur Seite, sodass sie hin- und herpendelt. Zähle, wie oft sie in 60 Sekunden hin- und herschwingt.
3. Wiederhole die Schritte 1-2 mit den anderen, kürzeren Bindfadenstücken.

Was wird geschehen?
Nur die Schraubenmutter an dem 97,5 cm langen Bindfadenstück pendelt in 60 Sekunden 60 mal hin und her.

Wenn du mehr wissen willst:
Ein Gewicht, das an einem Faden, Stab oder Draht hängt und hin- und herschwingt, nennt man Pendel. Die Periode eines Pendels ist die Zeit, in der es einmal hin- und herschwingt. Sie wird beeinflusst durch die Länge der Schnur, das Gewicht des Pendelkopfs spielt dagegen keine Rolle. Eine weite Schwingung dauert genauso lang wie eine kurze. Jede Schwingung besteht aus einer regelmäßigen Hin- und Herbewegung.

Manche Schwingungen erzeugen Schallwellen, d. h. Schwingungen der Luft, die sich als Wellen ausbreiten.

Das Prinzip der Pendeluhr wurde 1673 von dem niederländischen Physiker und Mathematiker Christiaan Huygens (1629-1695) erfunden.

306. Sichtbare Schallwellen

Du brauchst:
- 1 leere Konservendose
- 1 Dosenöffner
- 1 Luftballon
- 1 Schere
- 1 Gummiring
- 1 Spiegelscherbe oder ein Stück Alufolie
- Klebstoff

ÜBUNG UND GEDULD

Und so wird's gemacht:
1. Schneide an einem sonnigen Tag mit dem Dosenöffner den Boden der leeren Konservendose aus.
2. Spanne die Haut eines Luftballons flach über eine Öffnung der Dose und fixiere sie mit einem Gummiring.
3. Klebe eine kleine quadratische Spiegelscherbe oder ein Stück Alufolie auf die gespannte Ballonhaut.
4. Versuche mit dem Spiegel bzw. der Alufolie aus dem Fenster Sonnenlicht aufzufangen und bewege die Dose so, dass das Licht an der Wand zu sehen ist.
5. Schrei laut in die freie Öffnung der Dose und beobachte dabei das Lichtquadrat an der Wand.

Was wird geschehen?
Das Quadrat bewegt sich, wenn du schreist.

Warum denn das?
Die Ballhaut nimmt die Vibration deiner Stimme auf und beginnt zu schwingen. Der aufgeklebte Spiegel schwingt mit, das reflektierte Licht an der Wand bewegt sich mit den von dir erzeugten Geräuschen.

Wenn du mehr wissen willst:
Ein schwingender Körper (z. B. eine Stimmgabel) verursacht Schall, d.h. Druckunterschiede in der ihn umgebenden Luft. Die Bereiche mit hohem und geringem Druck, also Verdichtungen und Verdünnungen der Luft, breiten sich als Schallwellen aus. Der Schall ist zu hören, wenn die Druckänderungen das Ohr erreichen.

307. Schwingende Feder

Du brauchst:
- 1 Drahtfeder (Spirale)

Und so wird's gemacht:
Ziehe die Drahtfeder zuerst auseinander und schiebe sie dann wieder zusammen.

Was wird geschehen?
Beim Auseinanderziehen erzeugst du in der Feder eine Schwingung, die an der Spule entlang läuft. Du erkennst Verdichtungen und Verdünnungen, wie in der Abbildung gezeigt. So ähnlich kann man sich die Schwingungen des Schalls vorstellen.

Warum denn das?
Schallwellen sind mechanische Schwingungen, die beim Durchgang von Schall in einem Medium (z. B. Luft) entstehen. Eine Schallwelle versetzt die Luft in Schwingung. Die Schwingungen breiten sich in der Luft aus. Eine Schallwelle besteht aus Gebieten mit hohem Druck (den Verdichtungen) und Gebieten mit niedrigem Druck (Entdichtungen). Bei hohem Druck sind die Luftmoleküle dichter, bei Entdichtungen sind sie weiter von einander entfernt als normal.

Wenn du mehr wissen willst:
Schallwellen sind Longitudinalwellen, d. h. Schwingung und Wellenausbreitung laufen in gleicher Richtung. Die Moleküle der Luft bewegen sich aufeinander zu und voneinander weg in derselben Richtung wie die Welle und erzeugen dabei Bereiche hohen und niedrigen Luftdrucks.

308. Das springende Salzkorn

ECHT EASY!

Du brauchst:
- Plastikfolie (z. B. ein geplatzter Luftballon)
- 1 Gummiband
- 1 kleine Plastikschale
- 1 Topf
- 1 Kochlöffel
- grobkörniges Salz oder Reiskörner

Und so wird's gemacht:
1. Spanne die Plastikfolie über die Schale und befestige sie mit einem Gummiband.
2. Lege die Salz- bzw. Reiskörner auf die gespannte Folie.
3. Halte den Topf in die Nähe der Schale und klopfe kräftig mit dem Holzlöffel gegen die Topfwand.

Was wird geschehen?
Die Salzkörner hüpfen in die Luft.

Warum denn das?
Durch dein Klopfen vibriert die Luft, es bilden sich Schallwellen, du nimmst das Geräusch wahr. Die Schallwellen treffen auf die Schüssel und lassen die Folie vibrieren. Die Salzkörner werden von den Schwingungen in Bewegung versetzt und in die Luft gewirbelt.

309. Gespensterschrei

Du brauchst:
- 1 Stück Zellophan

Und so wird's gemacht:
1. Straffe das Zellophan zwischen beiden Händen.
2. Führe das gespannte Stück Zellophan an deine Lippen und blase kräftig gegen die Kante des Zellophans. Presse dabei die Lippen eng zusammen, damit der erzeugte Luftstrom dünn ist.

Was wird geschehen?
Es ertönt ein scheußlicher Ton.

Warum denn das?
Dein Pusten lässt die Kante des Zellophans vibrieren. Da das Zellophan sehr dünn ist, wird es durch den Luftstrom besonders schnell in Schwingung versetzt. Je schneller etwas vibriert, desto höher ist der erzeugte Ton.

310. Wassermusik

Du brauchst:
- 8 Trinkgläser, möglichst gleich groß
- Wasser
- 1 Bleistift

Und so wird's gemacht:
1. Fülle die Gläser unterschiedlich hoch mit Wasser und stelle sie in einer Reihe auf den Tisch.
2. Klopfe mit dem Bleistift leicht gegen den Rand der einzelnen Gläser.

Was wird geschehen?
Jedes Glas gibt einen anderen Ton von sich. Je weniger Wasser im Glas ist, desto höher ist der Ton.

Warum denn das?
Das Glas vibriert, wenn du dagegen klopfst. Je weniger Wasser sich im Glas befindet, desto schneller schwingt es und desto höher ist der Ton.

311. Hohe und tiefe Töne

Du brauchst:
- 2 unterschiedlich lange Plastiklineale
- 1 Klebeband
- 1 Tisch

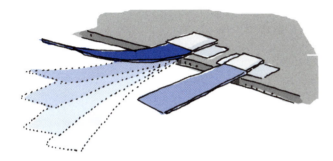

Und so wird's gemacht:
1. Klebe die Lineale mit Klebeband so auf den Tisch, dass ungefähr ein Viertel auf der Tischplatte liegt und der Rest übersteht.
2. Stoße mit dem Finger erst das kürzere, dann das längere Lineal an, sodass sie vibrieren.

Was wird geschehen?
Das längere Lineal vibriert stärker und erzeugt einen tiefen, dumpfen Ton. Das kurze Lineal vibriert schneller. Dabei entsteht ein höherer Ton.

Warum denn das?
Töne entstehen durch Schwingungen von elastischen Körpern, die die Luft vibrieren lassen. Sie unterscheiden sich in ihrer Frequenz voneinander, d. h. in der Anzahl der Schwingungen pro Sekunde. Viele Schwingungen pro Sekunde (kleines Lineal) erzeugen hohe Töne, tiefe Töne entstehen durch wenige Schwingungen pro Sekunde (großes Lineal).

312. Schüsselmusik

Du brauchst:
- 1 leere Flasche
- 1 Salatschüssel
- 1 Bleistift mit Radiergummi

Und so wird's gemacht:
1. Drehe die Salatschüssel mit der Öffnung nach unten um und stülpe sie über die Flasche.
2. Halte dein Ohr ganz nah an die Schüssel und klopfe mit dem Gummiende des Bleistifts gegen die Schüssel. Achte auf das Geräusch, das entsteht.
3. Halte nun die Schüssel mit einem Finger fest, während du gegen sie klopfst.

Was wird geschehen?
Diesmal hörst du keinen Ton.

Warum denn das?
Der Ton entsteht, wenn die Schüssel vibriert. Wenn man beim Klopfen gleichzeitig die Schüssel festhält, unterbricht man die Vibration und damit auch den Ton.

313. Ballonverstärker

Du brauchst:
- 1 Luftballon

Und so wird's gemacht:
1. Puste den Ballon auf und knote ihn zu.
2. Klopfe mit dem Finger auf den Ballon und achte auf das Geräusch, das entsteht.
3. Halte den Ballon ganz nah an dein Ohr.
4. Klopfe mit deinem Finger auf den Ballon an der Stelle, die am weitesten von deinem Ohr entfernt ist.

Was wird geschehen?
Der Ton, den du durch das Klopfen erzeugt hast, ist nun viel lauter.

Warum denn das?
Die Luft ist im Ballon ganz eng zusammengepresst. Die Luftmoleküle liegen viel enger zusammen als in der Außenluft. Dadurch kann die Luft im Ballon die Schallwellen besser übertragen, der Ton wird lauter.

> **Wenn du mehr wissen willst:**
> Die Lautstärke des Schalls ist abhängig vom Druck der Schallwelle. Laute Töne entstehen durch große Druckänderungen, leise durch kleine. Die Laufstärke eines Musikinstruments hängt sehr oft von der Resonanz ab. Ein Resonanzkörper verstärkt die Amplitude der Schwingungen (d. h. die Höhe der Wellenberge und die Tiefe der Wellentäler), der Schall wird lauter.

314. Lauter Wecker

Du brauchst:
- 1 Holzstock (ca. 1 m)
- 1 laut tickenden Wecker

Und so wird's gemacht:
Halte den Holzstock so, dass ein Ende den Wecker berührt und das andere an deine Ohrmuschel reicht.

Was wird geschehen?
Der Wecker erscheint lauter.

Warum denn das?
Der Holzstab leitet die Schallwellen besser weiter als die Luft.

315. Gummigitarre

Du brauchst:
- 1 viereckige Metallschale
- Gummibänder in unterschiedlicher Dicke
- 2 Bleistifte

Und so wird's gemacht:
1. Spanne die Gummibänder im Abstand von einem Zentimeter über die Längsseite der Schale.
2. Zupfe an den Gummis und achte auf die Töne, die zu hören sind.
3. Schiebe die Bleistifte unter die Gummibänder und zupfe noch einmal an den Gummis.

Wenn du mehr wissen willst:
Trotz gleicher Tonhöhe klingen Stimmen, Geräusche, Musikinstrumente ganz unterschiedlich. Sie haben unterschiedliche Klangfarben. Der Klang ist abhängig von der Form der Schallwelle. Gleichmäßige Druckänderungen innerhalb der Schallwelle ergeben sanfte, plötzliche härtere Klänge.

Resonanz ist die Steigung der Schwingungsweite (Amplitude, Höhe der Wellenberge und Tiefe der Wellentäler) durch eine Kraft, die die Eigenfrequenz eines schwingenden Gegenstands verstärkt.

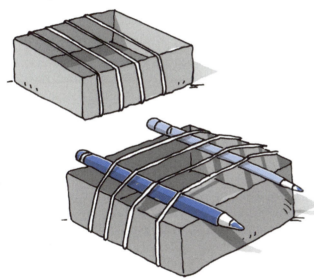

Was wird geschehen?
Die Töne erscheinen wesentlich klarer, wenn die Bleistifte unter die Gummis gespannt werden.

Warum denn das?
Die Bleistifte heben die Gummis so ab, dass sie besser schwingen können und nicht durch Reibung an der Schalenwand behindert werden. Die Bleistifte wirken als Resonanzkörper, indem sie auch die Luft in der Schale vibrieren lassen. Alle Saiteninstrumente haben einen Resonanzkörper, in dem die Luft vibriert und dadurch die Töne verstärkt.

316. Der klingende Tisch

Du brauchst:
- 1 Holztisch
- 1 Stuhl

Und so wird's gemacht:
1. Klopfe auf den Tisch und achte auf das Geräusch, das entsteht.
2. Setz dich auf den Stuhl und lege dein Ohr auf die Tischplatte.
3. Klopfe nun mit dem Finger, ungefähr 30 cm von deinem Ohr entfernt, auf den Tisch.

Was wird geschehen?
Der Ton erscheint viel lauter, wenn das Ohr auf dem Tisch liegt.

Warum denn das?
Schallwellen breiten sich nicht nur in der Luft, sondern auch in festen Stoffen aus. Holz leitet die Schallwellen erheblich besser als Luft, weil im Holz die Moleküle enger beieinander liegen als in der Luft.

Wenn du mehr wissen willst:
Schall breitet sich nicht in allen Materialien gleich schnell aus. Die Schallgeschwindigkeit liegt in 20° C warmer Luft auf Meereshöhe bei 344 Meter pro Sekunde (m/s). In kalter Luft bewegt sich der Schall langsamer. Bei 0° C liegt die Schallgeschwindigkeit nur noch bei 331 m/s. In Wasser und Holz breitet sich Schall schneller aus als in Luft. Er erreicht in Wasser 1.483 m/s, in Holz 4.000 m/s!

317. Hörgerät

Du brauchst:
- 1 Stück Karton (70 x 50 cm)
- Klebeband
- 1 Radio

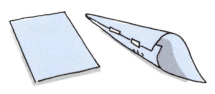

Und so wird's gemacht:
1. Rolle das Papier so zusammen, dass eine Tüte entsteht, wie in der Abbildung gezeigt. Fixiere deine Tüte mit dem Klebeband.
2. Schalte das Radio an und drehe die Lautstärke so, dass du kaum noch etwas verstehst.
3. Halte das schmale Ende der Papiertüte an dein Ohr und die große Öffnung an das Radio.

Was wird geschehen?
Du kannst die Töne besser hören, als ohne „Hörgerät".

Warum denn das?
Das Hörgerät fängt mit seiner weiten Öffnung Töne auf und leitet sie zu deinem Ohr weiter.

Wenn du mehr wissen willst:
Beim Hören fangen deine Ohrmuscheln die Schallwellen von Tönen und Geräuschen auf und leiten diese weiter in den Gehörgang. Dort treffen sie auf das Trommelfell, ein gespanntes Häutchen, dass dann in Schwingung versetzt wird. Danach geht es sofort weiter vom Innenohr zur so genannten Schnecke. Hier werden die Schallwellen in Nervensignale umgewandelt, damit das Gehirn sie entschlüsseln und wir hören können.

318. Banjo

Hier brauchst du die Hilfe eines Erwachsenen!

VORSICHT!

Du brauchst:
- 1 Plastikdose (ca. 20 x 20 cm)
- 1 ca. 6 cm breites, 12 cm dickes und ca. 60 cm langes Holzstück
- 1 kürzeres Holzstück
- 8 kurze Holzschrauben
- 1 kräftigen Faden (dünne Schnur)
- 1 Metallstreifen (ca. 1 cm breit, 6 cm lang, 1-2 mm dick)
- 1 Säge
- Klebstoff

Und so wird's gemacht:
1. Bitte eine Erwachsenen, dir in das Metallstück vier Kerben zu sägen. Auf ihnen sollen später die „Gitarrensaiten" laufen.
2. Säge ca. 5 cm vom Ende des Holzbretts eine Rille und stecke das Metallstück hinein.
3. Schraube an beiden Enden des Bretts, wie in der Abbildung gezeigt, jeweils vier Schrauben fest, drehe sie aber nicht ganz hinein und befestige (verknote) daran die „Saiten" (Faden). Nun hast du ein Klangbrett gebastelt.
4. Lege das Klangbrett auf die Plastikdose und stabilisiere es durch das speziell auf die Maße deiner Dose zugesägte Holzstück.
5. Klebe die Holzstücke an der Plastikdose fest.
6. Spanne die Saiten, indem du die Schrauben jetzt ganz fest drehst. Zupfe daran.

Was wird geschehen?
Es entstehen Töne.

Warum denn das?
Die Schwingung der Saiten versetzt die Luft in Schwingungen. Deswegen kannst du sie als Töne wahrnehmen. Die vibrierende Saite allein würde nur einen leisen Ton erzeugen. Dein Saiteninstrument hat aber ein Klangbrett, das die Schallwellen aufnimmt und sie zum Resonanzkörper (Plastikdose) weiterleitet. Der Resonanzkörper verstärkt dann den Schall.

319. Lieblings-CD

Du brauchst:
- 1 CD- Player oder Kassettenrekorder
- deine Lieblings-CD oder -Kassette
- 1 Mitspieler

Und so wird's gemacht:
Schalte das Gerät an, lege deine CD bzw. Kassette ein und starte sie.

Was wird geschehen?
Deine Lieblingsmusik ertönt.

Warum denn das?
Ein Mikrofon nimmt die Schallwellen auf, die sich beim Sprechen oder Musizieren in der Luft ausbreiten. Das Mikrofon wandelt die Wellen in ein elektrisches Signal mit derselben Frequenz um. Ein Aufnahmegerät zeichnet die Signale auf und speichert sie. Auf der Kassete ist deine Lieblingsmusik in Form von elektronischen Stromimpulsen gespeichert, auf der CD werden sie in Vertiefungen auf ihrer Oberfläche umgewandelt. Die Impulse werden dann vom Abspielgerät abgetastet, in Schall umgewandelt und vom Lautsprecher wiedergegeben, sodass du die Musik hören kannst.

320. Dosentelefon

Du brauchst:
- 2 leere Konservendosen, ohne Deckel
- 1 Hammer
- 1 Nagel
- 1 ca. 15 m lange Schnur
- 1 Mitspieler

Und so wird's gemacht:
1. Schlage in die Mitte des Bodens beider Blechdosen mit Hammer und Nagel ein kleines Loch.
2. Stecke durch jedes Loch ein Ende der Schnur und verknote es im Innern der Dose.
3. Jetzt nehmen du und dein Mitspieler jeweils eine Dose. Entfernt euch nun so weit voneinander, bis die Schnur straff gespannt ist.
4. Sprich in die Öffnung deiner Dose, während dein Mitspieler die Öffnung seiner Dose ans Ohr hält.

Was wird geschehen?
Du hörst in deiner Dose, etwas verzerrt, was dein Mitspieler ins „Telefon" spricht.

Warum denn das?
Spricht man in die Dose, wird der Dosenboden in Schwingung versetzt. Die Schwingungen verlaufen in der Schnur bis zum anderen Dosenboden, wo sie wieder in Luftschwingungen zurückverwandelt werden, die dein Ohr erreichen. Spricht man in ein „richtiges" Telefon, wird der Schall in elektrische Schwingungen umgewandelt, die über Draht oder Funk weitergeschickt werden können.

Wenn du mehr wissen willst:
In der Sprechmuschel des Telefonhörers befindet sich ein winziges Mikrofon, das den Schall deiner Stimme in ein elektrisches Signal umwandelt. Das Signal wird über Verstärker und Vermittlungsstellen (z. B. Drähte, Funk, Fernmeldesatelliten) zum Telefon der Person geleitet, deren Nummer du angewählt hast. Die Person nimmt ihren Hörer ab. In der Hörmuschel ihres Telefonhörers befindet sich ein kleiner Lautsprecher, der das von deinem Telefon ausgehende Signal in Schall umwandelt, der dann in ihr Ohr gelangt. Wenn die Person etwas in die Sprechmuschel ihres Telefonhörers sagt, wird ein elektrisches Signal zu der Hörmuschel deines Telefonhörers geleitet und in Schall umwandelt. Du hörst wiederum die Stimme der sprechenden Person.

321. Minigitarre

ECHT EASY!

Du brauchst:
- 1 leere Streichholzschachtel
- Schere
- Pappe oder Tonpapier
- Gummibänder
  (z. B. Haushaltsgummiringe)

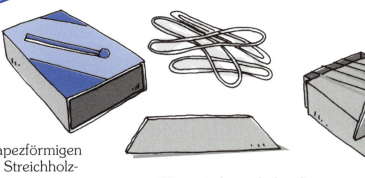

Und so wird's gemacht:
1. Schneide aus Pappe einen trapezförmigen Steg, der etwas länger als die Streichholzschachtel breit ist, aus.
2. Öffne die Streichholzschachtel ein Stück weit und spanne die Gummibänder wie Saiten darüber.
3. Klemme den Steg dazwischen, so wie in der Abbildung gezeigt.
4. Zupfe an den „Gitarrensaiten".

Was wird geschehen?
Es entstehen Töne.

Warum denn das?
Die Schwingungen der Saiten versetzen die Luft in Schwingungen, die du als Töne wahrnimmst. Du kannst verschiedene Töne erzeugen, indem du den Pappsteg verschiebst. Dann sind die Saiten nämlich unterschiedlich gespannt.

322. Wärme aus dem Nichts

Feuer, Wärme, Kerzenschein.

Du brauchst:
- Gips
- Wasser
- 1 Plastikschale
- 1 Löffel

Und so wird's gemacht:
1. Fülle etwas Gips in die Schale und gieße unter Rühren Wasser dazu, bis eine zähflüssige Masse entsteht.
2. Lasse die Masse eine Stunde ruhen.

Was wird geschehen?
Der Gips wird hart, die Wände der Schale fühlen sich warm an.

Warum denn das?
Der Gips reagiert mit den Bestandteilen des Wassers und wird dabei hart. Bei dieser chemischen Reaktion entsteht Wärme.

Wenn du mehr wissen willst:
Verbrennungsreaktionen sind exotherme Reaktionen, denn es wird Wärme abgegeben. Auch die Reaktion von Gips mit Wasser ist eine exotherme Reaktion. Bei endothermen Reaktionen wie z. B. beim Kochen wird Wärme aufgenommen.

323. Holzkohle

VORSICHT!

Hier brauchst du die Hilfe eines Erwachsenen!

Du brauchst:
- 1 abgebranntes Streichholz
- 1 Stück weißes Papier

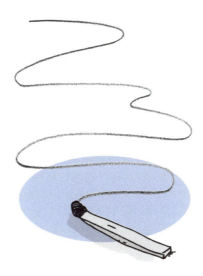

Und so wird's gemacht:
Zeichne mit dem Streichholz auf das Papier.

Was wird geschehen?
Auf dem Papier erscheint ein schwarzes Muster.

Warum denn das?
Das Streichholz besteht teilweise aus Holzkohle. Deswegen kannst du damit zeichnen.

Wenn du mehr wissen willst:
Holzkohle besteht fast ausschließlich aus Kohlenstoff. Sie entsteht beim Verbrennen von Holz ohne Luftzufuhr, bei unvollständiger Verbrennung. Mit Holzkohle kann man zeichnen, sie zerbröselt aber leicht, denn sie hat eine ungeordnete Molekülstruktur. Auch Bleistifte bestehen aus Kohlenstoff (Grafit). Die Kohlenstoffatome im Grafit haben aber in der Holzkohle eine feste, geordnete Struktur. Holz und Papier sind Brennstoffe. Man kann sie anzünden, abbrennen und dabei Wärme gewinnen. Kohle, Erdgas, und Erdöl sind fossile Brennstoffe. Sie stammen von abgestorbenen Pflanzen und Tieren, die vor Millionen von Jahren auf der Erde lebten. Kohle ist ein brennbares Gestein, das im Kohlebergtagebau von oben ausgegraben wird. Es besteht aus abgestorbenen Pflanzen, aus denen in Millionen von Jahren durch Druck und Wärme Kohle entstand. Erdöl ist eine unterirdisch vorkommende Flüssigkeit, die aus Ablagerungen aus dem Grund des Urmeeres entstand. Es wird durch Fördertürme an die Oberfläche transportiert. Erdgas ist ein unterirdisch vorkommendes Gas. Es besteht vor allem aus Methan und wird über Rohre an die Erdoberfläche gefördert und an die Verbrauchsorte geleitet. Im Winter erzeugt man in Öfen Wärme durch Verbrennen von fossilen Brennstoffen.

324. Brennendes Streichholz

Hier brauchst du die Hilfe eines Erwachsenen!

VORSICHT!

Du brauchst:
- 1 Streichholz
- 1 Unterteller aus Porzellan

Und so wird's gemacht:
Zünde das Streichholz an und lege es auf den Unterteller.

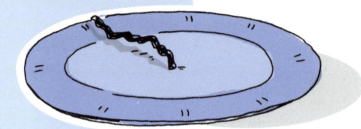

Was wird geschehen?
Eine Flamme entsteht. Sie verbrennt das Holz, bis sie erlischt. Zurück bleibt eine schwarze Masse, die sich zerbröseln lässt.

Warum denn das?
Beim Reiben des Streichholzkopfes über die Reibefläche der Streichholzschachtel entsteht Reibungswärme. Diese Wärme und der im Streichholzkopf enthaltene Phosphor setzen die nachfolgenden Reaktionen in Gang. Durch chemische Reaktionen zwischen den Stoffen, mit denen der Streichholzkopf beschichtet ist, entsteht wieder Wärme. Sie entzündet das Holz und erzeugt eine Flamme. Das brennende Holz reagiert mit Luftsauerstoff. Die Flamme besteht aus glühenden Kohlenstoffteilchen, die Licht und Wärme aussenden. Bei unvollständiger Verbrennung bleibt nach dem Verglühen des Streichholzes schwarze Holzkohle zurück.

325. Fingerabdrücke

Du brauchst:
- doppelseitiges Klebeband
- 1 Schere
- weißes Papier
- 1 weichen Bleistift

Und so wird's gemacht:
1. Male mit einem weichen Bleistift einen großen, schwarzen Fleck auf das Papier.
2. Schneide zehn kleine Streifen aus dem doppelseitigen Klebeband aus und klebe sie auf ein Stück Papier.
3. Bitte eine Versuchsperson, ihren Finger auf den Bleistiftfleck und danach auf das doppelseitige Klebeband zu drücken.

Was wird geschehen?
Auf dem Klebeband erscheint der Fingerabdruck der Versuchsperson.

Warum denn das?
Bleistiftminen bestehen aus Grafit und Ton im Verhältnis 2:1. Grafit besteht aus reinen Kohlenstoffatomen. Sie bilden im Grafit Schichten, die sich nur schwach anziehen und nur leicht verschieben lassen. Beim Malen zerreibst du die Bleistiftmine zu einem Pulver, das an deinem Finger haftet und die feinen Rillen der Hautoberfläche färbt. Auf dem Klebeband entsteht ein Abdruck dieser Rillen. Jeder Mensch hat individuelle, unverwechselbare Fingerabdrücke.

326. Kerzentrick

Du brauchst:
- 2 flache Untersetzer
- 1 Glas
- 1 Kerze (kürzer als das Glas)
- Wasser
- Streichholz
- Feuerzeug

Und so wird's gemacht:
1. Stelle die Kerze auf den Untersetzer.
2. Fülle Wasser in den Untersetzer.
3. Zünde die Kerze an.
4. Stülpe das Glas über die Kerze.

Was wird geschehen?
Die Kerze erlischt und das Wasser wird aus dem Untersetzer ins Glas gesaugt.

Warum denn das?
Zum Brennen benötigt die Kerze Sauerstoff aus der Luft. Wenn der Sauerstoff unter dem Glas verbraucht ist, erlischt die Flamme. Nun erkaltet die restliche Luft im Glas. Dabei zieht sie sich zusammen und schafft dadurch Platz für das Wasser, das ins Glas gedrückt wird.

Wenn du mehr wissen willst:
Stoffe, die Feuer fangen können, sind brennbar. Verbrennung ist eine Reaktion, bei der Sauerstoff verbraucht wird. Der Brennstoff verbindet sich mit Sauerstoff aus der Luft und gibt Wärme ab. Früher glaubte man, dass bei Verbrennungsreaktionen ein gasförmiger Stoff (Feuerstoff) freigesetzt wird und dass die Verbrennung unter Gewichtsabnahme verläuft. Heute weiß man, dass Verbrennungen immer unter Gewichtszunahme ablaufen. Alle Verbrennungen sind Redoxreaktionen. Bei Redoxreaktionen findet gleichzeitig eine Oxidation (Elektronenabgabe) und eine Reduktion (Elektronenaufnahme) statt. Bei der Verbrennung von Kerzenwachs, das zum Teil aus dem Molekül Alkan besteht, reagieren zwei Moleküle Alkan mit 55 Sauerstoffmolekülen. Es entstehen 38 Moleküle Wasser und 36 Moleküle Kohlendioxid. Bei diesem Oxidationsvorgang wird das Oxidationsmittel Sauerstoff reduziert, d. h. es nimmt Elektronen auf. Verbrennungsvorgänge verlaufen nicht immer unter Flammenbildung. Stille Verbrennungen sind unter anderem das Rosten von Eisen, Gärungsprozesse, die innere Atmung und der Stoffwechsel der Lebewesen. In unserem Körper werden z. B. mit Hilfe von Enzymen Kohlenhydrate mit dem bei der äußeren Atmung aufgenommenen Sauerstoff aus der Luft zu Kohlendioxid und Wasser oxidiert. Die dabei frei werdende Energie wird genutzt für Muskelarbeit oder für Wachstumsvorgänge.

327. Meisterdetektiv

ÜBUNG UND GEDULD

Du brauchst:
- 1 Lupe
- 1 Glas
- 1 weicher Bleistift
- feiner Puder
- Fingerabdrucksammlung zum Vergleich
- 1 trockener Pinsel mit feinen Haaren

Und so wird's gemacht:
1. Bitte deine Versuchsperson, ein Glas anzufassen.
2. Kratze mit einem Messer etwas Bleistaub vom Bleistift und mische ihn mit Körperpuder.
3. Halte das Glas mit den Fingerabdrücken deiner Versuchsperson von innen und bepinsele es vorsichtig mit der Bleistaub-Puder-Mischung.

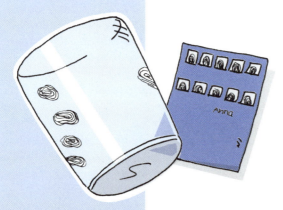

Was wird geschehen?
Die Fingerabdrücke der Versuchsperson werden sichtbar und lassen sich durch Vergleich mit den Abdrücken deiner Sammlung eindeutig identifizieren (vgl. S. 222/Exp. 326).

328. Kerzenruß

Hier brauchst du die Hilfe eines Erwachsenen!

Du brauchst:
- 1 brennende Kerze im Kerzenständer
- 1 Messer

Und so wird's gemacht:
Halte die Messerschneide einige Sekunden lang über die Flamme.

Was wird geschehen?
Die Schneide wird schwarz.

Warum denn das?
Die Schneide ist mit Ruß, d. h. mit winzigen Kohlenstoffteilchen, bedeckt. Ruß entsteht bei unvollständiger Verbrennung.

Wenn du mehr wissen willst:
Eine Kerze besteht aus kohlenwasserstoffhaltigem Kerzenwachs, das den Docht umhüllt. Zündet man den Kerzendocht an, bildet sich eine Flamme. Sie lässt das Wachs schmelzen. Das Wachs verdampft und reagiert mit dem Luftsauerstoff. Der Luftsauerstoff verbindet sich mit den Kohlenstoffatomen des Kerzenwachses zu Kohlendioxid und mit den Wasserstoffatomen des Kerzenwachses zu Wasser. Das Wachs verbrennt und strahlt dabei Licht und Wärme aus. Bei unvollständiger Verbrennung entstehen Rußteilchen, die sich z. B. an einer Messerschneide absetzen.

Als Ruß bezeichnet man winzige, feste Kohlenstoffpartikel. Er entsteht durch Sauerstoffmangel bei der Verbrennung.

329. Wachsspuren

Hier brauchst du die Hilfe eines Erwachsenen!

VORSICHT!

Du brauchst:
- 1 brennende Kerze im Kerzenständer
- 1 Glasscherbe
- 1 Wäscheklammer

Und so wird's gemacht:
Halte die Glasscherbe mit Hilfe der Wäscheklammer mindestens 10 Sekunden direkt über den Kerzendocht und lasse sie dann abkühlen.

Was wird geschehen?
Auf der Glasscherbe zeigen sich Wachsspuren.

Warum denn das?
Wenn die Kerze brennt, zersetzt sich nicht das ganze Wachs zu Ruß. Einige Wachsteilchen steigen durch die Wärme nach oben und gerinnen auf der Glasscherbe wieder.

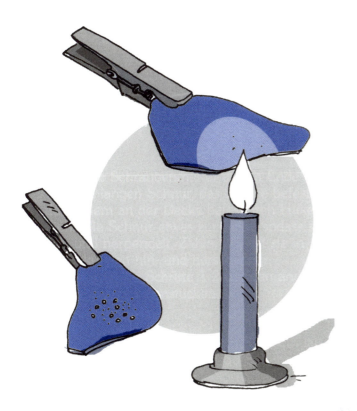

330. Schwimmkerze

Hier brauchst du die Hilfe eines Erwachsenen!

VORSICHT!

Du brauchst:
- 1 Kerze
- 1 Nagel mit großem, flachem Kopf
- 1 leeres Marmeladenglas
- Wasser

Und so wird's gemacht:
1. Stecke die Nagelspitze in die Unterseite der Kerze.
2. Fülle das Glas etwa zur Hälfte mit Wasser.
3. Stelle die durch den Nagel beschwerte Kerze in das Wasser und zünde sie an.

Was wird geschehen?
Die Kerzenflamme erlischt nicht, auch wenn das Kerzenwachs bis zur Wasseroberfläche abgebrannt ist.

Warum denn das?
Das Wasser kühlt das Kerzenwachs, sodass eine dünne Außenwand aus Wachs stehen bleibt. Sie verhindert, dass Wasser zur Flamme gelangt und den Docht auslöscht (vgl. Abbildung).

331. Kerzenhitze

VORSICHT!

Hier brauchst du die Hilfe eines Erwachsenen!

Du brauchst:
- 1 brennende Kerze im Kerzenständer
- 1 Münze
- 1 Stück Eisendraht (z. B. unbeschichteter Blumendraht)

Und so wird's gemacht:
1. Lege den Eisendraht um die Münze und forme einen Ring, in den sie genau hineinpasst.
2. Nimm die Münze aus dem Ring, klemme sie in die Wäscheklammer und halte sie einige Minuten über die Kerzenflamme.
3. Versuche die heiße Münze mit der Wäscheklammer wieder in den Drahtring zu stecken.

Was wird geschehen?
Die Münze passt nicht mehr in den Ring.

Warum denn das?
Die Hitze der Kerze hat die Münze ausgedehnt. Wenn man sie wieder ganz abkühlen lässt, passt sie wieder hinein.

> **Wenn du mehr wissen willst:**
> Bei Erwärmung von Festkörpern, Flüssigkeiten und Gasen dehnen sie sich aus. Die Teilchen bewegen sich schneller und entfernen sich voneinander, das Volumen nimmt zu. Diese Ausdehnung und Größenzunahme durch Erwärmung nennt man Expansion.
>
> Wenn (erwärmte) Festkörper, Flüssigkeiten und Gase Wärme abgeben, werden ihre Teilchen langsamer, das Volumen nimmt ab. Diese Größenabnahme durch Abkühlung nennt man Kontraktion.

332. Zusammenhalt

VORSICHT!

Hier brauchst du die Hilfe eines Erwachsenen!

Du brauchst:
- 2 gleich große Gläser
- 1 Teelicht
- Streichhölzer
- Wasser
- 1 Blatt Löschpapier

Und so wird's gemacht:
1. Feuchte das Löschpapier an.
2. Stelle das Teelicht in ein Glas, zünde es an und lege sofort das angefeuchtete Löschpapier auf das Glas.
3. Setze das zweite Glas vorsichtig umgekehrt auf das erste.

Was wird geschehen?
Die Kerze erlischt nach kurzer Zeit und du kannst, wenn du das obere Glas anhebst, gleichzeitig das untere mit anheben. Die beiden Gläser halten fest zusammen.

Warum denn das?
Die Kerzenflamme hat beim Brennen den Sauerstoff im unteren Glas und schließlich (durch die Fasern des nassen Löschpapiers hindurch) auch den des oberen Glases verbraucht. Dadurch herrscht innerhalb beider Gläser ein niedriger Luftdruck als außerhalb. Der äußere Luftdruck presst die beiden Gläser zusammen.

333. Feuerlöscher

Hier brauchst du die Hilfe eines Erwachsenen!

VORSICHT!

Du brauchst:
- 1 großes, leeres Gurkenglas mit Schraubdeckel
- Wasser
- 3 Teelöffel Backsoda (Backpulver)
- 1/2 Tasse Essig (keine Essigessenz!)
- 1 Hammer
- 1 Nagel
- 1 kleines Glas, das in das große passt

Und so wird's gemacht:
1. Lass dir von einem Erwachsenen mit Hammer und Nagel ein Loch in den Schraubdeckel des großen Glases schlagen.
2. Fülle das große Glas mit Wasser und schütte das Backsoda dazu.
3. Fülle das kleine Glas mit Essig und setze es (ohne einen Tropfen zu verschütten) in das große Glas.
4. Schraube das große Glas mit dem Deckel zu.
5. Halte die Öffnung von deinem Körper weg und drehe das Glas langsam um.

Was wird geschehen?
Aus dem Loch im Deckel quillt eine schaumige Flüssigkeit.

Warum denn das?
Wenn Essig und Backsoda zusammengeschüttet werden, entsteht ein Gas, das Kohlendioxid. Es unterbricht Verbrennungsvorgänge. Deshalb enthalten auch manche Feuerlöscher Kohlendioxid.

Wenn du mehr wissen willst:
Feuerlöscher sorgen dafür, dass kein Luftsauerstoff mehr an das brennende Material gelangt und dadurch die Verbrennung weiter in Gang hält. Sie enthalten Wasser, Flüssigkeiten, Pulver oder Kohlendioxid.

334. Trichter und Kerze

Hier brauchst du die Hilfe eines Erwachsenen!

VORSICHT!

Du brauchst:
- 1 brennende Kerze
- 1 Trichter
- 1 Mitspieler

Und so wird's gemacht:
Bitte deinen Mitspieler, durch den Trichter die Kerze auszublasen.

Was wird geschehen?
Wenn dein Mitspieler die Mitte der Trichteröffnung auf die Flamme hält, wird die Kerze trotz kräftigen Pustens weiterbrennen.

Warum denn das?
Die durchgeblasene Luft wird im kegelförmigen Teil des Trichters gestreut und entweicht entlang seiner Wand. Wenn du die Kerze mit Hilfe des Trichters ausblasen willst, musst du also den Rand des Trichters auf die Flamme halten.

Wenn du mehr wissen willst:
Rauch entsteht bei Verbrennungsvorgängen. Er besteht aus Abgasen. Verbrennt man fossile Brennstoffe (Kohle, Erdöl, Erdgas), gelangen Stickstoff, Sauerstoff, Kohlendioxid, Wasserdampf, Staub, Kohlenmonoxid, Schwefeldioxid, Stickoxide, Halogenverbindungen und flüchtige organische Verbindungen in die Außenluft und verteilen sich in der Atmosphäre. In Kraftwerken und Industrieanlagen versucht man (z. B. durch Abgasreinigungs- und Entschwefelungsanlagen) die umweltschädlichen Abgase zu verringern.

335. Kerzenrauch

VORSICHT!

Hier brauchst du die Hilfe eines Erwachsenen!

Du brauchst:
- 2 brennende Kerzen

Und so wird's gemacht:
1. Puste zuerst eine Kerze aus und beobachte den aufsteigenden Rauch.
2. Puste nun die zweite Kerze aus und beobachte den Rauch noch einmal.

Was wird geschehen?
Bei beiden Kerzen steigen nach dem Auspusten Rauchteilchen in die Luft. Unten im Docht ist die Strömung noch gleichmäßig, dann, weiter oben, wird sie turbulent. Die Rauchschwaden beider Kerzen sehen unterschiedlich aus.

Warum denn das?
Die Luftmoleküle stoßen mit den Rauchteilchen zusammen. Dadurch entsteht eine regellose Bewegung, die Brown'sche Bewegung. Die Luftmoleküle selbst sind nicht sichtbar. Obwohl die Ausbreitung des Rauchs nach einfachen Naturgesetzen erfolgt, ist das Verhalten der Luftmoleküle nach dem Auspusten bislang nicht mess- und vorhersehbar. Das Aufsteigen von Rauchteilchen ist ein chaotisches System.

Wenn du mehr wissen willst:
Die Bewegung winziger fester Teilchen in einer Flüssigkeit oder in einem Gas bezeichnet man als Brown'sche Bewegung. Die zufälligen Zickzackbewegungen mit plötzlichen Richtungsänderungen werden durch Zusammenstöße der festen Teilchen mit den Gas- oder Flüssigkeitsmolekülen verursacht. Der britische Botaniker Robert Brown (1773-1858) hat diese Vorgänge erstmals beschrieben.

Die Chaos-Theorie beschreibt das Verhalten von chaotischen Systemen. Vorgänge wie die Rissbildung in einer Eisscholle, das Aufsteigen von Rauchteilchen und auch manche Wetterveränderungen scheinen unvorhersehbar zu sein. Trotzdem könnten solche Ereignisse einem Muster folgen. Mathematiker versuchen, sie mit Fraktalen zu beschreiben. Das sind geometrische Figuren und Strukturen, mit deren Hilfe man Naturerscheinungen simulieren (nachstellen) und dann im Computer darstellen kann. Ein Kennzeichen eines Fraktals ist Selbstähnlichkeit. Der Farn hat z. B. eine fraktale Blattstruktur, denn die kleinsten Teile eines Farnblatts haben in vergrößerter Form eine ähnliche Form wie das ganze Blatt (vgl. Abbildung).

Trick oder Mathematik?

336. Magisches Quadrat

Du brauchst:
- 1 Kalender
- 1 Bleistift
- 1 Mitspieler

Und so wird's gemacht:
1. Bitte deinen Mitspieler, einen Monat aus dem Kalender auszuwählen.
2. Fordere ihn auf, auf das Kalenderblatt ein Quadrat so zu zeichnen, dass es neun Zahlen enthält, und dann diese neun Zahlen zu addieren, ohne dir die Summe zu nennen.
3. Bitte den Mitspieler, dir nur die kleinste dieser Zahlen mitzuteilen.
4. Zähle (ohne dies dem Mitspieler zu verraten) zu der genannten Zahl 8 dazu und multipliziere das Resultat mit 9.

Was wird geschehen?
Die von dir errechnete Zahl entspricht der vom Mitspieler genannten Summe seiner neun Zahlen.

Mo	Di	Mi	Do	Fr	Sa	So
		1	2	3	4	5
6	7	8	9	10	11	12
13	14	15	16	17	18	19
20	21	22	23	24	25	26
27	28	29	30	31		

Warum denn das?
Das magische Quadrat ist eine Zahlenanordnung, in der die Addition der Spalten, Zeilen und Diagonalen gleiche Summen ergeben.

Beispiel:

4	3	8
9	5	1
2	7	6

Die Addition dieser beliebigen Zahl ergibt immer 15.

337. Zahlenvorhersage

ECHT EASY!

Du brauchst:
- 1 Blatt Papier
- 1 Bleistift
- 1 Mitspieler

Und so wird's gemacht:
1. Zeichne ein Schachbrettmuster aus 16 Quadraten auf und nummeriere die Felder von links oben nach rechts unten von 1 bis 16 durch.
2. Merke dir die beiden sich gegenüberliegenden Eckzahlen, addiere diese beiden Zahlen und multipliziere die Summe mit 2, ohne dies deinem Mitspieler mitzuteilen. Schreibe dann die Endsumme auf. Sie ist deine Vorhersage.
3. Wende dich ab und bitte einen Mitspieler, zwei Zahlen aus der zweiten und zwei Zahlen aus der dritten Spalte auszuwählen. Dann soll er die erste ausgewählte Zahl einkreisen und die direkte Nachbarzahl (rechts und links daneben, darüber und darunter) ausstreichen. Genauso soll dein Mitspieler mit den übrigen drei von ihm ausgewälten Zahlen vorgehen. Schließlich bleiben vier Zahlen übrig. Diese soll der Mitspieler addieren.

Was wird geschehen?
Der Mitspieler nennt die von dir vorhergesagte Zahl.

Warum denn das?
Egal welche vier Zahlen ausgesucht werden, das Ergebnis ist immer 34.

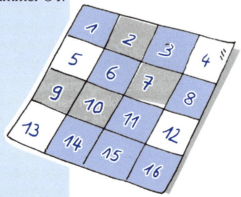

338. Geburtstag erraten

Du brauchst:
- 1 Blatt Papier
- 1 Bleistift
- 1 Mitspieler

Und so wird's gemacht:
1. Behaupte das Geburtstagsdatum eines Mitspielers erraten zu können. Bitte ihn, die Ziffer seines Geburtstags mit 20 zu multiplizieren, dann 3 zu addieren und diese Summe dann wieder mit 5 zu multiplizieren. Danach soll er die Ziffer des Geburtsmonats dazurechnen, alles mal 20 nehmen, drei dazuzählen, das ganze mal fünf nehmen und schließlich die letzten beiden Ziffern des Geburtsjahrs dazurechnen.

Beispiel: 28.02.92
28 x 20 = 560
+ 3 = 563
x 5 = 2.815
+ 2 = 2.817
x 20 = 56.340
+ 3 = 56.343
x 5 = 281.715
+ 92 = 281.807

2. Ziehe vom Ergebnis die Zahl 1.515 ab.

Was wird geschehen?
Das Ergebnis zeigt die Summe 280.292 an, also das Geburtsdatum: 28.02.92

339. Schnellrechnen

Du brauchst:
- 1 Blatt Papier
- 1 Bleistift
- 1 Mitspieler

Und so wird's gemacht:
1. Schreibe eine Zahlenkolonne an die Wand und behaupte, diese schneller als der Taschenrechner addieren zu können. Beginne dabei mit der 1 und schreibe darunter die jeweils doppelte Zahl, also: 1, 2, 4, 8, 16, 32, 64, 128, 256, 512, 1.024, 2.048 etc.
2. Ziehe von der letzten in der Zahlenreihe nicht mehr hingeschriebenen Zahl (in unserem Beispiel 4.096) 1 ab.

Was wird geschehen?
Du bist erheblich schneller als der Taschenrechner. Das Ergebnis lautet in unserem Beispiel 4.095.

340. Zahlenspiel

Du brauchst:
- 1 Blatt Papier
- 1 Bleistift
- 1 Mitspieler

Und so wird's gemacht:
1. Bitte den Mitspieler, sich eine Zahl zwischen 1 und 10 zu denken, diese Zahl dann mit 4 zu multiplizieren. Dann soll er das Ergebnis durch 2 dividieren und dieses Ergebnis wiederum mit 7 multiplizieren.

   Beispiel: ausgedachte Zahl: 5
   5   x 4   = 20
   20 : 2   = 10
   10 x 7   = 70

2. Teile das Ergebnis, das der Mitspieler nennt, durch 14.

Was wird geschehen?
Du wirst die Zahl des Mitspielers richtig erraten.

341. Zahlenraten

Du brauchst:
- 1 Blatt Papier
- 1 Bleistift
- 1 Mitspieler

Und so wird's gemacht:
1. Bitte den Mitspieler, sich eine Zahl zwischen 1 und 9 zu denken, diese Zahl dann mit 6 zu multiplizieren. Dann soll er das Ergebnis durch 2 dividieren und dieses Ergebnis wiederum mit 3 multiplizieren.
   Beispiel: ausgedachte Zahl: 5
   5 x 6 = 30
   30 : 2 = 15
   15 x 3 = 45
2. Teile das Ergebnis, das der Mitspieler nennt, durch 9.

Was wird geschehen?
Du wirst die Zahl des Mitspielers richtig erraten.

342. 100 gewinnt

Du brauchst:
- 1 Blatt Papier
- 1 Bleistift
- 1 Mitspieler

Und so wird's gemacht:
1. Ihr beide, du und dein Mitspieler, nennt fort laufend eine Zahl zwischen 1 und 10 und zählt zusammen. Wer 100 nennen kann, ist der Sieger.
2. Du achtest darauf, dass du in der Summe immer auf folgende Zahlen kommst: 12, 23, 34, 45, 56, 67, 78, 89.
   Beispiel: Dein Mitspieler nennt 6,
   du sagst auch 6 (12),
   dein Mitspieler nennt 8 (20),
   du sagst 3 (23),
   dein Mitspieler nennt 7 (30),
   du sagst 4 (34)
   und so weiter.

Was wird geschehen?
Du wirst jedes Mal bei der 100 landen und damit jedes mal gewinnen.

343. Lieblingszahl

Du brauchst:
- 1 Blatt Papier
- 1 Bleistift
- 1 Mitspieler

Und so wird's gemacht:
1. Frage deinen Mitspieler nach einer Lieblingszahl zwischen 1 und 9 (z. B. 6).
2. Multipliziere die genannte Zahl mit 9 und merke dir das Ergebnis (in unserem Beispiel: 54).
3. Bitte den Mitspieler, das Ergebnis (in unserem Beispiel: 54) mit der Zahl 12.345.679 zu multiplizieren (Taschenrechner erlaubt!).

Was wird geschehen?
Stets erscheint die Lieblingszahl des Mitspielers in mehrfacher Form (in unserem Beispiel 666.666.666).

344. Würfelraten

Du brauchst:
- 3 Würfel
- 1 Mitspieler

Und so wird's gemacht:
1. Bitte deinen Mitspieler, drei Würfel zu werfen und die Augenzahl (oben) zu addieren. Du wendest dich ab.
2. Bitte deinen Mitspieler, einen der Würfel aufzunehmen, die unten befindliche Zahl zu der vorherigen Summe zu addieren. Dann soll er mit diesem Würfel noch einmal würfeln. Die Augen, die dieser Würfel jetzt (oben) zeigt, werden auch zu der Summe addiert.
3. Nun drehst du dich zu den Würfeln um, zählst (unbemerkt) ihre Augenzahl zusammen und zählst sieben dazu. Dann nimm die Würfel auf, schüttle sie und nenne deine eben errechnete Zahl.

Was wird geschehen?
Die von dir genannte Zahl ist identisch mit der von deinem Mitspieler erwürfelten.

Warum denn das?
Die gegenüberliegenden Augen eines Würfels ergeben immer die Summe 7. Addiert man die oberen Augen dreier Würfel aus dem ersten Wurf und addiert die untenliegende Zahl eines der Würfel dazu, so ist es das gleiche, als wenn man die oberen Augen zweier Würfel aus dem ersten Wurf addiert und 7 dazuzählt.

345. Kettenbruch

Du brauchst:
- 1 Dominospiel (28 Steine)
- 1 Mitspieler

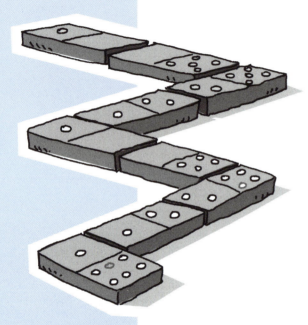

Und so wird's gemacht:
1. Nimm heimlich einen Spielstein mit zwei unterschiedlichen Zahlen weg, notiere diese beiden Zahlen als Vorhersage auf einem Blatt Papier und zeige sie deinem Mitspieler.
2. Mische die Dominosteine und lege sie so nebeneinander, dass die Enden zusammenpassen.
3. Notiere die Zahlen an den Enden der Kette und vergleiche sie mit den von dir angegebenen Zahlen.

Was wird geschehen?
Die von dir notierten Zahlen sind mit den Zahlen am Ende der Kette identisch.

Warum denn das?
Ein vollständiges Dominospiel bildet immer einen endlosen Kreis. Die von dir notierten Zahlen entsprechen deshalb den Endzahlen der Kette.

346. Welche Hand?

Du brauchst:
- 1 1-Centmünze
- 1 10-Centmünze
- 1 Mitspieler

Und so wird's gemacht:
1. Bitte deinen Mitspieler, eine 1-Centmünze in der einen und eine 10-Centmünze in der anderen Hand zu halten.
2. Bitte ihn, den Wert der größeren Münze mit acht (oder einer anderen geraden Zahl), den Wert der anderen, kleineren Münze mit fünf oder einer anderen ungeraden Zahl zu multiplizieren und dir die Ergebnisse zu nennen!

Was wird geschehen?
Du kannst vorhersagen, in welcher Hand welche Münze ist.

Warum denn das?
Wenn gerade Zahlen mit geraden Zahlen multipliziert werden, kommt dabei immer ein gerades Ergebnis heraus. Bei ungeraden Zahlen ist es genau umgekehrt. Du musst allerdings aufpassen, denn bei einer Multiplikation einer geraden mit einer ungeraden Zahl, ist das Ergebnis auch immer gerade.

347. Bitte mit Gefühl!

Du brauchst:
- 3 große Münzen
- 1 Buntstift
- 1 Hut
- 1 Mitspieler

Und so wird's gemacht:
1. Lege den Buntstift und die drei großen Münzen auf den Tisch. Stelle daneben den Hut mit der Öffnung nach oben.
2. Bitte deinen Mitspieler, während du dich umdrehst, eine Münze auszuwählen und sie mit dem Buntstift zu kennzeichnen und die beiden anderen in den Hut zu legen. Danach soll er die gekennzeichnete Münze fest in die geballte Faust nehmen und langsam und laut bis 20 zählen. Danach soll er auch diese Münze schnell in den Hut werfen.
3. Schüttle nun kurz den Hut, greife sofort hinein und ziehe – ohne hinein zu schauen – die gekennzeichnete Münze heraus.

Was wird geschehen?
Du erkennst die gekennzeichnete Münze an ihrer Temperatur, denn sie ist erkennbar wärmer als die beiden anderen Münzen, da sie der Mitspieler eine Zeit lang in der Faust gehalten hat.

Warum denn das?
Wärme geht immer vom wärmeren Gegenstand (Hand) in den kälteren Gegenstand (Münze) über.

348. Kraftprobe

ÜBUNG UND GEDULD

Du brauchst:
- 1 Streichholz
- 1 Mitspieler

Und so wird's gemacht:
1. Bitte deinen Mitspieler, ein Streichholz zwischen die Spitzen des Zeigefingers und des Daumens zu halten und zu zerbrechen. (Wenn er den Trick nicht kennt, wird es ihm nicht gelingen.)
2. Zeige ihm, wie das geht, indem du das Streichholz so zwischen Zeigefinger und Daumen nimmst, dass die Enden zwischen dem ersten und zweiten Fingerglied zu sitzen kommen.

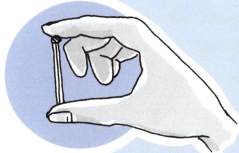

Was wird geschehen?
Das Streichholz bricht entzwei.

Warum denn das?
Der Druck auf das Streichholz kann zwischen den Fingergliedern besser verteilt werden. Somit hast du mehr Kraft, um das Steichholz entzweizubrechen.

349. Tropfentrick

ÜBUNG UND GEDULD

Du brauchst:
- 1 Streichholz
- 1 1-Centmünze
- 1 leere Flasche
- 1 Glas Wasser
- 1 Mitspieler

Und so wird's gemacht:
1. Knicke das Streichholz in der Mitte, sodass es einen spitzen Winkel bildet, und lege es über die Öffnung des Flaschenhalses, wie in der Abbildung gezeigt.
2. Lege die 1-Centmünze flach auf das geknickte Streichholz.
3. Frage deinen Mitspieler, ob es ihm gelingt, die Münze in die Flasche zu bringen, ohne sie oder das Streichholz zu berühren. (Wenn er den Trick nicht kennt, wird es ihm nicht gelingen.)
4. Zeige ihm, wie das geht: Tauche einen Finger in das Glas Wasser und lasse einen oder zwei Tropfen auf die Stelle fallen, an der das Holz geknickt ist.

Was wird geschehen?
Die Münze fällt in die Flasche.

Warum denn das?
Der Wassertropfen dringt in das Holz ein, es quillt an einer Stelle. Dadurch werden sich die Winkelbeine des Streichholzes langsam voneinander entfernen, sodass sie einen stumpfen Winkel bilden.

350. Ballonstechen

Du brauchst:
- 1 aufgeblasener Luftballon
- 1 dicker Filzstift
- 1 Tesafilm
- 1 lange, dicke Nadel mit einem eingefädelten Faden

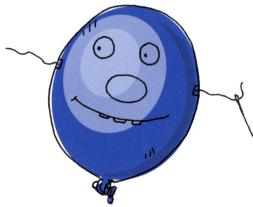

Und so wird's gemacht:
1. Male ein Gesicht auf den aufgeblasenen Luftballon.
2. Klebe an einer unauffälligen Stelle des Gesichts vorne und hinten einen kleinen Streifen Tesafilm.
3. Durchbohre den Luftballon an der Stelle, wo der Tesafilm festklebt und führe die Nadel an der Stelle, die ebenfalls mit Tesafilm beklebt ist, wieder heraus.

Was wird geschehen?
Der Luftballon platzt nicht, es entweicht aber langsam die Luft. Wenn du jetzt noch einmal an einer nicht markierten Stelle einstichst, wird er platzen.

Warum denn das?
Die elastische Gummihülle des Ballons steht unter starker Spannung. Die Gummiteilchen halten sich sozusagen gegenseitig fest. Wenn die Nadel dieses Gleichgewicht an einer Stelle stört, bricht alles zusammen, der Ballon platzt. Der Klebefilm sorgt für Stabilität, er hält die Gummiteilchen trotz Loch zusammen.

Experimente und Geschenke

351. Mamorpapier

Du brauchst:
- 1 alten Teller (als Farbpalette)
- Leinöl
- dickes, weißes oder einfarbiges Papier
- Zeitungspapier
- 1 große, flache Schale, mit Wasser gefüllt
- 1 Pinsel
- Plakafarben (aus dem Glas)

Und so wird's gemacht:
1. Vermische auf dem Teller etwas Plakafarbe mit wenig Leinöl.
2. Tauche den Pinsel in die Farb-Öl-Mischung und verteile sie vorsichtig im Wasser.
3. Mische dann die nächste Farbe, verteile auch sie im Wasser, sodass ein dekoratives, marmorartiges Muster entsteht.
4. Lege vorsichtig ein Blatt Papier auf die Wasseroberfläche. Hebe es dann langsam wieder vom Wasser ab, lege es auf eine glatte, mit Zeitungspapier bedeckte Fläche und lasse es trocknen.

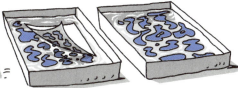

Was wird geschehen?
Auf dem Papier zeichnet sich das Farbmuster ab, das zuvor auf der Wasseroberfläche war.

Warum denn das?
Das mit Plakafarben vermischte Öl löst sich nicht im Wasser und wird vom Papier aufgesaugt.

352. Altpapier

Du brauchst:
- 1 Schere
- Alufolie
- 1 Bleistift
- alte Zeitungen
- 1 großes Einmachglas mit Deckel
- heißes Leitungswasser
- 1 Holzlöffel
- 1 Backform aus Metall
- 3 Esslöffel Maisstärke

Und so wird's gemacht:
1. Schneide drei Streifen Alufolie von ca. 15 cm Seitenlänge und falte sie zu einem Quadrat (15 x 15 cm).
2. Bohre mit der Bleistiftspitze in senkrechten Reihen Löcher im Abstand von 1 cm in die Alufolienquadrate.
3. Schneide das Zeitungspapier in Streifen und reiße oder schneide daraus kleine Stücke. Man braucht ungefähr eineinhalb Tassen voll mit kleinen Papierschnipseln.
4. Fülle die Papierschnipsel in das Einmachglas, gieße heißes Wasser darauf, sodass das Glas zu 3/4 gefüllt ist. Verschließe das Glas mit einem Deckel und lasse die Papier-Wasser-Mischung ungefähr drei Stunden stehen.
5. Wenn der Brei dickflüssig und zäh ist, schüttest du ihn in die Backform.
6. Löse die Maisstärke in einer halben Tasse voll heißem Wasser auf, gieße sie zum Papierbrei und rühre alles gut um.
7. Lege im Freien ein Folienquadrat auf den Brei und drücke es ein, bis es völlig mit Brei bedeckt ist.
8. Nimm die Folie heraus, lege sie auf eine Platte oder einen abwaschbaren Tisch. Drücke den auf der Folie befindlichen Brei flach und presse das Wasser heraus.
9. Lege an einer sonnigen Stelle Zeitungspapier aus und darauf die Folien mit der Papiermasse.
10. Presse immer wieder Wasser heraus und lasse die Masse gut trocknen.

Was wird geschehen?
Nach ungefähr drei Stunden kannst du das trockene Papier von der Alufolie abziehen, zurechtschneiden und es mit Filzstiften oder Wasserfarben bemalen. Oder als selbstgebasteltes Brief- oder Zeichenpapier verschenken.

Warum denn das?
Papier wird aus zellulosehaltigen Rohstoffen (z. B. Holz, Stroh, Flachs, Hanf, Baumwolle) hergestellt. Zellulose ist ein Kohlehydrat aus pflanzlichem Material. Sie besteht aus vielen miteinander verbundenen Zuckermolekülen. Bei der Papierherstellung wird aus Rohmaterialien (wie z. B. zerkleinertes Holz) eine breiartige Mischung von Zellulosefasern und Wasser hergestellt. Den Brei breitet man in einer dünnen Schicht auf einem Sieb aus, wo er abtropft. Danach wird er zu Papier gepresst.

353. Super Seismograf

Du brauchst:
- 1 Schuhkarton mit Deckel
- 1 Schere
- 1 Briefbeschwerer oder einen anderen schweren Gegenstand
- Klebeband
- 1 Stift mit Radiergummi
- Nägel, Unterlegscheiben oder andere kleine Gewichte
- Knete
- 2 Büroklammern
- Bindfaden
- 2 Blatt Papier
- 1 Mitspieler

Und so wird's gemacht:
1. Schneide in den Schuhkartondeckel einen Schlitz, wie in der Abbildung gezeigt.
2. Stelle den Schuhkarton mit der Schmalseite nach unten auf und befestige den Deckel, wie in der Abbildung gezeigt, mit Klebeband.
3. Stabilisiere den Schuhkarton mit einem Briefbeschwerer.
4. Befestige am angespitzten Ende des Bleistifts mit Klebeband Nägel, Unterlegscheiben oder andere kleine Gewichte. Damit die Gewichte nicht abrutschen, kannst du unterhalb der Gewichte etwas Knete andrücken.
5. Biege die erste Büroklammer auf und bohre das aufgebogene Ende in den Radiergummi des Bleistifts. Befestige am anderen Teil der Büroklammer den Bindfaden, den du an seinem anderen Ende mit der zweiten Büroklammer verbindest.
6. Stecke die Büroklammer durch den Schlitz im Deckel des Schuhkartons und richte den Bindfaden so ein, dass die Spitze des Bleistifts den Tisch berührt.
7. Schneide jedes Blatt Papier der Länge nach in drei Streifen. Lege einen Streifen unter den Bleistift und ziehe ihn vorsichtig unter dem Bleistift durch. (Die Linie ist eben.)
8. Bitte einen Mitspieler, am Tisch zu rütteln, während du das Papier unter dem Bleistift herausziehst.

Was wird geschehen?
Es bildet sich keine gerade Linie, sondern eine kurvige Linie mit Höhen und Tiefen.

Warum denn das?
Durch das Rütteln am Tisch schlägt dein Seismograph in alle Richtungen aus.

Wenn du mehr wissen willst:
„Seismos" kommt aus dem Griechischen und bedeutet „Erschütterung". Seismografen sind Geräte, die die von einem Hypozentrum eines Erdbebens ausgehenden seismischen Wellen aufzeichnen. Die Art, wie sich die Wellen ausbreiten, lässt Rückschlüsse darauf zu, welche Schäden zu erwarten sind. Gemessen werden sowohl vertikale als auch horizontale Bewegungen der Erdkruste. Im Gerät sind eine Feder und ein Scharnier erschütterungsfrei aufgehängt. Wegen ihrer Trägheit ist die Masse von der Bewegung des Untergrunds weitgehend abgekoppelt. Bei der Registrierung der vertikalen Bewegungen zeichnet eine Schreibspitze die Abstandsschwankungen zwischen Masse und Untergrund auf. Entsprechend werden horizontale Bodenbewegungen von einem Scharnier aufgezeichnet. Auf diese Weise lassen sich die Erschütterungen, die durch die seismischen Wellen verursacht weden, registrieren. Bei den modernen Seismografen werden die Bewegungen elektronisch verstärkt wiedergegeben.

354. Elektroskop

Du brauchst:
- 1 Vorratsglas mit einem passenden Korken, fest verschließbar
- 1 Stück Eisendraht
- 1 Streifen Alufolie (ca. 2 x 5 cm)
- 1 Plastikstäbchen (z. B. Cocktailrührer)
- 1 Pullover oder ein anderes Kleidungsstück aus Wolle

Und so wird's gemacht:
1. Durchstoße den Korken mit dem Eisendraht. Er soll auf beiden Seiten ein Stück herausstehen.
2. Biege den Eisendraht am unteren Ende rechtwinklig um, so wie in der Abbildung gezeigt.
3. Falte den Alustreifen in der Mitte und lege ihn über das rechtwinklige Ende des Drahts.
4. Verschließe das Glas mit dem Korken.
5. Reibe das Plastikstäbchen an der Wolle des Kleidungsstücks und berühre dann damit das obere Drahtende, das aus dem Korken herausragt. Achte darauf, dass du dabei den Eisendraht selbst nicht mit den Händen berührst.

Was wird geschehen?
Die beiden Enden des Alustreifens entfernen sich voneinander.

Warum denn das?
Das Plastikstäbchen wird durch das Reiben an der Wolle elektrisiert. Berührt es den Draht, werden die negativen Ladungen des Plastiks auf den Draht und von dort auf die Alufolie übertragen. Da beide Flügel des Alustreifens nun negativ geladen sind, stoßen sie einander ab, sie entfernen sich voneinander.

355. Kaleidoskop

Du brauchst:
- 1 Taschenlampe
- 3 kleine Spiegel
- Transparentpapier
- Buntpapier
- Klebeband
- 1 Schere
- 1 spitzer Bleistift
- bunte Glitzersternchen

Und so wird's gemacht:
1. Klebe die drei Spiegel mit Hilfe des Klebebands zu einer dreieckigen Röhre zusammen.
2. Lege die Breitseite des Dreiecks auf die Pappe und zeichne den dreieckigen Umriss nach, wie in der Abbildung gezeigt.
3. Schneide das Dreieck aus und bohre in seine Mitte ein Loch (Durchmesser ungefähr 1 cm).
4. Klebe das Dreieck auf eine der Breitseiten der Spiegelröhre, auf der anderen befestigst du mit Klebeband das Transparentpapier.
5. Wirf durch das Loch im Tonpapier bunte Glitzersternchen.
6. Leuchte mit der Taschenlampe durch das Transparentpapier und halte das Loch deines Kaleidoskops an dein Auge.

Was wird geschehen?
Beim Drehen deines Kaleidoskops entstehen ständig neue Muster.

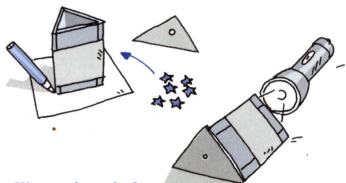

Warum denn das?
Die Spiegel werfen das Bild der Glitzersternchen zurück. Daraus entsteht ein Muster.

356. Gummiwaage

Du brauchst:
- 1 Holzplatte
- Bindfaden
- 1 Stück Papier
- Klebstoff
- 1 Pappbecher
- 1 Nagel
- 1 Hammer
- 1 Gummiring
- 1 Bleistift
- 1 Schere
- viele Münzen

Was wird geschehen?
Das Gummiband wird umso länger, je voller der Becher ist.

Warum denn das?
Je voller der Becher ist, desto mehr Gewicht hängt daran und mit desto stärkerer Kraft zieht es ihn nach unten, wie die Dehnung des Gummibands zeigt.

Wenn du mehr wissen willst:
Das Dynamometer besteht aus einer Feder, an der der zu wiegende Körper aufgehängt werden kann. Die Feder dehnt sich je nach Stärke der Kraft, die auf den Körper wirkt. Wie groß diese Kraft war, kann man an einer Skala ablesen. Sie entspricht dem Gewicht, d. h. der Gravitationskraft des Körpers.

Und so wird's gemacht:
1. Schlage mit dem Hammer einen Nagel oben in die Mitte der Holzplatte und lehne diese an eine senkrechte Wand. (Stabilisiere sie, indem du einen Stapel Bücher davor stellst.)
2. Klebe unterhalb des Nagels ein Stück Papier auf die Holzplatte.
3. Hänge den Gummiring an den Nagel und markiere mit dem Bleistift das untere Ende des Gummirings.
4. Bohre drei kleine Löcher in den Pappbecher und befestige daran drei kurze Bindfadenstücke.
5. Binde den Pappbecher an den Gummiring und markiere die Länge des Gummibands.
6. Fülle den Pappbecher zunächst mit einer, dann mit mehreren Münzen und markiere jedes Mal die Länge des Gummibands.

357. Magischer Leuchtstrahl

Du brauchst:
- 1 durchsichtige Plastikflasche mit Schraubverschluss
- 1 durchsichtigen Plastikschlauch (Zoohandlung)
- 1 Schüssel
- Knete
- Klebeband
- schwarzer Stoff
- Wasser
- 1 Nagel

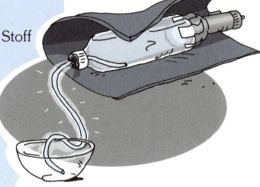

Und so wird's gemacht:
1. Fülle die Flasche mit Wasser und drehe den Schraubverschluss fest zu.
2. Bohre mit dem Nagel ein Loch in den Deckel, stecke den Schlauch ein und dichte ihn mit Knete ab.
3. Lege die Taschenlampe mit der Vorderseite an den Flaschenboden und klebe sie mit Klebeband fest.
4. Wickle schwarzen Stoff um Flasche und Taschenlampe und knipse die Taschenlampe an.
5. Stelle die Schüssel in einem abgedunkelten Raum bereit und quetsche die Wasserflasche zusammen, sodass der Wasserstahl von der Schüssel aufgefangen wird.

Was wird geschehen?
Der Wasserstrahl leuchtet im Dunkeln

Warum denn das?
Das Licht folgt im Schlauch dem Lauf des Wassers und wird von den gebogenen Schlauchwänden immer wieder zurückgeworfen. Es unterteilt seinen Weg sozusagen in viele geradlinige Strecken und bewegt sich im Zickzack.

358. Diaprojektor

Du brauchst:
- Butterbrot- oder Pauspapier
- Pappe
- Klebeband
- Draht
- Knetmasse
- 1 Holzlineal
- 1 Schere
- 1 Lupe
- Dias

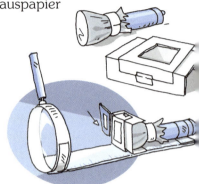

Und so wird's gemacht:
1. Umwickle die Frontlinse deiner Taschenlampe mit Butterbrotpapier und befestige es mit Klebeband.
2. Baue aus Pappstreifen eine Halterung für Dias, wie in der Abbildung gezeigt. Klebe diese Halterung direkt vor die Taschenlampe. Schiebe ein Dia kopfüber in die Halterung ein.
3. Befestige die Taschenlampe (einschließlich Diahalterung) an einem Ende, die Lupe am anderen Ende des Lineals.
4. Stelle den gebastelten „Diaprojektor" auf einen Tisch, knipse die Taschenlampe an und richte den Lichtstrahl auf eine weiß gestrichene, glatte Wand oder ein auf der Wand befestigtes weißes Laken. Verdunkle dann das Zimmer.

Was wird geschehen?
Das Dia erscheint als großes, auf dem Kopf stehendes Bild an der Wand (vgl. S. 243/ Exp. 359). Durch Verstellen der Abstände zwischen Projektor und Wand kannst du die Größe des Bildes verändern.

Wenn du mehr wissen willst:
Ein Farbdia ist ein entwickelter Farbfilm, der ein seitengleiches Bild des fotografierten Objekts zeigt. Der Diaprojektor schickt Licht durch ein Dia. Eine Linse projiziert es als reelles, vergrößertes Bild auf eine Wandfläche.

359. Lochkamera

Du brauchst:
- 1 leere Schachtel mit Öffnung
- 1 Lupe
- 1 Bleistift
- 1 Schere
- 1 Pappröhre (z. B. leere Klopapierrolle)
- Transparentpapier
- Klebeband

Warum denn das?
Die Lupe bricht die von dem Gegenstand abgestrahlten Lichtstrahlen und wirft ein auf dem Kopf stehendes, seitenverkehrtes Bild auf das Transparentpapier.

Wenn du mehr wissen willst:
In einer richtigen Kamera fällt das Licht durch das Objektiv, das ein auf dem Kopf stehendes, seitenverkehrtes Bild auf einen Film wirft. Es wird sichtbar, wenn der Film entwickelt ist. Auf dem entwickelten Film ist aber nur ein Negativ des Motivs sichtbar, d. h. die hellen und dunklen Bereiche sind umgekehrt. Wenn man Licht durch das Filmnegativ schickt und das Bild auf lichtempfindliches Fotopapier projiziert, kann man Papierabzüge herstellen. Bei Entwicklung des belichteten Fotopapiers wird das Negativbild umgekehrt.

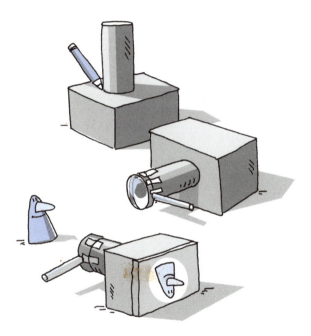

Und so wird's gemacht:
1. Zeichne mit Hilfe der Pappröhre auf die Rückseite der Schachtel einen Kreis und schneide ihn mit der Schere aus.
2. Schiebe die Pappröhre in das Loch, sodass sie festsitzt, und klebe die Lupe mit Hilfe von Klebeband an das Ende der Pappröhre.
3. Klebe Transparentpapier vor die Öffnung der Schachtel und halte die Kamera vor einen hellen Gegenstand. Schiebe die Pappröhre vor und zurück, bis das Bild scharf ist.

Was wird geschehen?
Auf dem Transparentpapier erscheint ein auf dem Kopf stehendes, seitenverkehrtes Bild.

360. Periskop

Du brauchst:
- 2 kleine Taschenspiegel
- 1 Stück Zeichenkarton oder eine lange Papprolle
- Klebstoff
- Klebeband
- 1 Schere oder 1 Schneidemesser

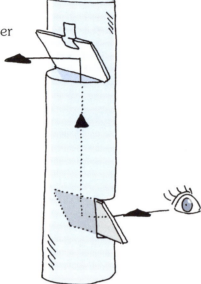

Und so wird's gemacht:
1. Klebe aus dem Zeichenkarton eine Rolle.
2. Schneide in die Pappröhre zwei quadratische Löcher oder nimm die lange Papprolle, wie in der Abbildung gezeigt.
3. Schiebe die beiden Spiegel in die Schlitze und klebe sie mit Klebeband fest.

Was wird geschehen?
Du siehst ein verkleinertes Spiegelbild eines Gegenstands, der außerhalb deines Blickfelds liegt (z. B. hinter einer hohen Mauer).

Warum denn das?
Mit einem Periskop kann man Objekte betrachten, die außerhalb des Blickfelds liegen. So kann man zum Beispiel über die Köpfe einer Menschenmenge hinweg oder um die Ecke sehen. Ein einfaches Periskop besteht aus einem Rohr mit schrägen Spiegeln an beiden Enden. Die Lichtstrahlen, die vom betrachteten Gegenstand ausgehen, gelangen oben in das Periskop. Der obere Spiegel reflektiert die Strahlen im Periskop zum unteren Spiegel, der sie wieder reflektiert und ins Auge schickt.

Wenn du mehr wissen willst:
Ein Periskop benutzt man in U-Booten, um aus dem Wasser sehen zu können, ohne auftauchen zu müssen. Ein U-Boot-Periskop enthält allerdings keine Spiegel, sondern zwei Prismen mit Linsen dazwischen. Dadurch erreicht man ein vergrößertes Bild und ein weiteres Sichtfeld.

361. Selbst gebaute Taschenlampe

VORSICHT!

Du brauchst:
- 1 leere runde Plastikflasche
- Alufolie
- 2 Taschenlampenbatterien
- 1 Schraubenzieher
- 2 Briefklammern
- 1 Büroklammer
- 3 Stück Klingeldraht mit isolierten Enden
- 1 spitzen Bleistift
- Watte
- Klebeband
- 1 Mini-Glühbirne mit Fassung und Sockel

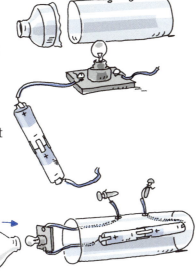

Und so wird's gemacht:
1. Schneide den Flaschenhals und Flaschenspitze mit der Schere ab und bohre zwei Löcher in die Seite der abgeschnittenen Plastikflasche.
2. Beklebe die Innenseite des abgeschnittenen Flaschenhalses mit Alufolie, die glänzende Seite muss nach außen zeigen.
3. Schraube zwei der Drähte unter den Schrauben des Klingelsockels fest.
4. Klebe die Batterien mit Klebeband so zusammen, dass der Pluspol der oberen den Minuspol der unteren berührt. Klebe den dritten Draht am Minuspol der unteren Batterie fest.
5. Befestige einen der Drähte vom Glühbirnensockel mit Klebeband am Pluspol der oberen Batterie.
6. Fädle den Draht der unteren Batterie vom Inneren der Plastikflasche durch das untere Loch nach außen. Stopfe Watte in die Flasche und stecke die Batterien hinein.
7. Stecke den losen Draht des Glühbirnsockels von innen durch das obere Loch der Plastikflasche nach außen. Wickle beide Drähte um die Briefklammern. Drücke die Briefklammern fest in die Löcher.
8. Lege den Glühbirnensockel auf die Batterien. Stecke den Flaschenhals über die Glühbirne, sodass sie durch das Loch ragt. Klebe die Flaschenspitze mit Klebeband fest.
9. Drücke das obere Ende der Briefklammer.
10. Biege die Büroklammer um und schiebe ein Ende unter die untere Briefklammer.
11. Drücke das obere Ende der Briefklammer auf die obere Büroklammer.

Was wird geschehen?
Die Taschenlampe leuchtet.

Warum denn das?
Wenn du die Büroklammern verbindest, schließt du den Stromkreis. Elektronen fließen, erhitzen den Spiraldraht in der Glühlampe und bringen ihn zum Leuchten.

362. Elektroratespiel

ÜBUNG UND GEDULD

Du brauchst:
- 1 Stück Pappkarton
- weißes Papier
- 10 Briefklammern aus Messing
- Schaltdraht
- 1 Schere
- 1 Batterie (4,5 Volt)
- 1 Glühlampe mit Fassung
- Klebstoff
- 1 Filzstift

Und so wird's gemacht:
1. Schneide aus dem Papier 10 Rechtecke aus. Schreibe auf fünf Rechtecke ein Wort, auf die anderen die dazu gehörigen Reime (z. B. Kabel – Gabel, Herz – Schmerz etc.)
2. Klebe auf eine Seite des Pappkartons die fünf Worte, daneben in falscher Reihenfolge die zu den fünf Wörtern passenden Reime.
3. Bohre innen neben jedem Rechteck ein Loch und schiebe eine Briefklammer hindurch.
4. Schneide von dem Schaltdraht fünf Stücke ab. Wickle das frei gelegte Ende eines Drahts um den Flügel einer Büroklammer und verbinde das andere mit dem dazugehörigen Flügel einer anderen Büroklammer, sodass die richtigen Begriffe miteinander verbunden sind.
5. Schließe das freie Ende eines Schaltdrahts an einen Pol der Batterie, das andere an die Fassung einer Glühlampe.
6. Schließe ein weiteres Stück Schaltdraht an den anderen Pol der Batterie, das andere an die Lampenfassung an.
7. Berühre mit den freien Enden des Schaltdrahts ein Wort und seinen dazu passenden Reim (z. B. Kabel – Gabel).

Was wird geschehen?
Das Lämpchen leuchtet auf.

Warum denn das?
Die Briefklammern aus Messing sind elektrische Leiter. Wenn man mit den freien Enden der Schaltdrähte auf zwei miteinander verbundene Klammern trifft, schließt sich der Stromkreis, durch das Lämpchen fließt Strom, es leuchtet

363. Angelspiel

Du brauchst:
- Papier
- Filz,- Buntstifte oder Wasserfarben
- Büroklammern
- 1 Hufeisenmagnet
- Bindfaden
- 1 Schere
- 1 Schüssel

Was wird geschehen?
Die Fische bewegen sich auf die „Angel" zu.

Warum denn das?
Die Büroklammern werden vom Magneten angezogen.

Tipp: Denk dir noch Spielregeln für dein Angelspiel aus!

Und so wird's gemacht:
1. Male auf das Papier einige bunte Fische und schneide sie aus. Bemale auch die Rückseite der Fische.
2. Befestige an den Mäulern deiner Fische jeweils eine Büroklammer und lege sie dann in die Schüssel.
3. Hänge den Hufeisenmagneten an einer Schnur auf und lasse ihn wie eine Angel über den Fischen baumeln.

364. Diaschau ohne Fotos

Du brauchst:
- winzige, dünne, flache Fundstücke aus der Natur (z. B. Samen von Löwenzahn, Blütenblätter, abgebrochene Flügel von Insekten etc.)
- 1 Pinzette
- Glasrähmchen für Dias
- 1 Dia-Projektor

Und so wird's gemacht:
1. Lege die Fundstücke mit der Pinzette einzeln zwischen die Glasplättchen und verschließe den Rahmen.
2. Lass dir von deinen Eltern den Dia-Projektor aufbauen oder baue dir selbst einen (vgl. S. 242/Exp. 359).
3. Lege die Dias kopfüber ein und schalte das Gerät an.

Was wird geschehen?
Ein vergrößertes Bild deiner Fundstücke erscheint an der Wand.

365. Alugeräusch

Du brauchst:
- Alufolie

Und so wird's gemacht:
1. Lege ein ca. 20 cm langes Stück Alufolie auf deine Hand.
2. Beuge dich über das Blatt und hauche es an (huuu).

Was wird geschehen?
Die Folie zittert, kitzelt auf deiner Haut und gibt komische Töne von sich.

Warum denn das?
Deine Stimme hat die Luft vibrieren lassen. Die Schallwellen haben sich auf das Papier übertragen und es in Bewegung versetzt.

Hier ist noch Platz für deine eigenen Experimente:

Hier ist noch Platz für deine eigenen Experimente:

Notizen:

Notizen:

Notizen:

Ich bin ein Wissenschaftler!

ISBN 3-89777-210-8

€ 15,95

Ich bin ein Wissenschaftler

Spielerisch entdecken Kinder die Welt der Naturwissenschaften im Kinderreich des Deutschen Museums, München. Wir fanden diese Idee so toll, dass wir daraus zusammen mit dem Erfinder des Kinderreichs, Herrn Gießler, ein Buch gemacht haben. Naturwissenschaftliche Phänomene sind kindgerecht illustriert und die beschriebenen Experimente hat der Autor selbst ausprobiert (und garantiert somit eine leichte Nachahmung mit haushaltsüblichen Mitteln!). Entstanden ist ein großes naturwissenschaftliches Sachbuch für neugierige Kinder im Erstlesealter!

Das Becherlupen-Buch

Expedition ins Reich der Minimonster

Regenwürmer beim Fressen beobachten, Spinnen von ganz nah anschauen, Kleintiere unterscheiden lernen und außerdem viel, viel Neues und Wichtiges erfahren, z. B. über Körperbau und Wahrnehmung, Fressverhalten und Fortpflanzung der Minimonster – das alles bietet das Becherlupen-Buch. Außerdem gibt es viel Staunenswertes, Spiele und Bastelvorschläge. Empfohlen vom Bund für Naturschutz!

ISBN 3-929130-77-7
€ 6,95

Becherlupe ahoi!

Becherlupe ahoi!

Wenn es im Sommer ans Wasser geht, darf die Becherlupe nicht fehlen – und auch nicht dieses Buch! Hier gibt es praktische Anregungen, nützliche Tipps und viele spannende Sachinformationen für den Einsatz der Becherlupe am Baggerloch, am Mittelmeer oder an der Waterkant.

ISBN 3-89777-079-2
€ 6,95

Züchte deine eigenen Dino-Krebse

ISBN 3-89777-061-X
€ 10,95

Hier wird die Urzeit lebendig!

Die Eier des Triops longicaudatus, wie die faszinierenden Tierchen mit wissenschaftlichem Namen heißen, können im wahrsten Sinne des Wortes Ewigkeiten überdauern. Gibt man sie aber unter den richtigen Bedingungen ins Wasser, entwickeln sie sich innerhalb weniger Tage zu quicklebendigen, bis zu 4 cm langen Krebsen! Woher die Dino-Krebse kommen, wie man sie züchtet und füttert, wie sie sich bewegen und fortpflanzen und alles, was kleine Triops-Forscher sonst noch wissen wollen, wird mit vielen Illustrationen spannend und leicht verständlich erklärt.

Für die eigene Dino-Krebs-Zucht braucht man nur ein geeignetes Gefäß und Wasser – die getrockneten Eier und das Futter liefert das Buch direkt mit!